reinhardt

Matthias Paul Krause

Elterngespräche Schritt für Schritt

Praxisbuch für Kindergarten
und Frühförderung

Ernst Reinhardt Verlag München Basel

Dr. *Matthias Paul Krause*, Dipl.-Psych., Psychotherapeut (GwG, DAGG) und Supervisor (BDP), arbeitet am Kinderneurologischen Zentrum der LVR-Kliniken Bonn und hat Lehraufträge an den Universitäten Köln und Bonn. Vom Autor außerdem im Ernst Reinhardt Verlag lieferbar: „Gesprächspsychotherapie und Beratung mit Eltern behinderter Kinder".

Covermotiv: © irisblende.de

Bibliografische Information der Deutschen Nationalbibliothek

Die Deutsche Nationalbibliothek verzeichnet diese Publikation in der Deutschen Nationalbibliografie; detaillierte bibliografische Daten sind im Internet über <http://dnb.d-nb.de> abrufbar.
ISBN 978-3-497-02105-5

Printed in Germany
Reihenkonzeption Umschlag: Oliver Linke, Augsburg
Satz: Vollnhals Fotosatz, Neustadt / Donau
Druck und Bindung: Friedrich Pustet, Regensburg

Ernst Reinhardt Verlag, Kemnatenstr. 46, D-80639 München
Net: www.reinhardt-verlag.de E-Mail: info@reinhardt-verlag.de

Inhalt

Einleitung

Familienzentrum, Sprachstandsfeststellung mit DELFIN 4 in NRW, soziale Frühwarnsysteme, Kinderkrippen … Kindheit ist endlich im Fokus der Öffentlichkeit angekommen (Fegert 2007) und damit auch die Frage, wie benachteiligten Kindern und gefährdeten Familien sinnvoll geholfen werden kann (Ahnert/Gappa 2008). Je vielfältiger die Angebote, desto höher die Ansprüche an die Kindheitsfachleute, nicht zuletzt an deren Kommunikationsfähigkeit. Schließlich sind sie es, die den Erziehungsberechtigten der von ihnen betreuten Kinder Informationen vermitteln, Perspektiven eröffnen, Weichen stellen, Beobachtungen mitteilen, Erziehungsverhalten diskutieren, unterstützen und Veränderungsprozesse in Gang setzen müssen (Becker-Stoll/Textor 2007).

Die Curricula der Frühförderung enthalten bereits Module zur Gesprächsführung mit Eltern (z. B. Vereinigung für Interdisziplinäre Frühförderung e. V. – VIFF, Verband der Blinden- und Sehbehindertenpädagogen und -pädagoginnen – VBS, Grazer Modell, Wiener Curriculum). Dagegen werden Kommunikationsfertigkeiten in den Ausbildungsgängen zur Erzieherin, aber auch zur Sprach-, Physio- oder Ergotherapeutin noch nicht systematisch gelehrt. Auch Universitätsabsolventen wie Psychologen und Mediziner trifft das gleiche Schicksal – es sei denn, sie haben sich bereits psychotherapeutisch weitergebildet.

Im Bereich der Frühförderung behinderter und von Entwicklungsstörungen bedrohter Kinder haben sich in den letzten Jahren die Förderziele *empowerment*, Ressourcenaktivierung und Elternkompetenz etabliert. Sie machen es notwendig, dass die Fachperson neben der Förderung des Kindes (Roehr-Sendlmeier 2007) auf dessen Eltern eingehen kann. Dies soll in einer Weise geschehen, die es ihr ermöglicht, die soziale Situation der Familie einzuschätzen, sich ein Bild von Erziehungsvorstellungen, den angewandten Praktiken und der Eltern-Kind-Beziehung zu verschaffen. Aber sie soll auch die persönliche Lebenslage der Mutter oder des Vaters verstehen lernen, um zu ermutigen und anzuregen. Dazu reichen Frage- und Antworttechniken nicht aus. Vielmehr muss der Fachperson bewusst sein, dass sie mit Gesprächen eine Beziehung anknüpft und gestaltet.

Die Art der Beziehung wird ausschlaggebend dafür sein, auf welchen Boden ihre Einschätzungen und Interventionen fallen. Die Fachperson muss wissen, welche zentrale Rolle sie gerade etwa für Eltern des behinderten oder entwicklungsverzögerten Kindes spielt, und dass alles, was sie tut, in diese Beziehung einfließt. Um Kooperation zu erreichen, wird sie etwa ängstlichere Eltern eher ein wenig anleiten, sich bei auf ihre Selbstständigkeit Bedachten zurücknehmen und Unsichere loben und ermutigen. Sie wird Kritische ernst nehmen und sich mit ihnen im Konfliktfall fair und verständnisvoll auseinandersetzen. Ihre Art, mit den Enttäuschungen der Eltern umzugehen, sie anzunehmen, mit zu leiden und Trost zu geben, wird Halt geben und eine stärkende Wirkung entfalten, die sich in ihrer Reichweite vielleicht noch gar nicht absehen lässt.

Diese Beziehung zu einer positiven Erfahrung zu machen, um damit eine gute Zusammenarbeit zu erreichen, ist Ziel der Gesprächskontakte zwischen Fachperson und Eltern. Dazu einen Beitrag zu leisten ist Inhalt dieses Buches. Es will deshalb neben Verbalisierungshilfen auch eine Haltung vermitteln, die in der Humanistischen Psychologie, der Personzentrierten Psychotherapie und dem systemischen Denken verankert ist. Ganz überwiegend aber hat das Buch seine Wurzeln in meiner langjährigen klinischen Praxis und unzähligen Fortbildungsveranstaltungen mit Fachleuten unterschiedlicher Berufsgruppen aus Frühförderung, Kindergarten und Sozialpädiatrie.

Dafür sei an dieser Stelle dem Zentrum für Frühförderung Köln, den Arbeitsstellen Frühförderung in München, Hessen und Brandenburg, dem Sozial- und Heilpädagogischen Förderungsinstitut Steiermark in Graz, der AG Frühförderung im Verband der Blinden- und Sehbehindertenpädagogen und -pädagoginnen Marburg (VBS) und anderen Organisationen gedankt. Sie ermöglichten mir, meine Sicht von Gesprächsführung in der Frühförderung seit vielen Jahren weiterzugeben. Den Teilnehmerinnen und Teilnehmern meiner Seminare bin ich zu Dank verpflichtet, weil sie mich an den von ihnen als schwierig erlebten Gesprächssituationen haben teilhaben lassen, so dass sich mein Horizont darüber erweitern konnte, was in Elterngesprächen wirklich kompliziert ist. Aus diesem Kreis von Kolleginnen und Kollegen entstand schließlich die Anregung zu diesem Buch, viele der hier beschriebenen Problemsituationen entstammen Rollenspielen in den Gesprächstrainings.

Lesehinweise:

- Der Text ist so gegliedert, dass man ihn als Lehrbuch – kapitelweise oder themenzentriert –, aber auch über Glossar und Sachregister als Nachschlagewerk für Formulierungsvorschläge im Hinblick auf kritische Gesprächssituationen nutzen kann.
- Er besteht aus Beispielen in direkter Rede und wörtlich wiedergegebenen Dialogen, die jeweils im Hinblick auf eine konkrete Fragestellung analysiert werden, sowie aus theoretischen Einschüben.
- Es ist mehr von „Fachfrau", „Expertin", „Pädagogin" als vom männlichen Äquivalent die Rede, weil in den relevanten Berufsgruppen mehr Frauen arbeiten.
- Mit „Fachperson" sollen sich alle Fachleute angesprochen fühlen, die in Frühförderung oder Kindergarten arbeiten.
- Mit „Eltern" sind, wenn nicht näher erläutert, die leiblichen Eltern gemeint.
- Ein „X" oder „Y" steht für den Namen eines Kindes.

1 Gestaltung der Gesprächssituation

1.1 Äußerer Rahmen und Gesprächsvorbereitung

Optimale Bedingungen für ein gutes Gespräch sind nicht schwer zu benennen. Ungestörtheit und genügend Zeit gehören ebenso dazu wie ein angenehmes Ambiente. Dem individuellen Geschmack bei der Dekoration sind natürlich keine Grenzen gesetzt, es ist jedoch zu bedenken, dass die Raumausstattung auch eine kommunikative Funktion ausübt. Eine gemütliche Sitzecke begünstigt einen entspannten Kontakt mehr, als wenn das Gespräch vom Schreibtisch aus geführt wird, vor dem die Eltern wie Untergebene vor ihrem Chef sitzen. Gepflegte Pflanzen, ein Blumenstrauß, bunte Bilder, natürliches Licht, gute Belüftung und sowie freundliche Farben machen die Gesprächssituation behaglich. Getränke wie etwa Kaffe, Tee oder Wasser anzubieten kann den Charakter der Gastlichkeit unterstreichen und damit zum Wohlfühlen beitragen. Aus gesundheitlichen Gründen verbietet sich das Rauchen während des Elterngesprächs.

Es ist selbstverständlich, vor Gesprächsbeginn über den aktuellen Informationsstand zum betreffenden Kind und seine Familie im Bilde zu sein – sofern bereits eine Aktenlage existiert. Will man im Gespräch mehrere Punkte ansprechen, so empfiehlt es sich, diese in Form einer Stichwortliste zu ordnen, was auch für Anamnesegespräche oder Explorationen gilt. Im Alltag wird sich ein Elterngespräch üblicherweise nahtlos an vorausgehende andere Aktivitäten anschließen. Gerade dann erscheint es umso wichtiger, sich ein wenig Zeit zu nehmen, um sich psychologisch auf die kommende Begegnung einzustimmen. Ruhe und Aufmerksamkeit wirken auf den Gesprächspartner besser, als sich atemlos in die Unterredung hineinzuwerfen und hektisch sein Konzept abzuarbeiten.

Das Benehmen der Fachperson beeinflusst die Eltern: Erscheint sie unkonzentriert oder fahrig, werden sich diese nicht sonderlich ernst genommen fühlen und den Gesprächsanlass auch nicht so wichtig nehmen. Sie werden sich zurückhalten, da sie zu Recht vermuten, dass nicht alles richtig und vollständig aufgenommen wird, was ihnen wichtig ist. Haben sie selbst ein Anliegen, werden sie sich zurückgewiesen fühlen und ärgern. Wirkt die Fachperson müde, denken die Eltern vielleicht, sie interessiere sich nicht besonders für sie, oder schrecken womöglich davor zurück, die bereits sichtlich strapazierte Fachfrau auch noch mit ihren Sorgen zu behelligen.

Theorie 1: Kommunikation – Definition und Modelle

Eine minimale Definition beschreibt Kommunikation als sozialen Prozess, in dessen Verlauf sich die beteiligten Personen wechselseitig zur *Konstruktion von Wirklichkeit* anregen (Frindte 2001). Für das Elterngespräch bedeutet dies, dass sich sowohl Fachperson als auch Eltern durch ihre Beiträge ein Bild voneinander machen. Im Falle einer glücklich verlaufenen Kommunikation entsteht Einigkeit in der Ansicht über Personen, Handlungen oder Einstellungen – z. B. wie das behinderte Kind aktuell einzuschätzen sei oder welche Struktur man dem unruhigen Kind geben müsse.

Die *Übertragung von Botschaften* gehört wohl zu den offensichtlichsten Merkmalen von Kommunikation. Im Gespräch sind Pädagogin und Eltern gleichermaßen Sender und Empfänger von Botschaften. Beide versuchen, den anderen zu verstehen, beide machen sich ein Bild vom anderen, beide versuchen, dem anderen etwas mitzuteilen. Für die Fachperson bedeutet dies, dass sie nicht nur versuchen muss, ihre Botschaft deutlich genug zu machen, sondern sich ebenso viel Mühe geben muss, die des anderen mitzubekommen. Ein weiterer Aspekt besagt, dass diese Botschaft über verschiedene Kanäle übermittelt wird (Krippendorf 1994) und gleichzeitig *sprachliche und nichtsprachliche Kanäle* umfasst. Das gesprochene Wort, sozusagen der ausgetauschte Textinhalt, ist also nicht die einzige Botschaft, die gesendet wird. Weiterhin findet ein *doppelter Prozess der Informationsverarbeitung* statt, intendierte Botschaft und gesendeter Text müssen durchaus nicht identisch sein. Die Fachperson als Sender einer Botschaft hat dafür zu sorgen, dass der sprachlich gefasste Wortlaut klar, eindeutig und verständlich das ausdrückt, was sie als Sprecher mitzuteilen beabsichtigt. Umgekehrt wird dem Hörer abverlangt, mit etwaigen Ungereimtheiten in den auf ihn zukommenden Mitteilungen zu rechnen und sie durch klärendes Nachfragen zu bereinigen. Sieht man Kommunikation schließlich als *gegenseitige Beeinflussung* von Individuen (Häcker/Stapf 1998), wird unterstellt, dass mit Kommunikation gelenkt und manipuliert wird. Zweifelhaft bleibt allerdings, ob nach rhetorisch gewonnener Debatte – also Überredung oder Überzeugung – Verhaltensänderungen auch zwingend folgen. Vielmehr wird im Aufbau von Vertrauen das entscheidende Agens für Veränderungen gesehen (Lindblad et al. 2005).

Neben dem Sachaspekt der Nachricht, also deren Sachinhalt, ist eben auch der Beziehungsaspekt entscheidend für die Wirksamkeit einer Kommunikation (Watzlawik et al. 1967) oder genau genommen auch noch ihre Selbstoffenbarungs- und Appellfunktion, wie im *Vier-Seiten-Modell der Nachricht nach Schulz von Thun* (1998) dargestellt. Alle zwei bzw. vier Aspekte sind in jeder Nachricht vorhanden. Der Sachaspekt beschreibt einen Sachverhalt, den der gesprochene Text übermitteln soll. Die Beziehungsfunktion legt hingegen fest, wie der Sprecher zum Hörer steht, und somit, wie der Textinhalt verstanden werden soll – meistens geschieht dies auf dem nichtsprachlichen Kommunikationskanal. Für das Elterngespräch ist ratsam, auf die Zwischentöne sowohl in den eigenen als auch in den Mitteilungen der Eltern zu achten, um genau bestimmen zu können, wie das aktuelle Verhältnis zueinander ist. Der Selbstoffenbarungsaspekt einer Botschaft teilt mit, wie dem Sender innerlich und emotional zumute ist, was ihn beschäftigt und bewegt. Die Appellfunktion einer Botschaft schließlich versucht den Empfänger zu motivieren, etwas zu tun, zu denken oder zu fühlen. Dieser Appell wird dabei nicht klar ausgesprochen – sonst wäre er ein Sachinhalt, sondern schwingt sozusagen versteckt in fast jeder Mitteilung mit. Die Fachperson wird sich im Elterngespräch besondere Mühe geben, ihren Beiträgen keine heimlichen Appelle unterzumischen, und vorsichtshalber noch einmal nachfragen, wie denn die Eltern ihre Bemerkung verstanden haben.

1.2 Gestaltung der persönlichen Beziehung

Noch bevor die Fachperson ein erstes Wort äußert, finden Beeinflussungsprozesse statt. Attribute ihrer äußeren Erscheinung wie Aussehen, Kleidung und sonstige Erscheinungsformen der Körpergestaltung, aber auch Haltung, Gestik und Mimik vermitteln ein Bild. Trotzdem wird das äußere Erscheinungsbild einer Person bei zwei Beobachtern völlig unterschiedliche Eindrücke auslösen. Allzu auffällige Kleidung, exzentrische Accessoires werden sich allerdings ebenso wie übertriebene Höflichkeit negativ auf den Gesprächspartner auswirken und ihn defensiv oder gar ablehnend stimmen. Freundlich zugewandtes Verhalten, häufiger Blickkontakt, zustimmendes Kopfnicken, zugewandte Körperhaltung gehören dagegen zu den wesentlichsten nonverbalen Bestimmungsstücken einer anregend wirkenden Gesprächsbereitschaft.

Sollen sich die Gesprächsteilnehmer bei ihrer Unterredung wohlfühlen, sind Nähe und Distanz zu regeln, um sich nicht beengt oder entfremdet zu fühlen. Die Fachperson sollte als Erstes darauf achten, für sich selbst den richtigen Abstand herzustellen, und lieber den Stuhl noch einmal verrücken, anstatt sich die ganze Gesprächsstunde über unwohl zu fühlen. Bemerkt sie ein Unbehagen bei den Eltern über die Platzverteilung, sollte sie dies ansprechen. Zwischenmenschliche Nähe wird ferner durch das Angebot des „Du" oder außerdienstliche Kontakte betont. Die Fachperson muss aber beherzigen, dass beim Helfen Nähe im Verstehen und Einfühlen, nicht räumliche oder körperliche Nähe gemeint ist (Weber 2005). Spürt sie einen Wunsch nach mehr Nähe zu den Eltern, sollte sie sich über ihre Motive klar werden – vielleicht lässt sich das an sich ehrenwerte Ziel, dieser Familie besonders nahe zu sein, mit einer Gesprächsintervention prägnanter und wirksamer umsetzen als mit einer Änderung der Beziehungsform. Berührungen drücken nicht selten hierarchischen Rang aus. Derjenige, der den anderen berührt, auf die Schulter klopft, ihn führt, ist oder fühlt sich ihm überlegen, auch wenn er damit Mitgefühl ausdrücken will (Allhoff / Allhoff 2006). Eine Fachperson muss wissen, dass sie mit häufigen Berührungen eine Ebene hoher Intimität zu den Eltern wählt. Diese kann es erschweren, unangenehme Sachverhalte wie ungünstige Prognosen ins Gespräch zu bringen. Nähe und Anteilnahme werden auch durch Körper- und Sitzhaltung nonverbal ausgedrückt (Tab. 1.1).

Auch mit der Sprechweise gibt der Sprecher etwas von seiner inneren Gestimmtheit preis, etabliert die Beziehung zum Zuhörer und schafft zugleich den Hintergrund für seine Botschaft. Empfohlen wird, weder zu leise noch zu laut zu sprechen – es sei denn, man möchte mit leiser Stimme eigene Betroffenheit besonders betonen. Gepresste, nuschelnde Artikulation, allzu bedächtige oder schnelle Sprechgeschwindigkeit stören mit Sicherheit Aufbau oder Aufrechterhaltung einer kooperativen Beziehung zwischen den Gesprächspartnern. Da monoton vorgetragene Beiträge ermüden, raten Rhetoriker zur Variabilität der Betonung, also zu einem Wechsel von Lautstärke, Sprechgeschwindigkeit und Sprechmelodie, um Interesse zu wecken und sein Engagement zu zeigen (Allhoff / Allhoff 2006). Der Sprachgebrauch darf das Gegenüber nicht überfordern. Lange und grammatikalisch kompliziert gebaute Sätze sind vielleicht in der Verständigung mit Akademikern kein Hindernis, sicher aber mit Eltern einfacheren Bildungsniveaus. Einfache Sprachbilder, Worte und Satzbildungen finden leichter Gehör – und man gewinnt Zeit, sich über die Bedeutung des Gesagten auszutauschen.

Theorie 2: Nonverbale Kommunikation
Austausch von Information, die nicht an Sprache als Informationsträger gebunden ist, gilt als nonverbale Kommunikation. „Körpersprache" umfasst Botschaften, die daraus resultieren, wie man den Körper hält, bewegt, ausstattet, und nicht zuletzt daraus, was er – ausdünstet. Sie ist bedeutsam, weil sie verdeutlicht, wie etwas gemeint ist und ob Sympathie oder Antipathie besteht (Frindte 2001). Mit folgenden Listen kann man sich für die Wahrnehmung von Körpersprache sensibilisieren.

Ebenen nonverbaler Signale nach der Reizverarbeitung:
- kinästhetisch-taktil (Berühren, Streicheln, Schulterklopfen),
- visuell (Körperhaltung, Körperbewegungen, Blick, Winken, Nicken, Augenaufschlag; Gestik, Mimik, Pantomimik, Distanz),
- auditiv (Stimmmelodie, Husten, Räuspern, Zahnknirschen),
- olfaktorisch (Duften, Schwitzen, Rauchen),
- gustatorisch (Schmecken).

Ebenen nonverbaler Signale nach Verhaltensklassen:
- räumliche Positionierung (Körperorientierung, Nähe, Distanz),
- Lokomotion (Bewegung im Raum),

- Blickkontakt (Blickrichtung, Erweiterung / Verengung der Pupillen),
- paralinguistische Signale (Stimmlage, Stimmmelodie, Tonhöhe, Lautstärke, Stottern, Interjektionen wie „äh", „hm"),
- Mimik,
- Gestik und Berührung,
- Pantomimik,
- Körperhaltung und Körperbewegung (Hand-, Fuß-, Beinbewegungen; Selbst-, Objektmanipulationen, Sitzhaltung),
- Staffage (Körperausstattung: Kleidung, Frisur, Schmuck).

Die Fachperson tut gut daran, soweit möglich die eigenen körperlichen Signale zu beobachten und zu kontrollieren, um nicht etwa Dominanz, Kränkung, Gereiztheit, Desinteresse oder Anspannung durchscheinen zu lassen. Als kommunikative Botschaften sind nonverbale Signale – entgegen landläufiger Deutungsgewohnheit – alles andere als eindeutig, wenn sie auch vorwiegend automatisch ablaufen und sich damit bewusster Kontrolle entziehen (Nußbeck 2006). Ein Lächeln kann Zufriedenheit, freudige Überraschung ebenso ausdrücken wie Arroganz, Befangenheit oder gar Ängstlichkeit. Vor allem sind nonverbale Zeichen soziokulturell geprägt, was für den Umgang mit Migrantenfamilien erhebliche Bedeutung hat. Man tut gut daran, sicherheitshalber nachzufragen, wenn man über den nonverbalen Kanal einen bestimmten Eindruck etwa über die aktuelle seelische Verfassung seines Gesprächspartners bekommt, um diese Wahrnehmung zu verifizieren. Mimik und Gestik werden meist genau beobachtet, periphere Körpersignale dagegen seltener wahrgenommen. Körperhaltung, Sitzhaltung, Beinbewegungen und Objektmanipulationen können authentisch und eindrücklich auf Einstellung und Stimmung des Hörers hinweisen.

Tab. 1.1: Nonverbale Kommunikation

Signale, die Bereitschaft, Zuwendung und Interesse ausdrücken	Signale, die Gleichgültigkeit, Abwendung und Desinteresse ausdrücken
▦ Kopfnicken	▦ Kopfschütteln
▦ Blickkontakt	▦ Blick abwenden
▦ lächeln	▦ Arme verschränken
▦ körperliche Hinwendung	▦ sich zurücksetzen
▦ offene Körperhaltung	▦ gleichzeitig anderen Tätigkeiten nachgehen
▦ zustimmende Äußerungen (ja, hm, aha)	▦ ablehnende Äußerungen (aber, nein, ach, was)
▦ freundlich-warme Stimme	

Gesprächssteuerung

Sprechwissenschaftler sind sich einig, dass Zurücklehnen, Pause einlegen, mit der Stimme heruntergehen, das Gegenüber direkt ansehen, Lautstärke verringern und Sprechspannung verringern signalisieren, dass der Redner jetzt den Einsatz des anderen erwartet (Pawlowski 2005). Umgekehrt scheint das Straffen des Körpers, tiefes Einatmen, Vorbeugen, Fixieren, Räuspern, mehrmaliges rasches Nicken oder das Einwerfen kurzer Floskeln in rascher Abfolge („Ja … ja … also … also …") anzuzeigen, dass man dabei ist, das Wort zu ergreifen.

Wird im Laufe der Interaktion der Blick zunehmend abgewendet, kündigt sich an, dass der Gesprächsbeitrag demnächst beendet wird (Nußbeck 2006). Es kann aber auch zunehmende Verunsicherung oder Ablenkung bedeuten (Allhoff/Allhoff 2006). Fehlender Blickkontakt kann auf Desinteresse oder Schüchternheit hinweisen, intensiver Blickkontakt auf Dominanz, Aktivität und Selbstbewusstsein (Nußbeck 2006). Dauert er allerdings zu lange an, wird er als inquisitorisch oder als aufdringlich aggressives Eindringen in die Privatsphäre erlebt (Allhoff/Allhoff 2006). In den meisten Ratgebern zur Gesprächsführung wird empfohlen, Blickkontakt zu den Zuhörern aufzunehmen und ein freundliches, offenes und entspanntes Gesicht zu machen, da die Mimik der Spiegel der Seele sei (Tab. 1.1). Häufige Blickzuwendungen werden als Aufmerksamkeit, Zuneigung oder Freundlichkeit empfunden. Blickkontakt, häufiges Kopfnicken, um Zustimmung zu den verbalen Äußerungen des Patienten zu signalisieren, ein leichtes Vorlehnen in Richtung des Patienten sowie das Einnehmen einer offenen Körperposition, Lächeln, geringe Gesprächsdistanz und Angleichen der eigenen Körperhaltung an die des Gesprächspartners, also ein Spiegeln der Körperhaltung des Patienten, werden etwa als Merkmale zufriedenstellender Arzt-Patient-Kontakte angesehen (von Schmädel 2000).

Beim Sprechausdruck werden melodische (Tonhöhe, Intonation, Betonung, Klangfarbe), dynamische (Lautstärke, dynamischer Akzent, Intensität), temporale (Sprechtempo, Pausen, temporaler Akzent) und artikulatorische Merkmale unterschieden (Pawlowski 2005). Eine hohe Stimme scheint auf Aufregung, aber auch Eifer, Begeisterung oder Engagement hinzudeuten. Ein melodischer Akzent (Betonung: Mit der Stimme hochgehen) drückt im Gegensatz zum dynamischen Akzent (Stimmverstärkung: Lauter werden) mehr Gefühl, das Zweitere mehr Sachlichkeit aus. Schnelles Sprechtempo fordert vom Zuhörer hohe Konzentration und Verarbeitungsgeschwindigkeit; mit Pausen lassen sich Sachverhalte besonders hervorheben; längere Pausen setzen den Zuhörer unter Druck. Undeutliches Sprechen wirkt unsicher und wenig überzeugend. Ist man aufgeregt, empfiehlt sich tiefes Ausatmen und nachfolgendes langsames, tiefes und leises Sprechen und das Einfügen von Pausen. Monotones Sprechen setzt die Verständlichkeit des Sprechers herab, lässt ihn weniger glaubwürdig erscheinen und fördert so frühzeitiges Abschalten beim Hörer (Allhoff/Allhoff 2006).

Macht der Redner keine Atempausen, hält seine Stimme in der Schwebe, senkt sie keineswegs am Satzende ab und wird auch nicht leiser und spricht weiter eindringlich und akzentuiert, so deutet dies darauf hin, dass er am Ball bleiben will (Pawlowski 2005). In unserem Bereich wird dies zunächst bedeuten, dass der Sprecher ein erhebliches Redebedürfnis hat und eine große Menge Informationen loswerden will. Anders als in der Alltagssituation wird man ihm im Elterngespräch auch erst einmal das Feld überlassen, weil man annimmt, ihm damit helfen zu können, sich mitzuteilen. Man wird ihm dies auch mit Blickkontakt und zugewandter Körperhaltung signalisieren, es mit Kopfnicken und Kurzkommentaren („Genau! ... Ach ja? ... Nanu?!") verstärken.

1.3 Gesprächsziele und Gesprächstypen

Gespräche in Frühförderung und Kindergarten lassen sich im Wesentlichen vier Absichten zuordnen: Vorrangig und übergeordnet ist dabei das Ziel, eine *positive Beziehung* zu den Eltern anzuknüpfen und zu pflegen. Die meisten Eltern werden es zu schätzen wissen, wenn das Fachpersonal ab und zu, auch wenn es nichts von ernster Bedeutung zu besprechen gibt, das Gespräch sucht. Sie sehen darin ein Zeichen von Interesse und Aufmerksamkeit für ihr Kind.

Ein Hauptteil der Gespräche wird das Ziel verfolgen, *Informationen* von den Eltern zu erlangen, sei es zur Entwicklung des Kindes und dem sozialen Umfeld der Familie, sei es zu aktuellen Geschehnissen oder zu Wünschen und Bedürfnissen. Diese Kontakte können informellen, explorativen bis Interviewcharakter haben. Bei Letzterem werden Eltern themenzentriert befragt, wofür sich das mittels eines Interviewleitfadens strukturierte oder teilstrukturierte Gespräch am besten eignet (Marotzki 2003). Im offenen Gespräch lässt man sich vom Gesprächsverlauf leiten und geht mit, wohin man von den Eltern geführt wird.

Beim *Motivierungsgespräch* hat sich die Erzieherin, Therapeutin oder Frühförderin vorgenommen, einen Impuls in die Familie hineinzutragen. Gut gemeinte Ideen können hier, ungeschickt ausgedrückt, umgehend Kränkung auslösen und Widerstand hervorrufen, wenn sie etwa als Belehrung, Vorwurf, Kritik oder Ermahnung verstanden werden. Oft ist es wirksamer, zunächst Einigkeit über das Problem herzustellen und dann gemeinsam nach Alternativen zu suchen.

Beim *Konfliktgespräch* erwartet oder begegnet die Fachperson Meinungsverschiedenheiten, etwa wenn Einschätzungen zum Entwicklungsstand von den Eltern abgelehnt werden. Ein Konfliktgespräch würde man auch führen, wenn Missverständnisse oder Unstimmigkeiten in der Beziehung angesprochen und geklärt werden.

1.4 Zeitnot und Tür-&-Angel-Gespräche

Gespräche zwischen Tür und Angel, also ungeplante und unvorbereitete Kommunikationen auf beengtem Raum unter Zeit- und Erwartungsdruck über Sachverhalte mit hohem Informations- und Beziehungswert, sind charakteristischer Bestandteil des Gesundheitswesens wie des pädagogischen Alltags in Frühförderung oder Kindergarten geworden. Die Fachperson muss überblicken, ob sie gerade noch über ausreichende Ressourcen verfügt, den Eltern zuzuhören, und über die Selbstsicherheit verfügen, den gewünschten Kontakt zu begrenzen oder die Eltern komplett zu vertrösten („Ich höre Ihnen gerne zu, aber ich habe jetzt nur zwei Minuten Zeit. Wenn Ihnen das im Augenblick reicht?"). Bleibt ihr keine Zeit, sollte sie trotzdem das Anliegen der Eltern würdigen, sich entschuldigen und sofort einen alternativen Gesprächstermin vorschlagen („Ich merke schon, es brennt Ihnen jetzt auf den Nägeln, aber es geht jetzt überhaupt nicht / ich sollte eigentlich schon bei X sein. Kommen Sie doch am ..."; „Es tut mir leid, ich sehe es Ihnen an, dass Sie unbedingt jetzt mit mir sprechen wollen, aber ...").

Auch bei verabredeten Gesprächen spielt der Zeitfaktor eine Rolle: Für ein Elterngespräch wird mit 30 bis 50 Minuten meist das Äquivalent einer Förder- oder Therapiestunde angesetzt. Wird die Fachperson in dieser knappen Zeit auch noch von den Eltern aus dem Konzept gebracht, wird sie die Beziehung bestimmt stärken, wenn sie sich trotzdem auf das von den Eltern überraschend Eingebrachte einlässt und ihnen so auf der Beziehungsebene signalisiert, sie mit ihren Anliegen ernst zu nehmen. Auch wenn diese Mitteilungen ganz offensichtlich vom aktuellen Thema ablenken sollen, wird man nicht einfach zur geplanten Gesprächslinie zurückkehren. Es hat ja eine Bedeutung, dass Eltern an diesem Punkt bremsen, und es gilt, ihre Reaktion zu verstehen und die Gründe dafür zu finden, was man freilich vorsichtig und sensibel tun wird. Eine gewisse Flexibilität im Umgang mit der eigenen Agenda muss man sich also einräumen.

Wenn der Gesprächspartner kein Ende findet, wird nichts anderes helfen, als beharrlich auf das Gesprächsende hinzuweisen und zur Terminplanung überzugehen. Als Gesprächsunterbrecher wird auch verstanden, die Unterlagen zusammenzufalten, sich zu erheben, Blickkontakt zu beenden, Körper abzuwenden, räumlichen Abstand zu vergrößern oder schon einmal die Hand auszustrecken und mit dieser Geste den Abschied einzuläuten.

2 Standardsituationen der Gesprächsführung

2.1 Kontaktaufnahme

Begrüßung

Mit einfachen Mitteln lassen sich die Weichen für ein angenehmes Gesprächsklima stellen, in dem sich Eltern angenommen und respektiert fühlen. Dazu gehört freundliches Willkommenheißen mit Handschlag ebenso wie Blickkontakt und höfliche Einladung, Platz zu nehmen. Zu einer netten Begrüßung gehört ferner, seiner Freude Ausdruck zu geben, dass die Eingeladenen da sind, sich Zeit genommen haben, der Termin zustande kommen, der Vater doch mitkommen oder die Großeltern zur Betreuung der Kinder motiviert werden konnten. Eventuell kann man hier auch positiv anklingen lassen, dass man gut erkenne, wie wichtig die Eltern diesen Termin wegen ihres Kindes nehmen, wie sehr ihnen das Wohlergehen ihres Kindes am Herzen liege. In den ersten Minuten des Elterngesprächs hätte man so eine elterliche Ressource benannt und den Eltern zurückgespiegelt. Wartezeiten sind zu erklären und zu entschuldigen. Eventuell können Nachfragen über etwaige Hindernisse bei der Anfahrt oder eine Bemerkung über das Wetter über die erste Verlegenheit etwas hinweghelfen.

Zum guten Ton gehört es nun, sich in knappen, präzisen Worten vorzustellen. Die berufliche Qualifikation zu erläutern kann dann sinnvoll sein, wenn Zweifel und Kritik an Wissen, Erfahrung und Ausbildung der Fachfrau anklingen. Wichtig wäre dann allerdings, eigene Kompetenzen ruhig, sicher und selbstverständlich darzulegen. Ist man miteinander vertraut geworden, wird die Fachfrau zum offiziellen Teil dieses ersten Treffens überleiten. Dieser Eröffnung kommt erhebliche Bedeutung zu, da sich manche unbefriedigend verlaufene Begegnung auf ungünstig gewählte Eingangsformulierungen zurückverfolgen lässt. Die aufgeführten Beispielsätze (1.1 bis 1.11) sind wörtlich, aber auch als Etiketten zugrunde liegender Einstellungen zu verstehen. Mit den ersten Äußerungen wird das Sachthema festgelegt und darüber hinaus markiert, wie die weitere Interaktion mit den Eltern verläuft (Hargens 2004).

Erstkontakt in der Frühförderung

„Also noch mal herzlich willkommen – und jetzt geht's los …"
„Schön, dass wir hier jetzt also zusammensitzen, und jetzt erzählen Sie mir doch mal …"

1.1 „– welche Probleme hat Ihr Kind?"
1.2 „– welche Probleme haben Sie mit Ihrem Kind?"
1.3 „– welche Sorgen haben Sie mit Ihrem Kind?"
1.4 „– was kann ich für Sie tun?"
1.5 „– was kann Ihr Kind denn schon alles?"
1.6 „– was kann Ihr Kind denn schon gut, was kann es noch nicht so gut?"
1.7 „– wie geht es Ihnen?"
1.8 „– wie geht es Ihrem Kind?"
1.9 „– erzählen Sie mir doch etwas über Ihren Alltag, aus Ihrer derzeitigen Lebenssituation!"
1.10 „– wie stellen Sie sich unsere Zusammenarbeit vor? Wie wünschen Sie sich unsere Zusammenarbeit?"
1.11 „– darf ich Sie einfach mal fragen, was mich interessiert, was ich gerne wissen möchte? Wäre Ihnen das recht?"

Diese Gesprächseinstiege setzen Implikationen in die Welt, die möglicherweise gar nicht zutreffen, noch nicht angesprochen werden sollen oder die Perspektive unnötig einengen. Die ersten Fragen reduzieren die Eltern zu Problemträgern – das Kind muss offensichtlich Probleme haben (1.1), die Eltern müssen Probleme oder Sorgen (1.2, 1.3) haben, während sich die Fachperson selbst als Problemlöserin präsentiert (1.4). Dieser Auftakt führt zur Problemvertiefung und nicht zu Ressourcen. Ähnlich will man mit 1.3 auf elterliche Belastungsgefühle hinaus, während man mit 1.7 zwar auch Gefühle ansprechen will, sich aber für alles offenhält. Man gibt den Eltern damit Freiraum, so viel von sich preiszugeben, wie sie für opportun halten. Mit 1.8 versucht man, in die Erlebens- und Gefühlswelt des Kindes einzusteigen, und bekommt damit auch einen Eindruck von der Wahrnehmung des Kindes durch die Eltern. Mit 1.5 und 1.6 exploriert man elterliche Erwartungshaltungen, Ängste und Leistungsdruck.

Mit 1.9 gibt man gar keine Vorgaben, sondern stellt sich ganz auf das ein, was dem Gesprächspartner wichtig erscheint. Damit hat man die Beziehung definiert: Mir ist wichtig, was Ihnen wichtig ist! Mit 1.10 formuliert man gleich von Anfang an, dass es auf Kooperation ankommt und die Eltern sich beteiligen dürfen. Dies lässt sich gut mit 1.9 kombinieren. Die Frühförderin tritt in ein längeres Arbeitsverhältnis mit der Familie ein. Deshalb lohnt es, sich von Anfang an Zeit zu nehmen, die besonderen Lebensbedingungen der Familie und vor allem ihre Einschätzung des Kindes und seiner Entwicklung genau kennenzulernen. Mit der Frage 1.11 erbittet man sozusagen den Blankoscheck für ein Explorationsgespräch – wobei man nicht verstimmt sein darf, wenn manche Fragen trotzdem zurückhaltend beantwortet werden.

Ein Erstkontakt ist für Eltern wie auch die Fachperson eine spannende Angelegenheit, die beunruhigt und verunsichert. Man weiß nicht, ob man miteinander auskommt, wie man aufeinander reagieren wird, wie man mit den eigenen Vorstellungen zum Zuge kommen wird. Wenn man sich vornimmt, alles müsse nach Plan laufen, wird man es sich schwerer machen, als wenn man es schafft, sich auf das zu freuen, was auf einen zukommt, und die Dinge entwickeln zu lassen. Man darf sich damit trösten, dass alle bei diesem ersten Treffen etwas nervös sind. Am Ende auch mehrerer Eingangsgespräche steht für Fachperson wie Eltern ein unmissverständliches und beiderseits akzeptiertes Konzept, wie die weitere Arbeit in der Familie vonstatten geht. Arbeitsinhalte, pädagogische Ziele, eingesetzte Methoden, Terminierung der Elterngespräche, etwaige Hinzuziehung weiterer Fachleute werden benannt. Die Eltern sollen die Überzeugung gewonnen haben, dass die Fachperson einfühlsam, engagiert und hilfsbereit sein wird und ihre Wünsche und Vorstellungen ernst nimmt.

Diese Auftragsabklärung zu Förderungsbeginn ist eine nicht zu unterschätzende Weichenstellung für eine gute Zusammenarbeit. Die Zeit ist sicherlich nicht verschwendet, wenn dafür auch mehr als eine erste Stunde benötigt wird. Aber diese Abmachungen werden nur begrenzte Zeit gelten, der Auftrag ist kontinuierlich zu klären. Änderungen im Vorgehen und der Zielsetzung müssen veränderten Wünschen der Eltern und vor allem der Weiterentwicklung des Kindes angepasst werden (s. Abb. 2.1).

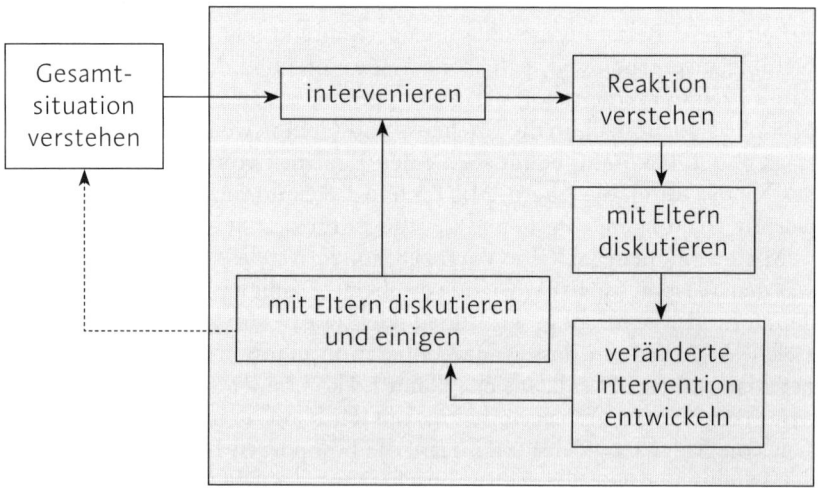

Abb. 2.1 Mit Eltern kooperieren

Die sich aus den Förderinterventionen ergebenden elterlichen Reaktionen dürfen von der Fachperson nicht übersehen, sondern müssen besprochen, hinterfragt und geklärt werden. Die Anregungen der Eltern bilden die Grundlage für die gemeinsame Entwicklung modifizierter Vorgehensweisen. Wenn der Anstoß zur Modifikation des Vorgehens von der Fachperson selbst ausgeht und nicht zu den Vorstellungen der Eltern passt, werden Diskussion und Einigung über die nächsten Schritte umso wichtiger.

Theorie 3: Familie und Frühförderung – Menschenbild und Gesprächsziele
Frühförderung, ohne die Familie einzubeziehen, gilt als wenig wirkungsvoll (Bode 2002), da ohne Mithilfe der Eltern die Entwicklungsstörung des Kindes nur punktuell angegangen werden kann. Die Eltern sollen darin unterstützt werden, dem Entwicklungsniveau des Kindes angemessene Umweltbedingungen bereitzustellen, ihm eine emotional sichere Basis zu bieten und es adäquaten Reizen auszusetzen (Scheurer-Englisch 2007; Ahnert 2006).

Ein zentrales Ziel in Frühförderung und Vorschule ist deshalb, Eltern zur Mitarbeit zu gewinnen (Kühl 2004). So wie sinnvolles kindliches Lernen immer in emotionale Beziehung und sozialen Halt eingebettet ist (Leyendecker 2008), ist es auch für die Begegnung mit Eltern entscheidend, eine positive Beziehung zu etablieren. Umgangsformen garantieren am ehesten elterliche Kooperationswilligkeit, wenn sie sich an den Prinzipien emotionale Wärme, Achtung und Respekt, kooperatives Verhalten sowie Struktur und Verbindlichkeit (Tschöpe-Scheffler 2003) orientieren und Eltern als ernst zu nehmende und kompetente Fachleute für ihr Kind achten. Tatsächlich fühlen sich Eltern behinderter Kinder dann am besten von Fachleuten unterstützt, wenn sie sich von diesen anerkannt fühlen. Und anerkannt fühlen sie sich dann, wenn sie das Gefühl haben, sie werden als Personen mit ihren Wünschen, Bedürfnissen, aber auch Gefühlen gesehen – und nicht nur als Pflegekräfte oder Kotherapeuten des Kindes. Sie fühlen sich ernst genommen, wenn man ihnen spontan und ehrlich begegnet, sich erkundigt, wie sie zurechtkommen, wenn auch andere Gesprächsthemen außer Behinderung und Förderung möglich sind und wenn ihre Beobachtungen, Ansichten, Bedenken und ihr Verständnis über die Situation des Kindes geschätzt werden (Lindblad et al. 2005). Damit entsteht Vertrauen, elterliches Selbstwertgefühl nimmt zu, und dies wiederum lässt Ressourcen erscheinen und Lösungen entstehen, die vorher nicht möglich waren.

Mit einer Personzentrierten Gesprächshaltung lässt sich das gut realisieren. Sie leitet sich aus dem Konzept der Personzentrierten Psychotherapie ab – früher auch als Gesprächspsychotherapie oder Klientenzentrierte Psychotherapie bekannt (Rogers 1983; Finke 1994, 1999; Groddeck 2002) – und beruht auf der Annahme, dass jeder Mensch Potenziale hat, die er in einer günstigen Umgebung entfalten kann. Man denkt, dass Menschen durch eine positive Beziehung zu einem Helfer instand gesetzt werden,

> das für sie Wichtige auch aus eigenen Kräften zu finden (Sander 1999). Auch und gerade in Konflikten, wenn sich der Mensch verletzt, enttäuscht, überfordert, resigniert oder abgelehnt fühlt, kann er sich in einer wohlwollenden und akzeptierenden zwischenmenschlichen Gesprächsatmosphäre über seine Ziele klar werden und Entscheidungen treffen, die sein Leben in ein erträglicheres Gleichgewicht bringen (Krause 2002).

Im Kindergartenalltag ist man meist schon mit allen Eltern bei Begrüßungs-, Elternabenden oder Festen in Kontakt gekommen. Man kennt sich also bereits ein wenig, wenn die Erzieherin die Notwendigkeit sieht, ein Gespräch vorzuschlagen, um etwas anzusprechen oder einen pädagogischen Impuls zu geben.

Kontaktaufnahme bei einem Motivierungsgespräch in Kindergarten oder Tagesstätte

1.12 „Wie Sie wissen, führen wir ja regelmäßige Elterngespräche durch. Wann passt es Ihnen denn?"

1.13 „Guten Tag, Frau X. Ich würde gerne mal mit Ihnen sprechen. Wann haben Sie denn Zeit?"
Mutter: „So? Was gibt's denn? Ist etwas passiert?"

1.14 „Ich würde gerne einen Termin mit Ihnen verabreden – aber Sie brauchen sich überhaupt keine Sorgen machen – alles im grünen Bereich!"

1.15 „Es ist etwas vorgefallen, was mir ziemlich Sorgen macht. Wann kann ich mit Ihnen darüber reden?"

1.16 „Mir ist aufgefallen, dass sich Y in letzter Zeit sehr zurückzieht. Was halten Sie davon, wenn wir uns mal zusammensetzen und darüber sprechen?"

1.17 „Y ist das einzige Kind, das noch nicht allein auf die Toilette geht. Wir müssen dringend einmal schauen, ob sich daran etwas ändern lässt."

1.18 „Guten Tag, Frau X, schön dass ich Sie sehe! Y baut ja seit Neuestem wie ein Weltmeister! Ich würde mich gern mal mit Ihnen über sein Sozialverhalten unterhalten. Wann hätten Sie denn Zeit?"
Mutter: „Was hat er denn jetzt schon wieder angestellt?"

1.18.1 „Es ist gar nichts Schlimmes vorgefallen, aber ich habe einige Beobachtungen gemacht, über die ich mich mit Ihnen gern mal unterhalten wollte …"

1.18.2 „Ja, da treffen Sie gleich ins Schwarze, obwohl ich nicht sagen würde, dass das, was er heute gemacht hat, schon total daneben war, aber – na ja. Wann geht's denn?"

1.18.3 „Ich werde aus ihm nicht so recht schlau. Manchmal ist er ganz lieb, dann wieder geht er keinem Streit aus dem Weg. Ich hätte da gerne Ihre Hilfe, um ihn besser zu verstehen."

1.19 „Frau X, kann ich Sie einmal sprechen? Ich würde gerne mal mit Ihnen über Ys Entwicklung reden."

Mutter: „Um Himmels willen, ist es was Schlimmes?"

1.19.1 „Nein. Aber ich würde gern mal meine Beobachtungen mit Ihren zu Hause vergleichen und Ihnen meine Eindrücke sagen."

1.20 „Hallo Frau X, ich möchte Sie gerne zu einem Gespräch einladen. Ich würde gerne wissen wollen, wie sich Y so zu Hause verhält und entwickelt, damit mein Bild von ihm runder wird."

Mutter: „Zu Hause klappt es zurzeit ganz prima. Ich bin so im Stress, ich hab gar keine Zeit! Meine Kleine hat ja gerade … und dann … und vor allem …!"

1.20.1 „Manchmal weiß man gar nicht, wo einem der Kopf steht mit drei Kindern?! Ich kann mir gut vorstellen, dass sie voll eingespannt sind. Wie können wir denn das am besten einrichten?"

Mutter: „Ich habe keine Ahnung! Ich weiß nicht, wie ich das schaffen soll. Ich hab ja kaum Zeit für den Haushalt … und dann noch das Generve von Y!"

1.20.2 „Es ist wirklich zurzeit schwierig für Sie, so ein Gespräch zu organisieren. Es ist aber auch wichtig, dass wir uns mal in Ruhe unterhalten. Vielleicht finden wir gemeinsam eine Lösung. Könnten denn die Großeltern auf die Kinder aufpassen?"

1.20.3 „Zurzeit zerrt wirklich alles an Ihnen. Was setzt Ihnen denn so zu im Moment?"

Wenn Eltern dazu motiviert werden sollen, sich mit einer Beobachtung auseinanderzusetzen oder Erziehungshaltungen zu reflektieren, kommt dem Auftakt zu diesem Gespräch sicherlich hohe Bedeutung zu – die Motivierung beginnt mit der Gesprächseinladung. Die Fachperson wird sich deshalb zum Einstieg einen Text überlegen, der auf diese Eltern und die Fragestellung passt. Entscheidender ist dann jedoch, sich auf die Reaktionen der Eltern auf diese Einleitung einzustellen. Die Fachperson muss nun abwägen, ob sie ihr Anliegen eher ausführlich oder kurz gefasst, forsch oder sensibel weiterverfolgt, und selbst das wird sich im weiteren Gesprächsverlauf ändern können.

Ein ganz sachlicher, neutraler und angemessener Auftakt könnte 1.12 sein, vorausgesetzt, es handelt sich wirklich nur um ein Routinegespräch. Verbirgt sich hinter dieser Einladung doch ein Problemgespräch über schwerwiegende Verhaltensauffälligkeiten, werden sich die Eltern später ziemlich überfahren vorkommen. Die reine Terminabsprache 1.13 hört sich betont sachlich an, verliert nicht viele Worte, wirkt aber etwas dominant und kann ohne jede Erläuterung beunruhigen. Nachfragen werden folgen, auf die dann eine gute, d. h. weder zurückweisende, beschwichtigende, bagatellisierende noch kurz angebundene Antwort gefunden werden muss. Eine etwaige Verunsicherung sprachlich vorgreifend neutralisieren zu wollen ist eine doppelbödige Kommunikation, steigert die Verwirrung und schürt Ängstlichkeit (1.14). Die Eröffnung 1.15 ist im Grunde genommen eine Konfrontation. Sie drückt zwar die Selbstbetroffenheit der Erzieherin aus und wird damit für die Eltern akzeptabler, erhöht aber in ihrer Unklarheit den Druck. Es kann gut sein, dass sich nun eine Defensivhaltung aufbaut, weil die Eltern beweisen wollen, dass ihr Kind ganz normal sei. Für ängstliche Eltern ist dieses Vorgehen kontraindiziert, da man sie bis zum verabredeten Gespräch ihren Befürchtungen überlässt.

Jeder wird wahrscheinlich erst einmal alarmiert reagieren, wenn er um einen Aussprachetermin gebeten wird. Deshalb sollte man die vermutlich sofort entstehende Spannung dadurch lindern, dass man Thema oder Gesprächsziel umschreibt und die Einwilligung zu einem Treffen erfragt (1.16). Einladung 1.17 hingegen benennt zwar einen konkreten Anlass, das Gesprächsziel bleibt aber diffus, und der Satz klingt nach einem Vorwurf. Diese Mitteilung wird eher verunsichern.

Ein geschickter Türöffner startet mit etwas Positivem über das Kind (1.18). Die Eltern freuen sich, sind stolz, ihr Interesse ist geweckt. Möglicherweise werden sie aber auch misstrauisch und befürchten gleich das Allerschlimmste. Darauf reagiert die Erzieherin mit einer eher abschwächenden, beruhigenden Reaktion (1.18.1). Sie begründet aber ihr Anliegen noch konkreter, indem sie von ihren subjektiven Beobachtungen ausgeht, ohne dem Kind wie etwa mit „Er ist immer so aggressiv!‘, „Sie ist so ängstlich!‘, „Sein Kontaktverhalten ist gestört‘, „Er ist hyperaktiv!‘, „Er hat vielleicht ADHS“ Abnormität zu unterstellen. Alternativ (1.18.2) greift sie die Sorge der Mutter auf, bestätigt diese in ihrem Eindruck, beruhigt etwas, macht dennoch ihr Anliegen dringlich. Die Mutter wird sicherlich aufgeregt zum Gespräch kommen, aber das Gefühl haben, dass sich die Erzieherin um eine ausgewogene Stellungnahme zu ihrem Sohn bemüht. Auch die Erwiderung 1.18.3 gründet sich ganz auf die subjektive Sicht der Erzieherin und enthält sich jeder Schuldzuweisung. Die Eltern werden zum Mittun eingeladen und die allwissende Expertenposition vermieden.

Auch bei 1.19 wird das eigene Informationsbedürfnis in den Vordergrund gestellt, negative Verhaltensbeschreibungen unterlassen und das Gesprächsziel benannt, bei Nachfragen präzisiert (1.19.1). Die Formulierung appelliert ferner an das Expertentum der Eltern, da sie deren Ansichten gleichberechtigt einbezieht.

Mitunter wird aber auch die freundlichste Einladung abgewiesen (1.20). Daraufhin signalisiert die Erzieherin mit 1.20.1 Verständnis. Sie geht einem Machtkampf aus dem Weg, indem sie die Notwendigkeit der Unterredung gar nicht weiter begründet, sondern als gegeben hinstellt und die Terminklärung an die Mutter weitergibt. Vielleicht findet sie einen Kompromiss – etwa das jüngste Kind mitzubringen –, andernfalls wird die Erzieherin nachhaken (1.20.2). Werden alle Vorschläge abgelehnt, wird man thematisieren, ob ein solches Gespräch Angst auslöse, sie vielleicht der Erzieherin ausweichen wolle oder Nachteile durch dieses Gespräch befürchte. Schließlich wäre 1.20.3 der klassische Auftakt zu einem Tür-&-Angel-Gespräch. Die Erzieherin verbalisiert die emotionale Notlage der Mutter und lädt zu weiterer Darstellung ein. Wenn beide dafür im Moment Zeit haben, erhält die Erzieherin nun einen guten Einblick in die derzeitige familiäre Situation. Fehlt die Zeit, sollte man gar nicht erst zu Äußerungen ermuntern.

Anders als im Motivierungsgespräch, in dem die Fachperson ihr Thema unvoreingenommenen Eltern präsentiert, besteht beim Konfliktgespräch eine Kontroverse. Während sie im Motivierungsgespräch das Thema gemeinsam mit den Eltern weiterentwickelt, muss sie den Kontakt zu den Eltern bei Meinungsverschiedenheiten erst wiederherstellen. Am besten bezieht sie sich auf das vorausgegangene Gespräch und spricht die vorhandene Verstimmung an.

Kontaktaufnahme bei einem Konfliktgespräch

1.21 „Wir haben uns ja neulich fast gestritten, als wir über Xs Essverhalten gesprochen haben. Jetzt ist einige Zeit vergangen, und ich halte es für sinnvoll, wenn wir uns noch mal austauschen. Was halten Sie davon?"

1.22 „Es tut mir leid, dass wir so auseinandergegangen sind. Ich würde gerne herausfinden, was da eigentlich schiefgelaufen ist. Reden wir doch noch mal darüber! Wann haben Sie denn Zeit?"

1.23 „Es lässt mir keine Ruhe, dass wir in unserem letzten Gespräch über … keine richtige Lösung gefunden haben. Ich würde gerne noch mal mit Ihnen …"

1.24 „Ich habe das Gefühl, in unserem letzten Gespräch lagen unsere Meinungen etwas auseinander. Haben Sie da auch so erlebt? – Ich würde jedenfalls gerne noch etwas mehr darüber erfahren, wie Sie Y sehen und wie Sie mit ihm umgehen."

1.25 „Ich möchte noch mal darauf zurückkommen, was wir vor zwei Wochen besprochen haben. Ich habe darüber nachgedacht und finde, dass Sie mit Ihrer Ansicht gar nicht so unrecht haben. Ich würde gerne das Gespräch fortsetzen – Sie auch?"

1.26 „Nach unserem letzten Gespräch werde ich das Gefühl nicht los, es steht etwas zwischen uns. Ich würde gern mal in Ruhe mit Ihnen darüber reden."

1.27 „Sie haben mich gestern Morgen so böse angeguckt. Hat das mit unserem Gespräch neulich zu tun? Lassen Sie uns doch noch mal über das schwierige Thema reden!"

1.28 „Ich habe in der letzten Zeit versucht, X so zu verstehen, wie Sie ihn mir geschildert haben. Aber ich habe nichts beobachtet, was in Ihre Richtung geht. Im Kindergarten verhält er sich nach wie vor ganz zurückhaltend, nimmt keinen Kontakt zu anderen Kindern auf und äußert sich nicht im Stuhlkreis. Wir müssen uns noch mal zusammensetzen!"

1.29 „Wir müssen das Gespräch von neulich unbedingt fortsetzen. Ich habe das Gefühl, Y braucht dringend Hilfe! Können Sie am … kommen?"
1.30 „Sie haben mich falsch verstanden. Ich würde das gerne klarstellen."

Mit 1.21 wird auf den Stand der Dinge angespielt, die Ausgangssituation wird allen klar. Will man einen einvernehmlichen Start in das Gespräch erreichen, ist es vorteilhaft, das Anliegen als persönlichen Wunsch zu formulieren („Ich möchte …"; „Ich würde gerne …"; „Ich habe mir gedacht …"). Die vordergründig sachlichere Wortwahl (1.29), die ein „Wir müssen …", „Es ist notwendig, dass …" oder „Im Interesse des Kindes …" verwendet, klingt von oben herab und setzt Eltern unter Druck. Mit 1.22 und 1.23 bringt die Fachperson ihr Erleben noch mehr ein, indem sie den Dissens beschreibt und ihr eigenes Unbehagen ausdrückt. Formulierungen wie „Wann haben Sie Zeit?" oder „Wann passt es Ihnen?" engen mögliche Antworten auf die Terminfrage ein, ohne die Verabredung wie etwa mit den Bemerkungen „Was halten Sie davon?", „Meinen Sie nicht auch?" oder „Wollen Sie auch?" grundsätzlich in Frage zu stellen. Erstere wird jedoch diejenigen brüskieren, die eine Gesprächsfortsetzung noch nicht wollen. In 1.24 spricht die Fachperson die Meinungsverschiedenheit ohne Schuldzuweisung an und validiert ihren Eindruck, indem sie den Gesprächspartner fragt, ob es ihm auch so gehe. Als Konfliktlösung schlägt sie ein exploratives Vorgehen vor.

Eine ganz andere Richtung wählt sie mit ihrem Ansatz 1.25, mit dem sie sich auf den Standpunkt des Kontrahenten zu bewegt. Erlebt man die emotionale Beziehung als belastet, wird man nicht umhinkommen, dies auch anzusprechen (1.26, 1.27). Auch hier sollte die Fachperson von ihrem eigenen Erleben ausgehen und nicht etwa Schuld zuweisen („Immer wenn … dann reagieren Sie so …!"). 1.27 könnte man mit „Mir kam es heute morgen so vor …" noch etwas mildern. Den Blickwinkel des Gesprächspartners vorübergehend auszuprobieren kann die Glaubwürdigkeit der Fachperson erhöhen (1.28). Fraglich ist allerdings, ob das dadurch gewonnene Vertrauen durch die nachfolgende, Druck erzeugende Konfrontation erhalten bleibt. Mit 1.29 wird rigoros gefordert, Einspruch wird ausgeschlossen. Es ist ungewiss, ob sich kooperative Gespräche auf diese Weise erzwingen lassen. Vermeintliche Missverständnisse klarzustellen ist immer lobenswert (1.30), Unterstellungen führen aber zu weiterer Eskalation. Geeigneter wäre es, den Eindruck abzuschwächen („Ich habe das Gefühl, Sie …").

Fortsetzung des Gesprächs

Nach dem oben beschriebenen Auftakt kann das Gespräch explorativ, personzentriert, themenzentriert oder zielorientiert weitergeführt werden. Beim *personzentrierten Vorgehen* folgt man den von den Eltern vorgegebenen Themen oder regt sie an, ihnen Wichtiges einzubringen. Voraussetzung für dieses Vorgehen ist die Fähigkeit, sich ausschließlich auf den Gesprächspartner einzustellen, undeutliche Inhalte zu konkretisieren und eigene Impulse erst einmal herauszuhalten.

Eine *explorative Gesprächsführung* fragt dagegen nach Sachverhalten, die den Interviewer interessieren. Hier legt die Fachperson die Schwerpunkte fest, im Extremfall geht sie nach einem Interviewleitfaden vor. Eine zu strikte Befolgung von Leitfäden verhindert allerdings, sich spontan relevanten Inhalten zuzuwenden, die während des Gesprächs zutage treten. Hier ist Flexibilität gefordert, auf etwas für den Befragten Wichtiges einzugehen, ohne gleich den roten Faden zu verlieren.

Ein *themenzentriertes Vorgehen* wird gewählt, wenn der Fokus auf einen bestimmten Bereich begrenzt ist, z. B. Sauberkeitsentwicklung, Sozialverhalten, Feinmotorik. Die Gesprächsführung besteht hier darin, das Thema nicht aus den Augen zu verlieren und ggf. die Aufmerksamkeit wieder darauf zu lenken.

Schließlich wird im *zielorientierten Gespräch* ein eng umgrenzter Sachverhalt in einer Weise besprochen, dass ein gesetztes Ziel erreicht werden kann, etwa ein Trainingsheft zur Förderung der Aufmerksamkeit zu erläutern, eine Intervention zur Verhinderung von Autoaggression beim Mittagstisch zu finden oder eine Ernährungsfrage zu klären. Hier ist darauf zu achten, dass Eltern wie Fachleute das angestrebte Ziel als erstrebenswert ansehen und es für den Alltag des Kindes sinnvoll ist. Bei der Unterredung selbst wird die Fachperson zielführende Beiträge hervorheben und unzweckmäßige Vorschläge beiseitelegen, ohne die Eltern vor den Kopf zu stoßen.

Theorie 4: Gesprächsführung

Ein konstruktives Gespräch kann nur in einer wohlwollenden zwischenmenschlichen Atmosphäre stattfinden. Grundlage des Gesprächsverhaltens sollte die Wertschätzung dessen sein, was Eltern der Fachperson entgegenbringen. Sie lässt sich durch Akzeptieren, Anerkennen, Bestätigen und Solidarisieren ausdrücken und zeigt sich in einem sorgenden Interesse an Leben und Schicksal dieser Eltern (Finke 1994).

Die zweite Bedingung für ein positives Gesprächsklima liegt in der Fähigkeit, den anderen zu verstehen und ihm dieses Verständnis zu signalisieren. Dies wird erreicht, wenn man z. B. den Inhalt der Aussage des anderen mit eigenen Worten wiederholt oder umschreibt (Paraphrasieren). Man vergewissert sich damit, das Gesagte richtig verstanden zu haben bzw. es in den richtigen Zusammenhang gestellt zu haben. Allhoff und Allhoff (2006) unterscheiden acht Ausdrucksformen des Paraphrasierens (widerspiegelnd, strukturierend, selektiv, rückversichernd, abschwächend, verstärkend, unterstellend, in Frage stellend).

Auch konkretisierendes Nachfragen und Markieren veranschaulichen Aspekte oder heben sie hervor, so dass der Gesprächspartner Stellung nehmen kann (Sachse 1996). Das Hinterfragen von Begriffen, Wortbildern („pflegeleicht", „über Tische und Bänke gehen", „Nervensäge") und diagnostischen Bezeichnungen ist sinnvoll, um sicherzustellen, welche Bedeutung gemeint ist („Können Sie näher beschreiben, wie das ist, wenn X traurig ist?", „Was meinen Sie genau mit ‚Giftspritze'?"). Beim Fragen wäre zu bedenken, dass „Warum"-Fragen eher zu Rationalisierungen, „Was"- oder „Wie"-Fragen eher anregen, sich mit dem eigenen Erleben auseinanderzusetzen („Warum werden Sie sauer, wenn X …?" vs. „Was bringt Sie auf die Palme, wenn X …?"; „Wie kommen Sie dazu anzunehmen, dass er dann aggressiv ist – und nicht vielleicht etwas anderes?"; „Was hat Sie dazu gebracht, ihm dann zu helfen, wenn er das hinwirft?"; „Woran erkennen Sie, dass er das gar nicht kann?"; „Wie merken Sie, dass genau diese Strafe dann wirkt?"). Auch mit dem Verbalisieren (Biermann-Ratjen et al. 2003) trägt man zum Gefühl des Verstanden-worden-Seins bei, weil man nun die emotionale Aussage des anderen mit eigenen Worten wiedergibt („Immer, wenn Sie … sehen, werden Sie ganz traurig …"; „Dann packt Sie eine Wut, dass Sie …"; „Sie fühlen sich dann so hilflos …"). Hier teilt man dem Gesprächspartner mit, dass man seine dem Erzählten zugrunde liegenden Gefühle erkennt und verstehen will. Gleichzeitig sind beide Interventionen Impulse für den Erzähler, sich noch intensiver mit seinen Schilderungen und seinem Erleben auseinanderzusetzen.

Die dritte Bedingung für eine aufbauende, förderliche Gesprächsbegegnung ist die Echtheit der Fachperson. Sie soll ehrlich meinen, was sie sagt, und hinter dem stehen, was sie vertritt (Brem-Gräser 1994; Straumann 1992). Sie kann bis zu einem gewissen Grad ihr Gefühl und ihr Erleben zeigen, weil sie damit für die Eltern zu einer mitfühlenden und berechenbaren Instanz wird. Dann kann sie auch konfrontieren oder die gegenseitige Beziehung beleuchten, ohne dass sich die Eltern im Ganzen bloßgestellt oder kritisiert fühlen.

Aus dieser Darstellung lässt sich umgekehrt herauslesen, welche Gesprächsinterventionen keine konstruktiven Kontakte ergeben. Monologe gehören in den Vortragssaal, Überredungsstrategien in das Verkaufstraining, beides nicht in ein Elterngespräch. Dirigieren führt ebenso wenig zu Kooperation wie Dogmatisieren und Moralisieren. Den Eltern Gefühle und Ansichten ausreden zu wollen schafft keine Vertrauensbasis. Selbst wenn man beruhigen, Bedenken zerstreuen oder Hoffnung geben will, kann das als Bagatellisieren der Gefühle des Betroffenen empfunden werden (Weber 2005).

2.2 Mitteilung diagnostischer Einschätzungen

In Frühförderung, Förder- und Regelkindergärten werden Kinder kontinuierlich auf ihren Entwicklungsstand hin beobachtet und untersucht. Die Ergebnisse adäquat den Eltern zu vermitteln ist deshalb eine wiederkehrende und häufig herausfordernde Aufgabe für das Fachpersonal, die Unsicherheit oder gar Ängste auslösen kann. Diese Gefühle sollen kein Anlass zu Selbstvorwürfen wegen mangelnder Professionalität sein. Sie sind menschlich verstehbar, da man dabei ist, einem anderen möglicherweise etwas anzutun. Darüber hinaus können sie auf besonders behutsames Vorgehen hinweisen, aber auch den Bedarf an Selbsterfahrung und Supervision anzeigen. Die Eltern sollten wissen, dass sie kontinuierlich über Entwicklungsstand und Fortschritte informiert werden. Bei jeder neuen Befundvermittlung kann sich die Fachfrau darauf berufen („Wir haben ja verabredet, dass wir laufend …"; „Wie Sie ja wissen, gehört zu unserer Förderarbeit die regelmäßige Information der Eltern über …"). Damit hat sie sich legitimiert und entlastet.

Theorie 5: Diagnosen und Diagnosevermittlung
Eltern wünschen sich Verständlichkeit, Sensibilität, Offenheit und Optimismus für Diagnoseeröffnungen und wollen auch Positives hören (Langer et al. 2006). Auch die sensibelste Diagnosevermittlung schützt Eltern aber nicht davor, in eine seelische Krise zu geraten. Persönliche und soziale Sinnorientierung gehen verloren, Wahrnehmungs-, Denk-, Handlungsstrategien und soziale Einbindungen werden verstört. Eltern erfahren Widersprüche, nämlich das Kind einerseits zu lieben und andererseits Ablehnung zu begegnen. Die Diagnose belastet nicht selten die wechselseitige Beziehung zwischen Eltern und Kind (Ziemen 2003).

Diagnostische Gewissheit zu erhalten kann andererseits auch psychisch entlasten und scheint Eltern behinderter Kinder bei der Bewältigung zu helfen. Sie befreit von Schuldgefühlen oder Selbstvorwürfen, stimmt auf die Entwicklungsaussichten (Prognose) ein, leitet zur Förderung über und ist Wegweiser zu Elternverbänden und Selbsthilfegruppen (Lenhard et al. 2005). Optimal wäre also, wenn die Diagnose einen positiven und effektiven Bewältigungsprozess anstößt. Eine gute Diagnosemitteilung gibt Hilfen zur Bewältigung – nicht nur Etiketten.

Bei der Diagnosevermittlung hat aber auch der Befundüberbringer ambivalente Gefühle (Krause 2005). Einerseits will man Hoffnung geben, andererseits Probleme des Kindes nicht kleinreden. Man denkt, nur auf Grundlage einer zutreffenden Entwicklungseinschätzung angemessen fördern zu können, und befürchtet zugleich, die Eltern mit akkuraten Beschreibungen in tiefe Trauer zu stürzen und handlungsunfähig zu machen. Da die Eltern auch widersprüchlich fühlen und zwischen dem Bedürfnis nach Gewissheit und dem nach Unversehrtheit stehen, sind Störungen bei der Diagnosevermittlung vorprogrammiert. Will man einen Befund vermitteln, die Eltern wollen aber geschützt sein, werden sie eine ungünstige Aussage über ihr Kind als Angriff erleben und sich gegen diese Bedrohung verteidigen. Manche werden lospoltern, andere verstummen oder ablenken. Andere werden die Mitteilungen scheinbar ungerührt übergehen, bagatellisieren oder intellektualisieren, der Widerstand gegen die Aussage verschwindet dann hinter einem Informationsbedürfnis. Manchmal wird gerade die Schwäche zur besonderen Eigenschaft oder gar Stärke idealisiert (Krause 2002). Diese Phänomene sollte die Fachperson registrieren und die dahinterstehenden Ängste und Sorgen der Eltern thematisieren, bevor sie mit ihren Informationen fortfährt.

Umgekehrt erschwert es die Kommunikation, wenn die Befundvermittlerin die Eltern ängstlich vor ihrer Mitteilung schützen will. Hier sollte sie die eigenen Einstellungen im kollegialen Gespräch oder Supervision reflektieren, die es ihr erschweren, Eltern die Bewältigung folgenschwerer Wahrheiten zuzutrauen und ihnen damit auch einen Teil an Verantwortung für ihr Kind zu übergeben. Mitunter kann eigene Befangenheit auch auf unausgesprochene Ängste der Eltern hinweisen. Dann wird die Fachperson die Reaktionen der Gesprächspartner umso aufmerksamer beobachten, um diese Gefühle ansprechen zu können. Eine Befundmitteilung beginnt und endet nicht mit der Informationsweitergabe. Vielmehr sollte sie Vorbereitungsphase, Diagnosevermittlung und Unterstützungsphase umfassen (Krause 2005). Insbesondere für Letztere sollte man sich Zeit nehmen, um zu ermitteln, welche Unterstützung die Eltern brauchen und wie sie beschafft werden kann.

 Wie jede andere Kommunikation haben Aussagen über diagnostische Ergebnisse Inhalts-, Beziehungs-, Appell- und Selbstoffenbarungsaspekte. Nonverbale Signale wie auch Nachfragen und Kommentare lassen den gefühlsmäßigen Eindruck erschließen, den der Befund hinterlassen hat. Diese Zeichen sollte die Fachperson aufgreifen, weil sich darin die Stellungnahme der Eltern zum Vorgetragenen zeigt. Befundgespräche sind Chancen, das Vertrauen der Eltern zur Frühfördertherapeutin zu stärken – dann nämlich, wenn sie sich mit ihren Reaktionen von ihr verstanden fühlen. Deshalb sollten Befundmitteilungen präzise sein und zur soziokulturellen Herkunft des Gesprächspartners passen. Unklarheiten sollten zugegeben, Fragen aufrichtig beantwortet, eigene Betroffenheit zum Ausdruck gebracht, Verständnis für Einspruch gezeigt, positive Eigenschaften des Kindes betont sowie die subjektive Befindlichkeit des Gesprächspartners berücksichtigt werden.

2.1 „Ich habe Y in den letzten Wochen ausführlich beobachtet und über ihn ein Entwicklungsprotokoll erstellt. Dabei sind Stärken, aber auch Schwächen aufgefallen. Darüber würde ich gern mal mit Ihnen in Ruhe reden. Wann haben Sie denn Zeit?"

2.2 „Ich muss Ihnen leider sagen, dass wir in letzter Zeit mit Y große Probleme haben. Er ist sehr unruhig und schlägt andere Kinder oft grundlos – soweit wir erkennen können. Wir müssen dringend etwas tun, um ihm zu helfen. Passt Ihnen ein Gespräch eher vormittags oder nachmittags?"

2.3 „Sie haben mich neulich ganz direkt gefragt, wie ich Y denn einschätzen würde, und ich habe wohl etwas ausweichend geantwortet. Heute bin ich mir sicherer als damals. Wann soll unser Gespräch denn stattfinden?"

2.4 „Ich bin sehr beunruhigt wegen Y. Er ist ja immer gut gelaunt und auch sehr folgsam, aber er kommt mit den anderen überhaupt nicht mit und beteiligt sich auch so wenig. Ich würde gerne mit Ihnen sprechen, wie wir da weiter vorgehen."

Gesprächseinstieg. Wenn man diagnostische Einschätzungen vermitteln möchte, sollte man sich schon beim Gesprächseinstieg klar ausdrücken und die Gründe deutlich benennen, die zur gewünschten Unterredung führen. Hier hilft es wenig, die Eltern schonen zu wollen und vage zu bleiben („Es wäre gut, wenn wir uns mal zusammensetzten, um über X zu reden"; „Es gibt da ein paar Auffälligkeiten mit Y – aber nichts Schlimmes!"). Zum einen wird man mit diffusen Andeutungen eher beunruhigen, zum anderen fallen die Eltern dann aus allen Wolken, wenn sie statt des erwarteten harmlosen Gesprächs in eine Befundmitteilung geraten. Ohne weitere Konkretisierung sollten Hinweise auf den Ernst der Lage unterbleiben („Wir müssen etwas sehr Ernstes wegen Ihrem Sohn besprechen!"; „Wir machen uns große Sorgen um Ihre Tochter – wann haben Sie denn Zeit zu einem Gespräch?").

Die Gesprächsankündigung 2.1 gibt die Quellen bekannt, die zu einer Einschätzung des Kindes führten, und führt besonders rücksichtsvoll dabei aufgefallene Stärken wie auch Schwächen an. Die Version 2.2 ist etwas bestimmender und drängender gehalten. Sie lässt die Ratlosigkeit der Fachperson erkennen, was den Eltern sympathischerweise zeigt, es nicht mit Besserwissern zu tun zu haben. Zu sehr sollte die eigene Hilflosigkeit allerdings nicht betont werden, da die Eltern zu Recht eine gewisse Fachlichkeit erwarten. Der Appell zu gemeinsamer Anstrengung mit den Eltern wird deutlich und zeigt den Eltern, dass es ohne ihre Mithilfe nicht geht. Schließlich wird dem Gesprächspartner mit der Endfloskel gar keine Wahl gelassen, ob er das Gespräch überhaupt will oder etwa noch Fragen hat, da sofort zur Terminplanung übergegangen wird.

Positiv wird die Mutter bei 2.3 registrieren, dass die Fachperson weiter mit ihrer Frage beschäftigt war und zu Selbstkritik fähig ist. In 2.4 beginnt die Fachperson emotional, lässt aber weitere Informationen folgen, die ihre Sorgen verständlich machen. Diese werden sich auf die Mutter übertragen – vielleicht sie aber auch entlasten, weil sie sich schon lange Gedanken macht und sich nun in ihrer Wahrnehmung bestätigt sieht. Hier hätte man noch eine Frage nach der Einschätzung der Mutter oder nach ihrem Gefühl anfügen können („Ist Ihnen das auch schon mal aufgefallen? Haben Sie sich darüber auch schon mal Sorgen gemacht?"), um ihr ggf. ein Ventil zu geben, etwas von ihrer Anspannung loszuwerden.

2.5 „Ich habe einen Entwicklungstest gemacht, der heißt ET 6– 6 und ist … Ich habe nun dreimal beobachtet … Das Ergebnis besagt, dass X im Vergleich zu seinen Alterskameraden …"

Verständlichkeit und Genauigkeit. Die Aussage soll im Hinblick auf Datenquelle und Datengewinnung transparent, aber auch verständlich sein. Durchgeführte Tests werden benannt, angewandte Beobachtungsverfahren beschrieben. Hilfreich ist für manche Eltern darüber hinaus, etwas über die Auswertung oder die Theorie zum Test zu erfahren. Eine angemessen detaillierte Auskunft erhöht die Glaubwürdigkeit der Fachperson. Unabhängig vom elterlichen Bildungsgrad sollte die Mitteilung eher einfach gehalten sein, was man durch kurz gehaltene, prägnante, übersichtlich geordnete und anschauliche Aussagen erreicht.

Veranschaulichen kann man Sachverhalte mit sprachlichen Bildern, aber auch mit kleinen grafischen Skizzen oder dem Einflechten von direkter Rede. Um die Schwierigkeit zu verdeutlichen, die ein entwicklungsverzögertes Kind hat, den Altersstand zu erreichen, kann man etwa die Analogie vom Läufer verwenden: Dieser müsste nach mühsamem Start eigentlich noch schneller als sonst rennen, um den Anschluss zu bekommen. Eine überfordernde Lernsituation kann man mit dem Druck eines Erwachsenen darstellen, der innerhalb einer Woche Chinesisch lernen soll. Eine Reizüberflutung kann man mit dem Besuch in einer Diskothek vergleichen. Die Schere zwischen Entwicklungsverzögerung und Normalentwicklung kann man illustrieren, indem man diese in ein Achsensystem von Alter und Entwicklung einzeichnet. Oder man lässt das Kind indirekt zu Wort kommen, indem man es sich beschweren oder sich etwas wünschen lässt („Das ist dann so, als würde der Y sagen: Jetzt lass mir doch mal meine Ruhe!"; „Immer wenn sie das tut, könnte sie auch sagen: Am liebsten würde ich jetzt den Papa ganz für mich allein haben!").

2.6 „Ich weiß, dass dies nur Beobachtungen sind und Sie ihn viel besser und länger kennen, aber …?"

2.7 „Auch ein Testergebnis ist von vielen Faktoren abhängig und gibt auch nicht immer die ganze Wirklichkeit wieder."

2.8 „Ich bin mir manchmal selbst nicht ganz sicher, ob X wirklich … aber dann sehe ich wieder so viele Hinweise, die in diese Richtung zeigen, dass er … Was halten Sie von dem Vorschlag, X noch mal bei … untersuchen zu lassen?"

2.9 „Ich habe noch kein klares Bild, noch keine vollständige Diagnose. Wollen Sie trotzdem hören, was ich bis jetzt denke?"

Uneindeutigkeit zugeben. Spricht man Unklarheiten offen an, können Eltern die Stichhaltigkeit der Aussage selbst bewerten. Sie merken, dass die Untersucherin aufrichtig bemüht ist und mit größtmöglicher Objektivität an ihre Aufgabe herangeht. Je mehr sie sich in ihre Karten schauen lässt, desto ehrlicher wird sie von den Eltern erlebt.

Mit dem Wörtchen „nur" ordnet die Fachperson ihre eigenen Beobachtungsergebnisse dem elterlichen Wissen um das Kind unter (2.6). Diese die Eltern stärkende Aussage wird möglicherweise durch das sich anschließende „aber" relativiert, wobei es darauf ankommt, wie die Frühfördertherapeutin fortfährt. Fortsetzungen wie „aber ich habe gefunden, dass er viel weniger zeichnet, als Sie sagen!" oder „aber ich glaube, dass sie viel weiter zurück ist als …" kündigen dann doch ein trotziges Aufbegehren an und initiieren einen Machtkampf um die Deutungshoheit. Bittet sie allerdings um Bewertungen der Eltern („aber ich habe etwas beobachtet, wozu ich gerne Ihre Meinung hören würde") oder spricht die eigene Besorgtheit an („aber ich mache mir Sorgen, weil er immer noch nicht …"), so wird möglicherweise anstelle der Rivalität ein kooperatives Gespräch entstehen.

Die Aussage 2.7 schwächt den Testbefund in seiner Gültigkeit ab und weist ihm den Platz als eine unter vielen anderen Feststellungen über das Kind zu. Einen persönlicheren Weg geht die Fachperson mit 2.8, weil sie hier ihre Unsicherheit zugibt. Damit offenbart sie sich den Eltern als Suchende in einer Haltung, die diese von sich selbst kennen. Sie stellt sich mit ihnen auf eine Stufe und gibt zu erkennen, dass sie keine vorschnellen Schlüsse aus den vorliegenden Daten ziehen wird. Den eigenen Befund relativierend darzustellen, obwohl über seine Berechtigung kein Zweifel besteht, mag ein rhetorischer Kunstgriff sein, der eine Tür zu besonders skeptischen und abwehrenden Eltern öffnet. Man präsentiert ihnen dann zwar die ganze Wahrheit, aber eben in einer Hülle, die ihre Bedenken von vornherein berücksichtigt. Sie werden sich in ihrem Misstrauen verstanden fühlen und keine Notwendigkeit empfinden, die bereits abgeschwächte Aussage rundweg abzulehnen. Manchmal gelingt es auf diese Weise, Eltern für einen Sachverhalt zu sensibilisieren, den sie in einer anderen Formulierung prinzipiell von sich gewiesen hätten.

Sehr auf Auskunft drängenden Eltern kann man vorläufige Einschätzungen mitteilen (2.9). Dabei sollte unbedingt deutlich werden, dass der Befund noch nicht verlässlich ist. Die Eltern sollten deshalb wählen können, unvollständige Ergebnisse zu hören oder abzuwarten. Bei der Formulierung werden nur Teilergebnisse berichtet und Prognosen vermieden („Gleichgewicht kann er gut halten, Striche und Kreise malt er sicher, im Stuhlkreis spricht er noch sehr wenig").

2.10 „Es tut mir so leid, wenn ich Ihnen sagen muss, dass …?"

2.11 „Ich bin auch ganz fassungslos darüber, aber ich glaube, dass man X als ein geistig behindertes Kind ansehen muss."

2.12 „Ich kann es kaum selbst glauben, dass X im Vergleich mit den Gleichaltrigen …"

Eigene Betroffenheit. Lässt man eigene Betroffenheit über einen ungünstigen Befund erkennen, den man mitteilen muss, wird man für die Eltern als mitfühlende Person erlebbar (2.10, 2.11). Dies gilt selbstverständlich nur für Betroffenheitsmitteilungen bis zu einem gewissen Grad – schließlich ist die Fachperson für die Eltern da und nicht umgekehrt. Fühlt sie sich durch ihren Befund über das Kind selbst emotional so stark berührt, dass sie ihre Gefühle nicht mehr kontrollieren kann, muss sie das Gespräch aufschieben. Stattdessen sollte sie das Gespräch mit Kolleginnen oder Supervision suchen. Andererseits gibt es sehr kontrollierte, gefühlsferne Elternpersönlichkeiten, denen Gefühlsäußerungen eher Unbehagen bereiten und die man am besten damit unterstützt, nüchterne Analysen in neutralem Umgangston zu bieten. Diese Eltern sind mit emotionalen Offenbarungen überfordert. 2.12 ist eine Aussage, die eher Zweifel als Gefühl ausdrückt. Sie lässt ein Mitempfinden vermuten, ist aber ganz rational formuliert. Sie lässt so Raum für die Eltern, entweder über den sachlichen Gehalt der Information ins Gespräch zu kommen oder gefühlsmäßig zu reagieren.

2.13 „Ich verstehe gut, dass Sie sauer auf mich sind."

2.14 „Ich weiß, dass ich Ihnen mit dieser Äußerung sehr wehgetan habe, und ich sehe, wie traurig Sie jetzt sind."

2.15 „Ich wäre auch sehr aufgebracht über jemanden, der etwas Schlechtes über mein Kind sagt!"

Verständnis. Innere Beunruhigung, Betroffenheit oder Verärgerung sind nonverbal zu erkennen oder zumindest zu erahnen. Gelingt es, diese Regungen auf unaufdringliche, treffende Weise anzusprechen, können die durch die Befundmitteilung ausgelösten Gefühle vielleicht geäußert werden und eventuell zu einem intensiven Austausch zwischen Fachperson und Eltern führen. Die Äußerungen 2.13 und 2.14 verbalisieren das gefühlsmäßige Erleben, das die Frühfördertherapeutin beim Gesprächspartner wahrnimmt. Zugleich deutet sie an, dass sie sich bewusst ist, selbst der Urheber dieser unerfreulichen Gefühle zu sein, und nimmt die Schuld auf sich. Damit werden die Eltern entlastet, können zu ihren negativen Gefühlen stehen und diese zur Sprache bringen. Die Fachperson muss sich allerdings sicher sein, diese unangenehmen Gefühle auch aushalten zu können. Das Gegenteil ließe sich etwa mit einem Satz wie „und ich kann doch auch nichts dafür!" erreichen. Hier exkulpiert sich die Fachperson, die Eltern fühlen sich schuldig und wissen nun nicht mehr, wohin mit ihrem Zorn. Die Äußerung 2.14 zielt auf die durch den Befundbericht entstandene emotionale Verletzung („wehgetan"). Mit dieser Verbalisierung fokussiert die Frühfördertherapeutin auf Schmerz und Trauer, so dass sie auch mit dementsprechenden Reaktionen rechnen muss. Auch hier gilt, dass sie keine Gefühle verbalisieren sollte, die sie sich nicht zu hören und aufzugreifen traut.

Mit 2.15 macht die Fachperson einen Rollentausch mit den Eltern und deutet damit ihr Verständnis für deren Ärger an. Ihre Wortwahl greift die Thematik des Angreifens und Beschädigens auf („etwas Schlechtes"), womit sie möglicherweise das elterliche Gefühl genau trifft. Die Eltern können diesen Anstoß nun aufgreifen und mehr über sich oder ihr Kind sprechen. In selteneren Fällen wird man als Überbringer ungünstiger Nachrichten verbal attackiert und beschimpft (s. Kap. 3).

2.16 „Genau genommen ist X ein Kind mit Schwächen, aber auch mit Stärken. Er kann z. B. schon ganz gut …"

2.17 „Jetzt haben wir in unserem Gespräch ganz aus den Augen verloren, was X auch schon alles gelernt hat: …"

2.18 „Wir müssen einfach genau hinsehen, um zu entdecken, was er auch kann, welche Kompetenzen er hat, obwohl er so schwer behindert ist: Er kann z. B. lächeln, wenn man ihn anspricht …"

Positive Eigenschaften betonen. Teilt man Positives über das Kind mit, mildert man ungünstige Befunde und lässt gleichzeitig ein vollständigeres Bild des Kindes entstehen. Mit diesen Äußerungen stärkt die Fachperson ferner das elterliche Vertrauen in ihre Urteilskraft, da sie ja beweist, das Kind differenziert wahrzunehmen. Eltern fühlen sich zudem ermutigt und sehen Ressourcen in ihrem Kind. Während 2.16 diese Stärken direkt ins Gespräch bringt und 2.17 das quasi nachholt, macht 2.18 auf die Mühe aufmerksam, die es manchmal erfordert, sie zu entdecken. Gerade mit Letzterem lassen sich weitere Gespräche anschließen, in denen es darum gehen könnte, was die Eltern eigentlich alles beim Kind wahrnehmen (und was nicht) und wie sie es bewerten: Ob ihnen das Lächeln eigentlich als positive Qualität erscheint oder ihnen als viel zu geringe Leistung vorkommt, weil sie mehr erwarten; ob sie es in ihrem Kummer vielleicht überhaupt nicht registrieren können oder vielleicht noch gar nicht gemerkt haben, dass es auch schon ganz zielgerichtet eingesetzt wird.

2.19 „Ich möchte Sie mit meinen Gedanken jetzt nicht überrollen – sollen wir eine Pause machen? Möchten Sie mich vielleicht etwas fragen?"

2.20 „Sie müssen so viel weinen, wenn wir über X sprechen – es ist einfach so traurig – wie wenn etwas in Ihnen kaputtgeht, zerbricht?"

2.21 „Es scheint alles so hoffnungslos zu werden, wenn wir in dieser Weise über X reden!?"

2.22 „Ihr Leben scheint nun gar keinen Sinn mehr zu haben, wenn wir X so abstempeln?"

Befindlichkeit berücksichtigen. Die Äußerungen der Fachperson müssen in Wortwahl und Ausdrucksweise auf die kognitive Kapazität der Zuhörer, aber auch zu deren emotionaler Aufnahmefähigkeit passen. Schon bereits das Ansprechen von Gefühlen („Es ist so traurig, dass …"; „Er versucht es so verzweifelt, aber …"; „Es ist bestimmt schwer für Sie, immer zu sehen, wie sehr sich X müht …?") berührt und übt einen Sog aus, sich verstärkt emotionalen Erlebnisinhalten zuzuwenden. Das mag vielen entgegenkommen, kann bei anderen aber Unbehagen auslösen.

Üblicherweise lässt sich aus den nonverbalen Signalen erkennen, wie dem Gesprächspartner zumute ist. Stellt man fest, wie schwer sich der Gesprächspartner tut, sich auf die Gefühlsebene einzustellen, wird man sich eher sachlicher ausdrücken. Diesen Schritt kann man überdies sprachlich offenlegen („Nein – Sie müssen jetzt nichts dazu sagen! Manche Leute reden gern davon, wie ihnen zumute ist, und andere behalten das lieber für sich, die Menschen sind verschieden. Das ist völlig in Ordnung!"). Bei zurückhaltenden Menschen nachzuhaken („Wie fühlen Sie sich nach dem Gesagten?"; „Haben Sie das erwartet?"; „Stimmt das mit Ihrem Eindruck überein?"; „Ich sehe, Sie sind betroffen –") erhöht deren inneren Druck. Hemmungen verbalisierende Äußerungen („Was macht es Ihnen jetzt so schwer, sich zu äußern?"; „Jetzt hat es Ihnen richtig die Sprache verschlagen! Was bewegt Sie denn so?") sind angebracht bei Gesprächspartnern, bei denen man ein Mitteilungsbedürfnis spürt, dies aber aus irgendwelchen Gründen blockiert ist. Ringt der Gesprächspartner um Fassung, wird man intuitiv entscheiden, ob man ihm hilft, sich zu öffnen oder zu beherrschen. Im ersten Fall wird man verbalisieren („Das hat Sie jetzt wirklich erschüttert – das hätten Sie nie gedacht!"; „Jetzt fühlen Sie sich so überrollt, und es platzt gleich aus Ihnen heraus …"), im zweiten Fall seine Schutzsphäre respektieren (2.19).

Es wird als wohltuend erlebt, wenn offenkundig angebotene Gefühle von der Fachperson akzeptiert und verbalisiert werden (2.20 bis 2.22). Uneindeutiger wird es bei emotional sehr aufgewühlten Gesprächspartnern. Hier wird man einerseits Verständnis für die Gefühlsflut zeigen, andererseits aber auch stabilisieren („Was könnte Ihnen denn helfen, jetzt wieder etwas Boden unter die Füße zu bekommen?"; „Kann ich Sie denn so nach Hause schicken, wenn unser Gespräch in zehn Minuten zu Ende ist? Sollen wir überlegen, ob Sie einen Gesprächspartner brauchen, ganz für Sie allein, einen Therapeuten?"; „Ich möchte gerne etwas für Sie tun, damit Sie sich wieder beruhigen – was soll ich machen?"). Es ist bedenklich, jemanden in existenziell bedrohliche Gefühlswelten hineinzumanövrieren, wo man ihn dann aus Zeitdruck oder mangels psychotherapeutischer Kompetenz allein lassen muss (2.22). Die Fachperson muss ihre Intuition und ihre Gesprächsfertigkeiten weiterentwickeln sowie ihre Grenzen respektieren, um hier die passenden Entscheidungen zu treffen.

Dialog 1: Befundvermittlung. Eine Frühfördertherapeutin (FF) vermittelt ihre Einschätzung eines Zweijährigen mit mentaler Entwicklungsverzögerung unbekannter Genese.

> **FF:** „Guten Tag! Schön, dass es mit diesem Termin geklappt hat, und ich freue mich besonders, dass Sie auch mitgekommen sind, Herr X, denn die Väter schaffen es nicht immer, dabei zu sein. Ich will Ihnen heute etwas von meinem Eindruck von Ihrem Sohn X erzählen."
>
> **Vater:** „Ja, meine Frau hat mir schon gesagt, dass es um die Ergebnisse geht von dieser …?!"
>
> **FF:** „Genau! Sie haben ja schon gemerkt, die ersten Stunden habe ich gar nichts darüber gesagt, wie ich den X einschätze, weil ich mir erst mal ein Bild machen musste. In den letzten Stunden habe ich nun Folgendes gemacht …"

Die Fachperson berichtet nun, welche Verfahren sie eingesetzt hat, um den Jungen zu beobachten, welche Situationen sie dafür geschaffen hat und wie das Kind darauf eingegangen ist. Dann fährt sie fort:

> **FF:** „Die Spielstunden waren also optimal. X war voll dabei, ihm hat's gefallen."
>
> **Vater:** „Na klar, er musste ja nicht so richtig ran – er durfte ja auch spielen, was er wollte …!"
>
> **FF:** „Sie meinen, er wurde noch gar nicht so richtig gefordert? Das stimmt! Aber ich wollte ja auch sehen, wie lange und wie viel er sozusagen im Guten mitmacht, wie lange es ihm Spaß macht!"
>
> **Vater:** „Ach so …"

> **FF:** „Sie haben also einen Jungen, der sich sehr schön auf Spiele einstellen kann, die ihm gefallen – Kugelbahn, Brummkreisel, das Entenpuzzle. Diese Spiele findet er gut, er kann oft gar nicht genug davon kriegen. Andere wiederum findet er zu schwer, die nimmt er nur kurz in die Hand."
>
> **Mutter:** „Ja, er konzentriert sich noch nicht so richtig!"
>
> **FF:** „Ja, genau! Er hat noch keine Ausdauer dafür, weil sie für ihn noch zu schwierig sind. Am liebsten beschäftigen wir uns alle ja mit den Sachen, die wir gut können oder die gerade ein bisschen schwerer sind als das, was wir normalerweise machen."
>
> **Vater:** „Er könnte sich ruhig ein bisschen besser konzentrieren … Meine Nichte kann so ein Puzzle schon sehr schnell, und die ist drei Monate jünger!"
>
> **FF:** „Das ist genau der Punkt! Mit seinen Vorlieben zeigt er uns, wo er steht, was sein derzeitiges Entwicklungsniveau ist. Gemessen an Gleichaltrigen ist er tatsächlich etwas zurück, ich würde meinen, mindestens ein halbes bis drei viertel Jahr."
>
> **Mutter:** „Oh!"
>
> **Vater:** „Ein drei viertel Jahr? Das glaube ich nicht!"

Während die Mutter erkennbar erschreckt und erstarrt, opponiert der Vater, offensichtlich ebenso fassungslos, gegen den Befund. Sein Zweifel könnte die Frühfördertherapeutin bewegen, mit ihm nun Modalitäten der Datenerhebung und deren Interpretation zu diskutieren. Wenn sie sich darauf einlässt, folgt leicht ein Streitgespräch, bei dem beide den anderen vom eigenen Standpunkt überzeugen wollen – es sei denn, sie hält sich die Option offen, ihre Aussage zurückzunehmen oder zu reduzieren. Will sie das nicht tun, kann sie alternativ auf die gefühlsmäßige Wirkung ihrer Befundmitteilung fokussieren: Sie verbalisiert das Gefühl, das die Opposition des Vaters auslöst.

> **FF:** „Das erschreckt Sie jetzt doch ziemlich, nicht wahr, dass er so weit zurück sein soll …?"
>
> **Vater:** „Ja – nein – ich meine, das kann doch gar nicht sein! Wenn er sich bloß etwas mehr konzentrieren würde!!"

Der Vater versucht weiter zu verhandeln. Jetzt erklärt er den Entwicklungsrückstand mit mangelnder Konzentration und stiftet damit eine weitere Diskussion an. Die Frühfördertherapeutin geht darauf ein, um ihm zu zeigen, dass sie seine Argumente ernst nimmt, verliert aber seine Betroffenheit nicht aus den Augen.

> **FF:** „Da ist etwas dran. Ihm fällt es leichter, sich auf Einfacheres zu konzentrieren, bei Schwierigerem ist er schnell abgelenkt. Es fällt Ihnen sehr schwer hinzunehmen, dass er so weit zurück sein soll, sich auf schwierigere Spiele zu konzentrieren?"
>
> **Vater** (traurig): „Ich kann es einfach nicht fassen – "

FF: „– Es tut mir auch leid, dass ich Ihnen diese traurige Nachricht geben muss. Man kann das erst mal gar nicht verstehen, und es ist ja auch richtig, dass Sie nachfragen und sich nicht gleich abspeisen lassen!"

Vater: „Hmm."

FF: „Ich würde gern mal Ihre Frau fragen, wie es ihr mit meinen Ergebnissen geht."

Die Frühfördertherapeutin äußert Verständnis für die Reaktionen des Vaters und erkennt noch einmal ausdrücklich seine Art des Umgangs mit ihrem Befund an. Nehmen beide Eltern am Gespräch teil, sollten sie auch beide einbezogen und zu Äußerungen ermuntert werden. Nicht nur zählt jede Information, gerade wenn sie aus verschiedenen Perspektiven kommt – vielleicht bietet sich jetzt auch eine der wenigen Gelegenheiten, in denen die Eltern dieses Thema gemeinsam besprechen können. Indem sich die Fachperson an ihren bisherigen Gesprächspartner wendet und ihn quasi um Erlaubnis des Fokuswechsels bittet, wird er sich nicht zurückgesetzt fühlen.

Mutter: „Ich weiß gar nicht, was ich sagen soll – irgendwie war es mir schon längst klar, es ist gar nichts Neues."

FF: „Sie sind gar nicht überrascht – Ihre Befürchtungen haben sich bewahrheitet?"

Mutter: „Ja, ich hab es irgendwie schon immer geahnt."

FF: „– und jetzt habe ich es Ihnen auch bestätigt."

Mutter: „Ja."

FF: „Ihr Mann hat gerade so gekämpft, aber Sie sind ganz resigniert."

Mutter: „Nein, schon nicht, aber – es ist schon so ein Schlag."

FF: „– wenn man das dann so unverblümt gesagt bekommt – ich sehe, dass ich Ihnen beiden mit meinen Beobachtungen einen ziemlichen Schlag versetzt habe. Das tut mir leid, ich weiß, dass das keine erfreulichen Neuigkeiten waren. Aber ich sehe es als meine Aufgabe an, Ihnen meine Meinung offen mitzuteilen, damit wir uns eben so auseinandersetzen können, wie wir es gerade angefangen haben. Ich nehme jetzt von unserem Gespräch mit, dass Sie beide sehr betroffen sind von meiner Einschätzung, wo X steht, und ich nehme die Anregung zur Konzentration mit und werde mir Spiele überlegen, wie wir das noch mehr mit X üben können. Ich finde, X hat zwei tolle Eltern, die ihn einerseits so sehen wie er ist, andererseits ihn aber auch verteidigen. Da ergänzen Sie beide sich sehr gut!"

Während der Vater kämpft, scheint die Mutter zu resignieren. Die Frühfördertherapeutin hat beides benannt, gegenübergestellt und ist mit beiden Haltungen wertschätzend umgegangen, so dass sich beide Eltern mit ihren Reaktionen verstanden fühlen. Sie hat nicht nur den Befund dargestellt, sondern darüber hinaus die Eltern gestärkt und deren Beziehung zu ihr gefestigt. In ihrem Schlusskommentar hat sie ihre Erfahrungen aus dem Gespräch noch einmal zusammengefasst und ausgerechnet die Unterschiedlichkeit der elterlichen Reaktionen als positiv und wertvoll für das Kind herausgestellt. Damit hat sie die Individualität der Eltern betont.

Dialog 2: Psychologische Untersuchung vorschlagen. Im Kindergarten fällt auf, dass ein Vierjähriger wenig spricht, sich in seinen Kontakten zu den anderen Kindern zurückhält und sich bei Aktivitäten wenig kreativ beteiligt. Die Erzieherin (ER) würde ihn gerne entwicklungspsychologisch untersuchen lassen und will dies der Mutter vorschlagen.

> **ER:** „Hallo, Frau Y. Das war ja ein bisschen schwierig mit unserem Termin, aber umso schöner, dass es jetzt geklappt hat!"
>
> **Mutter:** „Ja."
>
> **ER:** „Hm, also, ich habe mir gedacht, ich würde mal gerne mit Ihnen über Y reden, wie er sich so bei uns im Kindergarten macht."
>
> **Mutter:** „Ja."
>
> **ER:** „Hm. Wir haben uns ja schon lange nicht mehr gesprochen. Wie geht's denn so? Was machen Ys Schwestern?"

Mit ihrem ersten Satz spielt die Erzieherin auf die mit der Terminplanung verbundenen Schwierigkeiten an. Sie meint es nicht vorwurfsvoll, sondern will mit der schließlich gefundenen Einigung etwas Positives sagen. Dennoch hätte sie die Vorgeschichte vielleicht besser übergehen sollen, um das Gespräch nicht mit vergangenen Komplikationen zu belasten. Etwas anderes ist es, interessiert nachzufragen („Was kam denn da dazwischen, dass Sie den ersten Termin absagen mussten? Hoffentlich nichts Schlimmes?"). Die einsilbigen Antworten der Mutter scheinen die Fachperson nun zu irritieren. Ihr fällt auf, wie gespannt und defensiv die Mutter reagiert, und merkt gerade noch rechtzeitig, dass sie dabei ist, mit der Tür ins Haus zu fallen. Sie bremst und beginnt, erst einmal einen Bezug herzustellen, indem sie sich nach der Familie erkundigt.

> **Mutter:** „Ach, so weit ist alles in Ordnung. Die Kleine hatte neulich 'ne ziemlich schwere Mandelentzündung, der Kinderarzt wusste auch nicht, woher das kam. Und die Große tut sich in der Schule etwas schwer, mit dem Schreiben. Aber die Lehrerin sagt, das wird schon."
>
> **ER:** „Da haben Sie ja gerade ganz schön was um die Ohren!"
>
> **Mutter:** „Ich hab auch nicht so viel Zeit! Die Große muss noch Hausaufgaben machen und die braucht mich, und dann muss ich mich noch um die Oma kümmern, die ist ja krank!"
>
> **ER:** „Kommt Ihnen unser Termin doch ganz ungelegen? Sollen wir ihn verschieben?"
>
> **Mutter:** „Nein – ich muss nur bald wieder weg!"
>
> **ER:** „Aber wenn es Ihnen heute ganz und gar nicht passt!? Wir können uns wirklich gerne ein andermal treffen."

Die Mutter wird gesprächiger, je mehr sich die Fachperson auf ihre Schilderungen einstellt. Schließlich versucht sie, die Mutter von ihrer Terminnot zu entlasten. Zugleich verringert sie mit ihrem Alternativangebot den Druck auf die Mutter. Diese bekommt nun etwas mehr das Gefühl, nicht nur bei der Terminwahl mitentscheiden zu können, sondern auch Verantwortung für das Zustandekommen des Gesprächs zu haben.

> **Mutter:** „Ist schon in Ordnung!"
> **ER:** „Wie viel Zeit bleibt uns denn für heute, ohne dass Sie in Stress kommen?"

Auch mit ihrem letzten Satz nimmt die Fachperson ihren Gesprächspartner in die Verantwortung. Sie will einen Konsens über das Vorgehen herstellen. Die Mutter soll sich nicht überrumpelt und gezwungen fühlen, sondern mit dem Verfahren einverstanden sein.

> **Mutter:** „Hm – ich glaube, eine halbe Stunde könnte ich wohl bleiben."
> **ER:** „Gut. Schön, das hätten wir geschafft: Dieses Zeitproblem haben wir schon mal gemeinsam gelöst! Ich fang dann mal an, ja? (schaut zur Mutter, um deren Zustimmung einzuholen). Y hat sich gut entwickelt, aber er spricht mir noch zu wenig, besonders im Stuhlkreis traut er sich gar nicht so recht. Ich möchte nichts versäumen und deshalb hätte ich gerne, dass Sie ihn mal von Spezialisten untersuchen lassen. Das ginge etwa in einer kinderpsychologischen Praxis oder in einem Sozialpädiatrischen Zentrum. Da müssten Sie sich anmelden und bekommen dann einen Termin. Wenn Sie wollen, helfe ich Ihnen dabei. Was meinen Sie dazu?"

Die Fachperson betont die erfolgreiche Lösung und hat damit ein Modell aufgezeigt, wie man Differenzen ansprechen und gemeinsam bearbeiten kann. Kurz, präzise und verständlich bringt sie ihr Anliegen vor und benennt konkret, wie die gewünschte Untersuchung vonstatten geht.

> **Mutter:** „Das ist kein Problem."
> **ER:** „Schön. Ich gebe Ihnen dann die Adressen."
> **Mutter:** „Gut."
> **ER:** „Sie sollten sich da sehr bald melden, weil diese Einrichtungen immer lange Wartezeiten haben."
> **Mutter:** „Mach ich."
> **ER:** „Gut. – Sie haben mir noch gar nicht gesagt, wie Sie meinen Vorschlag finden!"

Die Erzieherin stutzt, weil ihr das Einverständnis zu schnell kommt. Sie vermisst eine Rückmeldung und erbittet sie dann von sich aus.

> **Mutter:** „Ja, wenn Sie das sagen – da wird schon was dran sein."
> **ER:** „Ja, aber was ist Ihre Meinung?"
> **Mutter:** „Ich finde Y ganz normal!"

> **ER:** „Das ist gut, dass Sie das sagen. Ich finde ihn auch ganz normal, ich mache
> mir nur Sorgen um so ein paar Einzelheiten. Da möchte ich gerne ganz
> sichergehen, dass er da keine Schwierigkeiten hat."
> **Mutter:** „Da bin ich mir ganz sicher."
> **ER:** „Gut. Sagen Sie mir dann Bescheid, wenn ich Ihnen bei der Anmeldung
> helfen soll?"

Die Mutter antwortet ausweichend, so dass die Erzieherin noch einmal ihren Wunsch nach gründlicher Untersuchung des Kindes unterstreicht. Sie befürchtet offenbar, dass ihre Empfehlungen nicht ernst genommen werden. Ihre Hilfe bei den Formalitäten bietet sie noch einmal an, um sicherzugehen, dass sich die Mutter anmeldet. Bei der Aussage der Mutter, ihren Sohn für ganz normal zu halten, hatte sich die Fachperson entschieden, zu beruhigen und zu verharmlosen. Damit ist sie zwar einem Konflikt aus dem Weg gegangen, hat aber möglicherweise die bereits geringe Motivation der Mutter noch weiter vermindert. An dieser Stelle hätte man alternativ die Gegensätzlichkeit der Einschätzung herausstellen können („Das kann ich im Moment nicht behaupten. Er scheint mir in … nicht ganz altersgemäß zu sein!"; „Zurzeit mache ich mir schon Sorgen über seine Sprache und sein Sozialverhalten – deswegen soll er ja untersucht werden!"; „Da halten Sie aber meinen Vorschlag bestimmt für ganz daneben!"; „Ihnen ist also noch gar nichts aufgefallen, was Sie nachdenklich gemacht hat?").

Insgesamt hat es die Fachperson mit einer misstrauischen und ängstlichen Mutter zu tun, die im Grunde genommen die Fachuntersuchung scheut und Gesprächen aus dem Weg gehen will. Vielleicht ahnt sie schon, dass die Entwicklung ihres Kindes nicht ganz einfach verläuft und will das Thema vermeiden. Im Gespräch geht sie scheinbar auf alles ein, was die Fachperson von ihr will, nur um die Situation möglichst schnell hinter sich lassen zu können. Ein Ziel für die weitere Zusammenarbeit muss sein, zunächst einmal Vertrauen aufzubauen. Das könnte mit kurzen Kontakten zwischen Tür und Angel gelingen, in denen es um nichts anderes als das gegenseitige Kennenlernen und Schilderungen des Familienlebens gehen sollte. Hier liegen offensichtlich Belastungen vor, und die Mutter will davon berichten. Vielleicht gelingt es mit zunehmender Vertrautheit, sich über die Entwicklungseinschätzung zu einigen.

2.3   Bewältigung

Auch wenn es in der Familie auf den ersten Blick nicht so aussehen mag, ist eine Familie mit behindertem, entwicklungsverzögertem oder von Behinderung bedrohtem Kind immer mit der psychischen Auseinandersetzung beschäftigt, die man Bewältigung nennt. Ist die Behinderung noch nicht eindeutig definiert und mitgeteilt, so werden die Eltern Angst und Verunsicherung erleben und müssen mit diesen Gefühlen irgendwie umgehen. Ist sie diagnostiziert, erlischt für die Eltern die Hoffnung auf Gesundung oder Normalisierung, und sie müssen sich auf eine Veränderung ihres Lebensplanes einstellen. Alle Erlebens- und Verhaltensweisen der Eltern, insbesondere ihre Interaktion mit dem Kind, ihre Wahrnehmung und Einschätzung des Kindes sowie ihr Umgang mit der Frühfördertherapeutin oder Erzieherin muss deshalb im Zusammenhang mit dem Komplex Bewältigung gesehen werden. In diesem Kapitel geht es darum, auf welche Weise Eltern auf diesen Prozess angesprochen werden können.

Zunächst müssen Fachleute, ob nun in ambulanter Frühförderung oder im Kindergarten, immer wieder in Erfahrung bringen, wie sich die Familie psychisch und emotional mit der Behinderung arrangiert. Dafür lohnt es sich, aufmerksam zu registrieren, wie die Familie über Behinderung und Bewältigung spricht; welche Stressbelastung sie erlebt und wie diese in der Familie verteilt ist; welche Gefühle oder Traumatisierungen existieren, ob sie benannt oder verschwiegen werden; wie die Familie mit der Diagnose lebt, sie vielleicht im Grunde genommen doch noch ablehnt; welche Arten von Unterstützung erreichbar sind und genutzt werden; welche Ressourcen die Familie besitzt, wie sich die Familie verändert; und nicht zuletzt, welche positiven Veränderungen sich durch das behinderte Kind in der Familie ergeben. Entsprechende elterliche Äußerungen kann man auf sensible, vorsichtige und einfühlsame Weise aufgreifen oder behutsam erfragen. Die Fachperson darf hier neugierig sein, denn sie muss im Interesse des Kindes ihr Bild über seine Lebensbedingungen und Entwicklungschancen komplettieren, vor allem um dann den Eltern in kritischen Lebenssituationen Hilfestellung bieten zu können.

Theorie 6: Bewältigung

Das Konzept der Bewältigung wandelt sich. Heute wissen wir, dass der überwiegende Anteil der Eltern den Schicksalsschlag der Behinderung ihres Kindes auf eine ihnen gemäße Weise gut und positiv bewältigt (Magill-Evans et al. 2001; Seltzer et al. 2001). Das war nicht immer so. In den 1950er und 60er Jahren tauchten die ersten Beschreibungen von Bewältigungsprozessen auf, die ein bedrückendes Bild von der Adaptationsfähigkeit von Eltern behinderter Kinder zeichneten. Man nahm an, dass der Schicksalsschlag die Eltern nachhaltig psychisch verstörte. Es wurde behauptet, dass betroffene Familien ausnahmslos leiden, die Stressbelastung extrem und unveränderlich sei. Die Betroffenen erschienen einer unlösbaren menschlichen Tragödie ausgesetzt. Begriffe wie chronische Trauer (Wright 1976) durch Verlust des idealisierten perfekten Kindes (Solnit / Stark 1961) wurden zu allgemeingültigen Modellen.

Das Konzept der Akzeptation war demgegenüber schon ein Fortschritt. Ein Scheitern war nun nicht mehr unausweichlich. Eltern behinderter Kinder wurden daraufhin beobachtet, ob sie es schafften, die Behinderung zu akzeptieren oder sie zu verleugnen. Mitunter wurde dies mit einer Stufenfolge in Verbindung gebracht, die den Eltern abverlangte, aufeinanderfolgende Phasen von Schock und Verleugnung über Wut, Scham und Depression bis zur Erholung zu absolvieren. Tragisch blieb jedoch, dass das Zielstadium der Krisenverarbeitung angeblich nur von einem Drittel der Befragten (Schuchardt 1989) oder gar nur 14 % der Eltern eines körperbehinderten Kindes (Strasser et al. 1968) erreicht werden sollte. Auch das Konzept der permanenten Elternschaft (Kallenbach 1992) lässt noch bei großer Stimmigkeit für viele Behinderungsformen die eher nachteiligen Erwartungen für die Familie mit behindertem Kind deutlich anklingen.

Nach dieser Phase der Theoriebildung folgte eine Periode, die sich den Bedingungen von Stressbewältigung widmete (Dykens 2005; Risdal/Singer 2004). Die Beschäftigung mit Stressbelastung und Bewältigungsprozessen führte von der Psychopathologisierung weg. Sie hob hervor, dass es in Familien mit behindertem Kind unterschiedliche Mengen von Stress gebe und dass gleicher Stress unterschiedlich wahrgenommen werden könne. Der Umstand, dass manche Menschen ihr Trauma ganz gut bewältigen, andere weniger gut, führte zur Entdeckung von Schutz- und Risikofaktoren. Mit dem Aufkommen von Längsschnittuntersuchungen rückten Begriffe wie Entwicklung und Anpassung in den Vordergrund. Man fand, dass Stressbewältigung kein Entweder-oder, sondern Entwicklung ist (Seltzer et al. 2004).

Menschen bewältigen ihr Leid nicht nur unterschiedlich, abhängig etwa davon, wie belastend sie Krisenereignisse erleben, welche Ressourcen ihnen zur Verfügung stehen und welche sie wahrnehmen (Orr et al. 1991). Sie verändern ihr Bewältigungsverhalten zudem im Laufe des Lebens (Hauser-Cram et al. 2001). Depressive Reaktionen sind bei Müttern behinderter Kinder zwar etwas häufiger als bei Müttern nichtbehinderter Kinder, aber drei Viertel der Mütter behinderter Kinder bewältigen ihr besonderes Schicksal ohne depressive Symptome (Singer 2006). Die Scheidungsrate bei Eltern behinderter Kinder liegt nur um 5.9 % höher als bei Eltern nichtbehinderter Kinder (Risdal/Singer 2004), die Ehezufriedenheit in beiden Gruppen unterscheidet sich nicht sehr voneinander (Stoneman/Gavidia-Payne 2006). Schließlich gelang es zu belegen, dass Eltern behinderter Kinder körperlich genauso gesund sind wie Eltern nichtbehinderter Kinder (Hedov et al. 2006).

Die neueste Entwicklungslinie folgt der Metapher des Benefits. Es wird nicht nur festgestellt, dass Eltern behinderter Kinder konstruktiv bewältigen können, sondern darüber hinaus im Bewältigungsprozess einen Nutzen, eine Beglückung finden – Vorteile, die sie ohne ihr behindertes Kind nicht hätten (Poehlmann et al. 2005; Pakenham et al. 2004). Vielleicht liegt es daran, dass sich Eltern behinderter Kinder notwendigerweise eine neue Identität geben und versuchen, ihrer Situation eine Bedeutung zu geben und einen Sinn persönlicher Kontrolle zu entwickeln (Scorgie/Sobsey 2000). Aus der neueren empirischen Forschung entsteht also ein insgesamt positives Bild über elterliche Bewältigungsressourcen, das sich sichtbar von früheren Befunden absetzt (Krause 2008). Wenn dies auch auf viele Eltern behinderter Kinder zutreffen mag, dürfen die Resultate nicht verallgemeinert werden. Familien mit hoher Risikobelastung sind in der Forschung unterrepräsentiert und schmälern so das positive Bild (Bernheimer et al. 2003).

Im Folgenden werden Gesprächsbeiträge zum Thema Bewältigung für die Bereiche Stressbelastung, Gefühle und Traumatisierung, Ablehnung der Diagnose und Ressourcen vorgestellt. Generell muss sich die Fachperson hüten, allzu energisch vorzugehen, um die Eltern nicht vor den Kopf zu stoßen. Möglicherweise will sie das Thema aber auch schnell mit einem Rat beenden, anstatt zu spüren, dass von ihr mehr Anteilnahme und Empathie erwartet wird. Vor allem aber muss sie herausfinden, welche Berührungsängste sie selbst zu dem Thema hat.

Stressbelastung

3.1 „Wenn ich manchmal sehe, wie schwer X geworden ist, wie wenig er auf Sie reagiert, wie anstrengend das Füttern ist – dann frage ich mich, wie es Ihnen damit geht, wie Ihnen zumute ist, wie Sie mit allem zurechtkommen?"

3.2 „Wie geht es Ihnen eigentlich mit dem, was ich Ihnen letztes Mal über Ihren Sohn gesagt habe?"

3.3 „Welche Möglichkeiten haben Sie eigentlich, auch mal zu entspannen, abzuschalten, sich auszuruhen?"

3.4 „Ich bewundere Sie für Ihren Gleichmut, Ihre Geduld, Ihre Sensibilität!"

Sehr viele Eltern tun sich schwer, ihren Stress zuzugeben. Sie haben sich vorgenommen, ihre Belastungen widerspruchslos und aufopferungsvoll zu ertragen, weil sie ja das Beste für ihr Kind wollen und deshalb eigene Bedürfnisse zurückstellen. Viele wollen beweisen, mit der Bürde fertig zu werden – koste es, was es wolle. Mit den Äußerungen 3.1 bis 3.4 werden solche Mütter angesprochen, denen es schwerfällt, ihre Belastungen zuzugeben, sei es, dass sie sie gar nicht wahrnehmen, sich nicht trauen, sie anzusprechen, oder sie ihnen keiner Rede wert sind. Diese Mütter lassen sich nicht einfach mit dem gut gemeinten Vorschlag, sich doch mehr um sich selbst zu kümmern („Sie sollten mal etwas für sich zu tun!"), von ihrer Haltung abbringen. Manchmal geht die aufopfernde Haltung mit noch im Verborgenen liegenden Gefühlen oder Vorstellungen, etwa Schuldgefühlen, Sehnsucht oder Trauer, einher.

In 3.1 geht die Fachperson deshalb nur von sich aus („dann frage *ich* mich") und hütet sich der Mutter zu unterstellen, irgendwie unter der Belastung zu leiden. Sie signalisiert damit, für dieses Thema bereit zu sein, ohne sich aufdrängen zu wollen. 3.2 und 3.3 sind schon direktere Nachfragen. 3.2 schlägt einen Bogen zu einem vorausgegangenen Gespräch, dessen Inhalt erneut in den Mittelpunkt gerückt wird. 3.3 fragt nach Erholungsmöglichkeiten und ist deshalb veränderungs- und handlungswirksam. Die Mutter könnte nun merken, wie wenig Erholungspausen sie hat, so dass ein Wunsch entsteht, mehr davon einzurichten, oder sie gelangt gleich dahin, zu überlegen, mit welchen Mitteln sich welche Ruhezonen organisieren lassen. 3.4 klingt fast wie eine paradoxe Intervention, die das Gegenteil von dem bewusst machen oder erreichen will, was sie wortwörtlich ausdrückt. Aber der Ausruf kann ja auch wirklich so gemeint sein, und die Mutter wird angeregt, zu spüren und sich zu überlegen, ob sie wirklich so viel Geduld aufbringt, ob sie nur eine Fassade für irgendjemanden aufrechterhält oder ob nicht doch jemand zu kurz kommt. Auf jeden Fall sollte die Fachperson niemanden drängen, Belastungen zu erkennen und Heilmittel zu suchen. Es wird eine Bedeutung haben, wenn Eltern diesen hingebungsvollen Weg wählen, und die Fachperson tut gut daran, dies zu respektieren und mit ihnen über ihre Beweggründe ins Gespräch zu kommen.

Auch wenn Eltern ihre Belastung von sich aus ansprechen, wird man nicht sofort selbst aktiv werden. Vielmehr wird man sich mit ihnen gemeinsam auf die Suche machen (3.3) und dabei Ideen hervortreten sehen, an die man selbst gar nicht dachte, die aber für die betreffende Person genau richtig sind. Ein derartiges Gespräch kann dann durchaus explorativ sein, denn als Erstes muss der Wunsch genau bestimmt werden („Was ist Ihnen denn das Wichtigste an Erholung: Die Ruhe, der Schlaf, das Lesen, das Austoben?"; „Wobei könnten Sie sich am besten entspannen?"; „Wie könnte so eine Entlastung aussehen? Wünschen Sie sich da etwas von Ihrem Mann, sollte der etwas übernehmen?"; „Was würden Sie denn von Ihren Aufgaben weggeben? Wie wäre Ihnen dann zumute?"; „Angenommen, Ihr größter Wunsch zum Thema Ausspannen würde erfüllt – was wäre das?"). Wenn sich aus dem Gespräch dann ein konkretes Ziel ergeben hat, wird man versuchen, Lösungswege zu finden („Sie würden also gerne eine Kur machen. Was steht dem entgegen?"; „Wie könnten Sie Ihren Mann denn überreden, Ihnen … abzunehmen?"; „Sich mit anderen Frauen auszutauschen – wie glauben Sie, wie das andere Frauen schaffen, sich das zu organisieren, zu erlauben?").

Gefühle / Traumatisierung

3.5 „Ich erlebe Sie oft so traurig, so wortkarg, so aufgewühlt, so abwesend in letzter Zeit. Wollen Sie darüber sprechen?"

3.6 „Wenn Sie wollen, erzählen Sie mir doch noch mal von Xs Geburt / seiner Erkrankung / der Behandlung / der Diagnosemitteilung!?"

3.7 „Wenn Sie so aus der Haut fahren mit X – hat das etwas damit zu tun, dass Sie so enttäuscht von ihm sind, so traurig wegen ihm sind? Dass es Ihnen so wehtut, dass er so weit zurück ist, nicht mehr aufholen wird, behindert ist?"

3.8 „Ich sehe Sie immer so leiden, sich so zusammenreißen – wäre es nicht mal eine Idee, mit einem Fachmann zu sprechen, sich helfen zu lassen?"

Die Frühförderin oder Erzieherin handelt durchaus auftragsgemäß, wenn sie Eltern auf ihre psychische Verfassung anspricht. Damit beeinflusst sie die Eltern-Kind-Interaktion zum Wohle des Kindes. Dabei sollte sie den von den Eltern gewählten Weg der Bewältigung zuerst einmal respektieren und verstehen. Ein nächster Schritt wäre, sie für ihre Gestimmtheiten, Gemütslagen oder Verhaltensweisen zu sensibilisieren und auf ihre Art des Umgangs mit sich selbst aufmerksam zu machen. Entweder lassen sich dann Alternativen finden oder Eltern können darin unterstützt werden, mit fachlicher Hilfe von Psychologen oder Psychotherapeuten danach zu suchen (3.8). Es ist besser, vom persönlichen Eindruck auszugehen, als zu diagnostizieren oder zu interpretieren. Deswegen wird die Fachperson nicht formulieren: „*Sie* sind immer so traurig …", sondern „*Ich* erlebe Sie so …" (3.5). Damit tut sie ihre subjektive Ansicht kund und impliziert damit, dass sie auch irren kann. Der Gesprächspartner wird sich durch dieses Gesprächsangebot weniger bedrängt fühlen.

In 3.6 hat die Fachperson schon gefolgert, dass die derzeitige Verfassung der Mutter mit Vorfällen aus der Neugeborenenzeit zusammenhängt, und bietet an, im Gespräch mit ihr in diese Phase zurückzugehen. Sie stellt ihr dieses Thema ganz frei („Wenn *Sie* wollen …"). Eine aktivere Einladung zur Aussprache kann den Einstieg erleichtern, manchmal aber auch drängend wirken („Es ist ganz wichtig, dass wir da noch mal hinschauen, wie es Ihnen damals …"; „Es ist heute wieder so, dass das Thema … hochkommt und sie so aus der Bahn wirft"; „Ich merke, wie Sie wieder unter Druck geraten, weil Sie an … denken. Sie dürfen ruhig loslassen und sagen, wie Ihnen zumute ist!").

Aggressive Gefühle anzusprechen ist eine besondere Schwierigkeit. Mit 3.7 wird die Aggression der Mutter in Zusammenhang mit anderen Gefühlen gebracht, von denen man annimmt, dass sie ursächlich mit der Wut zu tun haben. Man bietet eine Interpretation an, mit deren Hilfe sich die Elternperson selbst über ihre Beweggründe klarer werden kann, ohne sich zu beschuldigen oder zu verurteilen. Ein anderer Gesprächsansatz wäre, nach den Ursachen des Zorns zu fragen („Was hat Sie denn wieder dazu gebracht, so wütend zu werden?"; „Heute waren Sie ja auf 180 – was hat sich denn so alles angesammelt?"). Wichtig wäre dann auch zu eruieren, über welche Alternativen der Elternteil verfügt, seine Wut zu kanalisieren oder abzulenken („Wenn Sie so voller Zorn sind … was würden Sie am liebsten tun?"; „So einfach draufschlagen geht natürlich nicht. Was könnte Ihnen noch helfen, die Wut etwas loszuwerden?"; „Wie geht es Ihnen damit, ihren Ärger immer so zu beherrschen?"). Manchmal ergeben sich so praktikable, im Alltag umsetzbare Veränderungsschritte. Auf alle Fälle jedoch wird die Fachperson die individuelle Situation besser verstehen und dem Gesprächspartner wird ihr Engagement und Verständnis guttun.

Mit 3.8 betritt die Fachperson das heikle Terrain, Eltern zu einer psychologischen Beratung oder einer Psychotherapie zu raten. Viele Eltern sehen bereits eine psychologische Untersuchung des Kindes skeptisch – nun soll es sogar um sie selbst gehen! Die Fachperson muss dies vorsichtig ansprechen, am besten an eine aktuelle, konkrete Situation anknüpfen und dabei auch wieder von ihrer Wahrnehmung ausgehen (3.8). Mit der Formulierung „wäre es nicht einmal …" garantiert sie der Mutter ganze Entscheidungsfreiheit und Verfügungsgewalt über ihre persönlichen Angelegenheiten. Wiederum sollte sie sich hüten, diagnostisch klingende Kategorisierungen vorzunehmen („Sie wirken auf mich so depressiv …") oder Druck auszuüben („Sie müssen …"; „Ihre ständige Angst erfordert eine … Behandlung!"; „Ich muss Ihnen zu einer Psychotherapie raten, weil …"). Dieses Thema ist auch nicht zuletzt deswegen so diffizil, weil sich ja die Elternperson der Fachperson anvertraut hat, so dass diese zu ihrer Einschätzung kommen konnte und es nun wie ein Vertrauensbruch erscheint, diese sich öffnende Mutter „abzuschieben". Hier muss die Fachperson dann auch fähig sein klarzustellen, ihre Kompetenzgrenzen erreicht zu haben.

Fachpersonen aus Frühförderung oder Kindergarten sind oft unsicher, ob sie nicht schon ihren Arbeitsauftrag überschreiten, wenn sie sich auf elterliche Gefühlswelten einlassen oder diese kommentieren. Zum einen wird die Fachperson Gefühlen nicht aus dem Weg gehen können und muss reagieren, wenn z. B. eine Mutter von ihrer Trauer überwältigt wird, da sie die Stunde nicht einfach für beendet erklären und die Mutter zum Psychotherapeuten schicken kann. Eine andere Frage ist, wie intensiv sie die ihr anvertrauten Gefühle aufgreift. Hier muss sie wissen, wie viel sie sich zutraut und wie viel sie bewältigen kann. Zweitens muss sie die emotionale und psychische Gesamtsituation in der Familie abschätzen, um passende Förderimpulse zu geben. Es ist etwa wenig zweckvoll, einer depressiven Mutter auch noch viele Übungsaufgaben aufzuladen oder mit einer durch Ehekonflikte strapazierten Familie an der Bewältigungsthematik zu arbeiten. Schließlich lässt sich das Thema Bewältigung nicht wie etwa der Entwicklungsstand oder die Selbstständigkeitsentwicklung systematisch erheben, sondern am besten im Gespräch erkunden. Dafür muss die Fachperson ihre Gesprächspartner kennenlernen.

Dialog 3: Erschöpfung. In einem Kindergarten für körperbehinderte Kinder sucht die Mutter einer mehrfachbehinderten Fünfjährigen mit Tetraplegie und geistiger Behinderung das Gespräch mit der Krankengymnastin (KG).

> **Mutter** (weint): „Ich kann einfach nicht mehr! Ich kann nicht schlafen, nichts essen, immerfort mache ich mir Gedanken, wie das denn alles weitergehen soll, was aus Y werden soll – ich werde einfach nicht damit fertig."
>
> **KG:** „– Im Augenblick bricht alles über Ihnen zusammen."
>
> **Mutter:** „Ich kann es auch so schwer aushalten: Immer diese Sorgen um Y. Ich weiß ja nicht, was noch alles dazukommt und wie das werden soll, wenn sie älter wird!"
>
> **KG:** „Ist es das, was Ihnen zurzeit am meisten zusetzt – wie das alles weitergehen soll?"
>
> **Mutter:** „Ja. Und dann mache ich mir Sorgen um meinen Mann. Der sagt immer weniger und ist so verschlossen. Der zieht sich total zurück."
>
> **KG:** „Das macht Ihnen Angst, dass Ihr Mann irgendetwas hat, worüber er nicht redet?"
>
> **Mutter** (schluchzt): „Und das alles hängt an mir, und ich muss für alle da sein und ich habe keine Nerven mehr für irgendwas. Der Große macht seine Hausaufgaben schon eine ganze Weile ganz alleine und fragt mich schon gar nicht mehr, weil er merkt, dass ich am Ende bin."
>
> **KG:** „Es sind keine Kräfte mehr da, und eine Änderung ist nicht in Sicht."
>
> **Mutter:** „Genau. Ich hab manchmal das Gefühl, ich schaff alles einfach nicht mehr – ich kriege nichts mehr hin!"
>
> **KG:** „Im Moment zerren alle an Ihnen, und Sie haben das Gefühl, es niemandem recht machen zu können. Was setzt Ihnen denn am meisten zu?"

Eine überlastete, verzweifelte Mutter sitzt der Krankengymnastin gegenüber und schüttet ihr Herz aus. Regelrecht überschwemmt von ihrem Leid ist sie gar nicht in der Lage, die Verbalisierungen der Fachperson aufzugreifen und sich konkreter auszudrücken. Diese begleitet die Mutter, verbalisiert ihr Erleben und versucht, den Fokus auf das einzuengen, was der Mutter am meisten zu schaffen macht (Zukunft, Sorge um den Mann, Erschöpfung), bis sie schließlich detailliert nachfragt. Mit diesem Eingriff versucht sie im Grunde, die Mutter etwas von ihrem Leid zu distanzieren und zum Reflektieren zu bringen, um mit ihr dann konkrete Lösungsschritte entwickeln zu können. Das ist eine gute Idee – die Fachperson darf jedoch nicht gekränkt reagieren, wenn sie vom Gesprächspartner nicht angenommen wird. Andererseits muss ihr bewusst sein, dass sie mit ihrem

Anstoß den Erlebensfluss der Mutter unterbricht und direktiv die Richtung ändert, die die Mutter eingeschlagen hat. Sie riskiert damit, von der Mutter als wenig verständnisvoll erlebt zu werden.

> **Mutter:** „Das kann ich gar nicht so genau sagen – es ist wirklich so, dass ich nicht weiß, wo mir der Kopf steht – es ist einfach so schlimm."
>
> **KG:** „Sie fühlen sich zurzeit ganz – unglücklich."
>
> **Mutter:** „Ja. So unglücklich, ich könnte die ganze Zeit heulen." (weint)
>
> **KG:** „Das Ganze mit Y macht Sie so traurig."
>
> **Mutter:** „Ja. Sie tut mir so leid – wenn sie so schief im Stuhl hängt – ihr alles so schwerfällt."
>
> **KG:** „Y tut Ihnen so leid – Sie möchten ihr so gerne helfen – dass sie es leichter hat!?"
>
> **Mutter:** „Ja. Dafür würde ich alles geben, wenn ihr nur irgendetwas helfen würde!"
>
> **KG:** „Sie hätten so gerne, dass sie – diese Behinderung nicht hätte – es ist einfach so traurig!"
>
> **Mutter:** „Ja. – Ich bin so traurig. Ich weiß, dass es nichts gibt, was ihr helfen kann."
>
> **KG:** „Ja. Es ist gut, dass Sie sich das zugeben, so traurig zu sein – und dass Sie Ihre Trauer nicht einfach irgendwie wegmachen, dass Sie sie zeigen können."
>
> **Mutter:** „Hm. Ich wünschte mir oft, ich könnte stärker sein."
>
> **KG:** „Und jetzt können Sie sich nicht so gut leiden, so traurig zu sein, zu weinen, Ihr Leid zu klagen?"
>
> **Mutter:** „Ja. Da wär ich gerne viel aktiver, nicht so eine Heulsuse, und würde gerne so viel für Y machen!"
>
> **KG:** „Und das ist so hart, wenn man nur so wenig machen kann."
>
> **Mutter:** „Ja. Ich muss es einfach hinnehmen, dass es so ist – dass es so bleibt –"
>
> **KG:** „Andererseits unternehmen Sie ja so viel – Sie machen wirklich alles, was man tun kann. Sie machen alles ganz richtig!"
>
> **Mutter:** „Es ist so schlimm, dass man wirklich keine Hoffnung hat, dass es sich bessern kann."
>
> **KG:** „Ja, das ist das Schlimmste, dass man die Behinderung nicht wegmachen kann."
>
> **Mutter:** „Ja." (holt tief Luft)

Da die Mutter auf die Fokussierung nicht eingeht, beschränkt sich die Fachperson nun darauf, ihre Gesprächspartnerin verständnisvoll zu begleiten. Das tut sie sehr akzeptierend, manchmal fast nur zentrale Ausdrücke wiederholend. Sie versucht nicht mehr, gegen die niedergedrückte Stimmung der Mutter anzukämpfen, sondern bleibt einfach aufnahmebereite Zuhörerin. Damit zeigt sie der Mutter, dass sie imstande ist, Schmerz und Trauer auszuhalten und sie nicht zu verlassen, wenn sie sich ihren Gefühlen stellt. Sie bietet aber nicht nur ihre Begleitung an, sondern nutzt Gelegenheiten, die Mutter zu stärken: Einmal, als sie sie darin bestätigt, richtig zu handeln, ihre Gefühle ernst zu nehmen. Und noch einmal, als sie ihren Einsatz für die Tochter lobt. Sie hat es geschickt vermieden, den Selbstvorwurf („Ich wünschte mir oft, ich könnte stärker sein") mit einem Trost zu übergehen („Man ist gerade dann stark, wenn man sich auch Schwäche zugesteht") und damit das Gefühl des Ungenügens, der Selbstunzufriedenheit nicht ernst zu nehmen.

Die implizite Selbstkritik der Mutter („Sie können sich nicht so gut leiden") erscheint als zentrales Motiv ihrer aktuellen Unzufriedenheit. Sie verkraftet es nur schwer, dass ihr Wunschbild von sich selbst, nämlich aktiv, stark und kraftvoll zu sein, mit der Behinderung ihrer Tochter irreal wird. Im Gesprächsverlauf scheint es der Mutter gutgetan zu haben, ihre Erwartungen an sich zu formulieren und gleichzeitig zu sehen, dass sie sich gar nicht viel mehr engagieren kann, als sie es bereits tut. Es ist also gar kein spezieller Anlass, der die Mutter so belastet, sondern ihre Unzufriedenheit mit sich selbst, die die Verzweiflung über die Behinderung der Tochter einmal mehr über sie hereinbrechen ließ. Insofern war der Gesprächsansatz, nach einem besonderen äußeren Auslöser zu suchen, in der Tat überflüssig. Viel wichtiger war es, der Mutter zuzuhören und sie verständnisvoll zu begleiten. So konnte sie im Gespräch erfahren, angenommen zu werden, obwohl sie sich an ihrem Selbstideal gemessen für unerträglich hält.

Das Ringen mit der Diagnose

Im Grunde genommen gibt es drei Möglichkeiten mit der Ablehnung diagnostischer Einschätzungen umzugehen. Man akzeptiert den Widerstand der Eltern und wartet die weitere Entwicklung bei Kind und Eltern ab (3.9 bis 3.12), man verbalisiert ihn und die ihn begleitenden Gefühle (3.13 bis 3.17) oder man konfrontiert (3.18 bis 3.22).

Akzeptanz und Verhandlung

3.9 „Ich habe zwar diese Beobachtungen gemacht, aber ich höre, dass Sie eine ganz andere Einschätzung des Kindes haben. Einigen wir uns doch so, dass ich meine Gedanken erst einmal zurückstelle und wir dann weitersehen?"

3.10 „Wir sind unterschiedlicher Meinung, wie wir X einschätzen. Machen wir's doch einfach so: Jeder bleibt bei seiner Meinung, und wir beobachten einfach gemeinsam, wie er sich weiterentwickelt!?"

3.11 „Ich will Ihre Meinung sehr ernst nehmen, auch wenn sie meiner eigenen Einschätzung widerspricht. Deswegen lassen wir beide Meinungen einfach nebeneinanderstehen und lassen uns von ihm überraschen."

3.12 „Na gut, ich gebe nach! Vielleicht habe ich ja etwas übersehen. Ich beobachte einfach mal weiter, vielleicht komme ich ja zu anderen Ergebnissen."

Verbalisierung des Widerstands

3.13 „Ich fühle, dass es Ihnen sehr wehtut, wenn ich meine Ergebnisse in diese Worte kleide und nun von einer ‚Behinderung'/‚geistigen Behinderung'/ ‚Sprachbehinderung' spreche. Sie lehnen diese Bezeichnungen vollkommen ab!?"

3.14 „Haben Sie sich über mich geärgert, als ich letztes Mal von ‚Behinderung' gesprochen habe?"

3.15 „Ich merke, Sie werden ganz traurig, wenn ich X ein ‚behindertes Kind' nenne?"

3.16 „Sie wollen gar nicht hören, wie weit X in seiner Entwicklung zurück ist!?"

3.17 „Sie haben es schon immer gespürt, aber es ist hart, wenn das jetzt so deutlich ausgesprochen wird!?"

Konfrontation

3.18 „Für unsere weitere Zusammenarbeit ist es wichtig, dass wir uns über unser Bild von X einig sind."

3.19 „Für X ist es wichtig, dass Sie ihn richtig verstehen. Er will ja nicht unterfordert, aber auch nicht überfordert werden!"

3.20 „Ich kann mir wirklich gut vorstellen, dass Sie Xs Entwicklung ganz anders sehen, aber wir müssen hier zu einer Einigung kommen!"

3.21 „Ich spüre, dass Sie mit meiner Meinung überhaupt nicht einverstanden sind, aber X kann es nicht verstehen, wenn Sie … Ich möchte heute gerne mit Ihnen absprechen, dass Sie immer dann, wenn er …"

3.22 „Es tut mir sehr leid, aber ich kann nicht mehr mit Ihnen zusammenarbeiten, wenn wir uns über diesen entscheidenden Punkt nicht einigen können. Es muss allen klar sein, wie weit X zurück ist, und dass man ihn so leicht überfordert und verstört."

Wie bereits in Kapitel 2.2 dargestellt, fällt es manchen Eltern sehr schwer, ungünstige Einschätzungen ihres Kindes anzunehmen. Vorausgesetzt, die Fachperson hat das Kind korrekt eingeschätzt, weist dies darauf hin, dass diese Eltern noch nicht so weit sind, die Informationen zu bewältigen. Eine derartige Situation strapaziert die Beziehung zwischen Fachperson und den Eltern und bringt die Fachperson in ein Dilemma, da nun zwei Ziele unvereinbar werden: Das Kind richtig zu beurteilen und eine positive Beziehung zu dessen Eltern zu haben. Üblicherweise arbeitet ja die Fachperson darauf hin, dass Eltern ihr Kind adäquat einschätzen, damit passende Interaktionsformen und Förderungsmaßnahmen vorgeschlagen werden können. Obwohl es also wichtig ist, mit den Eltern in der Beurteilung des Kindes übereinzustimmen, ist es andererseits ebenso notwendig, die Beziehung zu den Eltern zu erhalten. Nur wenn die Beziehung als positiv erlebt wird, kann die Fachperson Einfluss in der Familie ausüben. Bei einer Meinungsverschiedenheit über diagnostische Einzelheiten bleibt der Fachperson also immer auch die Lösung, das elterliche Votum anzunehmen und das eigene Urteil zurückzustellen.

Mit 3.9 fasst die Fachperson die Kontroverse zusammen und nimmt ihre Beschreibung zurück. Dabei erklärt sie diese nicht für falsch, sondern verschiebt die endgültige Fassung in die Zukunft. Das wird den Eltern entgegenkommen, die jetzt noch nicht bereit sind, die beschriebenen Probleme an ihrem Kind zu sehen. Die Variante 3.10 enthält zusätzlich noch den Hinweis, dass beide Ansichten nicht nur erlaubt sind, sondern sogar beibehalten werden sollen („Jeder bleibt …"). Damit erklärt die Fachperson die elterliche Einschätzung für gleichberechtigt mit ihrer eigenen und demonstriert so ihre kooperative Arbeitsauffassung. 3.11 definiert darüber hinaus explizit die Aufgabe festzustellen, was das Kind hat, als gemeinsame Arbeit. Mit 3.12 lässt die Fachperson ihren Standpunkt fallen und kommt der elterlichen Auffassung entgegen. Allerdings bekennt sie damit nicht irgendwelche Fehler – es sei denn, sie hat sich welche zuschulden kommen lassen – und macht ihre Ansicht von der weiteren Entwicklung abhängig.

Den Verbalisierungen ist gemeinsam, dass sie die gegensätzliche Meinung der Eltern nicht nur akzeptieren, sondern zugleich ein Verhandlungsangebot machen. Es wird ein gemeinsames Vorgehen verabredet, Beobachtungen zusammenzutragen und gemeinschaftlich zu bewerten. Daraus kann dann im gemeinsamen Gespräch abgeleitet werden, was Behinderung im konkreten Fall und im Alltag bedeutet, sowie Prognose, Veränderbarkeit, Auswirkungen und Einschränkungen näher beschrieben werden („Jetzt sind wir uns also beide einig, dass X geistig behindert ist – aber haben Sie eine Vorstellung, was das für seine schulische Laufbahn bedeutet?"; „Was glauben Sie, wie viel sie versteht, wenn Sie ihr diese Aufgaben erklären?"; „Er kann sich noch nicht richtig mitteilen – welche Hilfen braucht er, wenn Sie alle beim Mittagstisch sitzen?").

Wenn Eltern die Diagnose in Frage stellen oder zu verhandeln beginnen, kann man auch dahinterstehende Affekte wie Verzweiflung, Angst oder Zorn ansprechen. Während 3.13 den durch die Aussagen verursachten Schmerz anspricht, knüpft Formulierung 3.14 an ein früheres Gespräch an und thematisiert die Beziehung der Mutter zur Fachperson. 3.15 verbalisiert Trauergefühle, 3.16 benennt den Widerstand, hier in Form einer Vermeidung. Mit 3.17 wird an das intuitive elterliche Wissen um den Gesundheitszustand des Kindes appelliert („schon immer gewusst"), nicht nur um der Information besseres Gehör zu verschaffen, sondern auch um die durch den Befund entstandene Distanz zu den Eltern zu überbrücken. Mit diesen Verbalisierungen versucht man dem Gesprächspartner zu zeigen, dass man sein Gefühl ernst nimmt. Manchmal verstärkt sich jedoch die Abwehrhaltung („Ich bin nicht traurig!"), wenn Eltern meinen, durch das Benennen gefühlsmäßiger Reaktionen solle Aufnahmebereitschaft für die Befunde geschaffen werden. In diesem Fall erscheint es als das Beste, den Widerstand zu akzeptieren, einzuräumen, dass man den Eltern wohl sehr zugesetzt habe, und vorzuschlagen, die Diskussion später fortzusetzen.

In manchen Situationen wird die Fachperson versuchen, ihre Überzeugung auch gegen anfängliches Widerstreben der Eltern zu verdeutlichen, durchzusetzen oder zumindest eine grundsätzliche Annäherung an ihren Standpunkt zu erreichen. Dies mag ihr dann ratsam erscheinen, wenn Eltern sich aufgrund fehlender Einsicht in Behinderung oder Schwächen des Kindes erzieherisch und im Hinblick auf die notwendige Entwicklungsförderung unangemessen verhalten. Konfrontativ stellt sie nun ihre Sicht dar und macht unmissverständlich klar, dass eine Einigung erzielt werden muss (3.18, 3.20). Dabei kann sie mehr die Bedürfnisse des Kindes in den Vordergrund stellen (3.19, 3.21) oder aber auch Verständnis für die Notlage und die Abwehr der Eltern signalisieren (3.20). Vorteilhaft ist es, wenn sie eine genaue Vorstellung davon hat, welche Verhaltensweisen oder konkrete Übungen sie gerne in der Familie implantieren will (3.21).

Die Fachperson muss wissen, dass sie mit konfrontativem Vorgehen eine Auseinandersetzung auslöst und eventuell einen Beziehungsabbruch riskiert. Dies wird immer dann der Fall sein, wenn sich beide Positionen als unvereinbar erweisen, also keiner nachgeben will. Für den Fall, dass Einigung nicht erzielt werden kann, diese aber die Grundlage für die weitere Förderung darstellt, muss die Fachkollegin die Zusammenarbeit in Frage stellen bzw. aufkündigen (3.22). Ein solcher Schritt will natürlich gut überlegt sein. Manchmal ist es vor dieser letzten Konsequenz dann doch ratsam, einzulenken und sich mit dem erreichten Minimalkonsens zufriedenzugeben. Andernfalls hätte man jede Einflussmöglichkeit in dieser Familie verloren, und die Entwicklungschancen des Kindes sinken weiter.

Dialog 4: Skepsis. Die Mutter eines Zweieinhalbjährigen diskutiert mit ihrer ambulanten Frühförderin (FF) über die Diagnose, die das Kind nach den Beobachtungen während der Förderung und nach einer Untersuchung im SPZ erhalten hat.

> **FF:** „Dieses Ausmaß von Behinderung bedeutet, dass er geistig retardiert ist."
>
> **Mutter:** „Gibt es etwas, was man für ihn tun kann?"
>
> **FF:** „Es gibt immer Dinge, die getan werden können …"
>
> **Mutter** (weint): „Aber er ist nicht schwer retardiert?"
>
> **FF:** „Nein."
>
> **Mutter:** „Eher mittel?!"
>
> **FF:** „Hm – ja – Ich glaube, dass er sich langsam entwickeln wird und wahrscheinlich in dem Bereich der leichten Retardierung … das würde bedeuten, dass er durchaus zu fördern ist."

Die Fachperson merkt, wie skeptisch die Mutter der Diagnose gegenübersteht, und dass sie dabei ist, die Mutter zu trösten, indem sie sich auf eine Spezifizierung der Diagnose festnageln lässt, die sie noch gar nicht vertreten kann. Sie möchte das klarstellen und den der Skepsis zugrunde liegenden Schmerz ansprechen.

> **FF:** „Es tut mir leid – eigentlich kann ich noch gar nichts Genaues sagen – aber ich merke, wie weh es Ihnen tut, was Sie da gehört haben und was ja auch mit unseren Beobachtungen hier zusammenpasst."
>
> **Mutter** (weint): „–"
>
> **FF:** „Das tut weh, wenn diese Diagnose plötzlich so klar im Raum steht."
>
> **Mutter** (weint): „Ja."
>
> **FF:** „Das ist schlimm – und da darf man ruhig weinen –"
>
> **Mutter** (weint): „Ich weiß tief in mir, dass er zurück ist – aber dann wehrt sich wieder alles in mir – man kann jetzt doch noch nicht sagen, wie er mal sein wird –"
>
> **FF:** „Da sind Sie so – hin und her gerissen und – am liebsten wollten Sie es gar nicht glauben."
>
> **Mutter:** „Ja – das kann doch nicht möglich sein! Er hat doch auch schon so viel gelernt!"
>
> **FF:** „Das fällt Ihnen wirklich schwer auszuhalten, dass X so viel gelernt hat und – es reicht trotzdem nicht!"

Die Mutter fühlt sich in der Beziehung zu ihrer Frühförderin sehr aufgehoben und zeigt ihren Kummer. Die Verbalisierungen der Fachperson sind zutreffend und bewegen die Mutter, nicht mehr so vehement gegen die Diagnose anzukämpfen und ihre Ambivalenz zuzugeben („Ich weiß, dass er zurück ist"). Die Fachperson verbalisiert auch diese, ohne sich verlocken zu lassen zu beschwichtigen („Und er wird sich sicherlich weiterentwickeln und noch viel mehr lernen!"). Die Mutter fühlt sich sehr verstanden und stabilisiert sich.

> **Mutter** (traurig): „Ja. Man kann es irgendwie gar nicht begreifen."
>
> **FF:** „Und man denkt auch, das ist nicht wahr, das kann doch nicht sein!"
>
> **Mutter:** „Genau. Aber irgendwie hatte ich ja schon immer so ein Gefühl, dass nicht alles stimmt. Zum Beispiel in der Krabbelgruppe, da waren alle anderen schon weiter, und ich hab immer gedacht, warum kann er das noch nicht?"
>
> **FF:** „Damals fing das schon an, dass Sie Angst bekamen, ob er sich auch ganz richtig entwickelt."
>
> **Mutter:** „Ja. Und dann kam ja die U6, und die nächste fiel ja noch schlechter aus – da hab ich oft nachts wachgelegen."
>
> **FF:** „Da waren Sie dann schon ziemlich verunsichert. Wie ist es für Ihren Mann, ich meine, wie geht er mit der Diagnose um?"

Die Verbalisierungen der Fachperson zeigen der Mutter, dass sie mitfühlt und sich in sie hineinversetzen kann. Die Beziehung zwischen beiden vertieft sich. Die Mutter lässt sich inspirieren, ihre Geschichte mit dem Sohn, ihre Verunsicherungen und Ängste Revue passieren zu lassen, so dass sich die verschiedenen Facetten zu einem sinnvollen Gesamtbild zusammenfügen. Damit befindet sie sich im Bewältigungsprozess, der Schmerz wird sie noch länger begleiten. Die Fachperson folgt den Äußerungen der Mutter einfühlsam, verlässt diese Linie allerdings bei ihrer letzten Äußerung, da sie nun von sich aus den Ehepartner ins Gespräch bringt. Damit unterbricht sie die Selbstexploration der Mutter – was hier nicht unbedingt nachteilig sein muss –, um ihre Perspektive zu erweitern und etwaigen Ressourcen oder Belastungen nachzuspüren, die in der Partnerschaft liegen könnten.

Dialog 5: Zurückweisung von Befunden. Auch im Gespräch mit dem Vater einer Vierjährigen geht es um eine erhebliche Entwicklungsverzögerung. Der Eindruck der Erzieherin (ER) war auch vom Kinderarzt bestätigt worden. Eigentlich wäre nun eine Förderung im heilpädagogischen Kindergarten indiziert.

> **Vater** (aufgebracht): „Das kann gar nicht sein! So, sie ist etwa die Hälfte ihres Alters zurück! Aber, was eine wirklich bedeutsame Verzögerung ist, was – äh – was, wie Sie sagen, ‚zurück‘, also ich meine, ‚zurück‘ ist ein anderes Wort für ‚langsam‘!"
>
> **ER:** „Dieses Wort ‚zurück‘ stört Sie so – das finden Sie so schlimm!"
>
> **Vater:** „Ja. Sie kann ja eigentlich alles – nur – sie ist eben langsam. Aber das wird schon!"
>
> **ER:** „Das können Sie nachvollziehen an unseren Beobachtungen, dass Y langsam ist, sich langsam entwickelt?"
>
> **Vater:** „Das ist ja so, wie wenn Kinder manchmal Sachen lernen, dass es so scheint, dass sie doch ein bisschen davon lernen, und dann machen sie auf einmal einen Sprung und …!"
>
> **ER:** „Da hoffen Sie einfach drauf, dass Y schon noch ihren Sprung macht und dann so ist wie Kinder in ihrem Alter?"
>
> **Vater:** „Ja. Da warte ich drauf, und man weiß ja, wie schwer es ist, Vorhersagen zu machen, wissen Sie, wie sie mal sein wird."
>
> **ER:** „Im Grunde kann das auch niemand sagen, wozu genau sich ein Mensch entwickeln wird."
>
> **Vater:** „Genau. Wer kann das schon wissen! Ich hab einfach Vertrauen und ich glaube, sie wird sich machen!"

Der Vater bagatellisiert die Entwicklungsdefizite seiner Tochter. Er kann ihre Schwächen zwar sehen, hält sie aber für unbedenklich. Das Wort „Entwicklungsverzögerung" stellt bereits eine Bedrohung für ihn dar, gegen die er ankämpft. In dieser Situation geht die Fachperson ihm gegenüber nicht sofort auf Konfrontationskurs, sie will ihn weder von ihrer Meinung überzeugen noch mit ihrer Föderidee überfahren. Sie hört ihm zu und verbalisiert seine Gefühle unaufdringlich. Sie greift auf, was ihn stört, welche Hoffnungen er sich macht und sondiert dabei, welche gemeinsame Basis es für die Einschätzung der Tochter geben könnte („Das können Sie nachvollziehen …"). Sie akzeptiert seine Gefühle, aber auch seinen Standpunkt, falls sie ihn ehrlicherweise vertreten kann („wozu genau sich ein Mensch entwickeln wird"). An seinen Bestätigungen („Ja!", „Genau!") erkennt sie, dass sich der Vater von ihr verstanden fühlt. So kann sich ein unterstützender Dialog entwickeln, und die Gefahr eines Konflikts tritt in den Hintergrund.

Vater: „Jetzt sagen Sie aber noch mal Ihre ehrliche Meinung über Y! So schlimm ist es doch nicht, oder!?"

ER: „Das will ich gerne noch einmal tun. Ich habe folgende Beobachtungen gemacht: … Wenn man sie mit Gleichaltrigen vergleicht, muss man feststellen, dass … Ich bin mir also ziemlich sicher, dass eine Entwicklungsverzögerung von mindestens einem Drittel des Lebensalters vorliegt, und das bedeutet, dass Y noch mehr spezielle Förderung braucht."

Vater: „Sie sind ,ziemlich' sicher – also nicht hundertprozentig sicher!?"

ER: „Da haben Sie recht, genauso ist es. Es gibt immer wieder Kinder, die einen mit ihrer Entwicklung überraschen, und man kann das Schicksal natürlich nicht vorhersehen. Aber ich bin, wie gesagt, ziemlich sicher, und ich glaube, dass sie die spezielle Förderung in einem heilpädagogischen Kindergarten braucht."

Vater: „– Wie bitte? Das kommt ja überhaupt nicht in Frage! Das ist ja – ein Behindertenkindergarten!"

ER: „Ist das jetzt so erschreckend für Sie?"

Vater: „Das – das – ist ja entsetzlich! Nein, auf keinen Fall! – Da bin ich dagegen!"

ER: „– Stört Sie, dass Y da mit behinderten Kindern zusammen ist?"

Vater: „Sie ist nicht behindert! Und sie geht nicht in den Behindertenkindergarten!"

ER: „Es tut mir leid, dass ich Sie jetzt so schockiert habe. Sie haben mich nach meiner Meinung gefragt, und ich habe sie Ihnen gesagt. Es war ein Vorschlag, von dem ich mir viel für die Ys Förderung verspreche. Aber wenn Sie das nicht wollen, müssen wir das auch nicht machen. Ich meine nur …"

Vater: „In diesen Kindergarten wird sie nicht gehen!"

ER: „Ja. Ich meine nur, unsere Möglichkeiten hier sind auch begrenzt. Ich kann z. B. nicht so viel Förderstunden anbieten wie ein heilpädagogischer Kindergarten."

Vater: „Ich möchte, dass Y weiter hier im Kindergarten bleibt."

ER: „Gut. Es war ja nur ein Vorschlag. Aber ich würde Sie trotzdem bitten, noch einmal darüber nachzudenken und auch mit Ihrer Frau darüber zu sprechen. Es geht doch um die beste Förderung für Y! Ich würde sagen, wir treffen uns noch mal alle zusammen in 14 Tagen – was halten Sie davon?"

> **Vater:** „Auch dann wird sich nichts geändert haben …!"
> **ER:** „Aber treffen können wir uns? Ich würde sagen am … um …"
> **Vater:** „Von mir aus – "

Die Bitte des Vaters um nochmalige Präsentation von Befunden ist in dieser Sequenz als positives Zeichen zu sehen. Er signalisiert, sich noch einmal mit Informationen auseinanderzusetzen, die er eigentlich bestreitet. Auf keinen Fall hätte die Erzieherin diesen Wunsch als Ausweichmanöver einschätzen und ungehalten darauf reagieren dürfen („Aber ich hab Ihnen doch schon dreimal …"). Es geht in diesem Gespräch darum, eine Verständigung darüber auszuhandeln, wie die Entwicklungsverzögerung der Tochter zu benennen und zu bewerten ist. Der Vater tastet sich widerstrebend an die Diagnose heran, verwendet aber sofort Nuancen („ziemlich sicher") für seine Argumentation und bringt die Fachperson damit kurzfristig von ihrem roten Faden ab.

Die Schwierigkeit für die Fachperson besteht hier darin, dass sie noch nicht von einer manifesten Behinderung ausgehen kann, selbst also auch noch im Zweifel ist. Die Erwähnung des heilpädagogischen Kindergartens allerdings beendet die sich abzeichnende Verständigung erst einmal. Vielleicht hätte die Fachperson dem Vater etwas mehr Zeit lassen sollen, bevor sie den Förderkindergarten ins Spiel bringt. Jetzt kommt das Gespräch erst einmal zum Stillstand. Der Vater fühlt sich überfahren und wehrt die Idee kategorisch ab. Die Fachperson geht auf ihn ein, versucht, die Gründe seiner Ablehnung zu erfahren („Stört Sie …?"), und bedauert, ihn mit ihrem Einfall geschockt zu haben. Sie versucht damit, die Beziehung zu ihm wiederherzustellen. Als dies nicht gelingt, zieht sie ihre Idee zurück, gibt sie aber als Hausaufgabe mit und verabredet auch gleich einen Termin zur Fortführung des Gesprächs.

Die Fachperson ist also auf einen ganz heiklen Punkt gestoßen. Für den Vater ist die Möglichkeit einer drohenden Behinderung seiner Tochter ganz fern, er lehnt alles ab, was damit zu tun hat. Es ist richtig, in dieser Situation beide Eltern einzubeziehen – was man auch von Anfang an hätte machen können. Entscheidend ist nun zu erfahren, wie die Mutter reagiert und mit welchen Standpunkten und Wünschen sich dann beide im gemeinsamen Gespräch darstellen. Lehnen beide die Einschätzung der Erzieherin ab, wird dieser nichts anderes übrig bleiben, als nachzugeben, ohne jedoch den bis jetzt gewonnenen Informationsstand aufzugeben („Lassen wir alles so, wie es ist – wir beobachten Y aber gut weiter und schauen, wie sie sich weiterentwickelt. Darüber sollten wir uns dann einmal alle sechs Wochen unterhalten.").

Ressourcen

3.23 „Ich überlege mir oft, womit ich Sie noch weiter unterstützen kann, was könnte Ihnen eine Hilfe sein?"

3.24 „Was würde Ihnen denn zurzeit Spaß machen? Was sind Ihre Wünsche zurzeit?"

3.25 „Auf was oder wen können Sie sich zurzeit am meisten verlassen?"

3.26 „Was gefällt Ihnen zurzeit am meisten an Ihrem Kind/an Ihrem Mann/an Ihrer Familie/an Ihrer Lebenssituation?"

3.27 „Was gibt Ihnen im Augenblick die meiste Kraft?"

3.28 „Wo finden Sie zurzeit die meiste Ruhe?"

3.29 „Was müsste sich ändern, damit Sie …?"

3.30 „Was müssten Sie ändern, damit Sie …?"

Ein wichtiges Ziel im Elterngespräch ist es, Ressourcen in der Familie ausfindig zu machen, um Belastungen erträglicher zu machen, das Selbstwertgefühl zu kräftigen und die Selbstwirksamkeit zu erhöhen. Es ist günstiger, selbst nur rudimentär vorhandene Stärken zu benennen, als auf ihren Mangel hinzuweisen. Kreist das Gespräch immer nur darum, was alles an Unterstützung fehlt, kann die Resignation zunehmen – aber auch herausfordern. Man sollte sich hüten, besser zu wissen, was für die Eltern gut ist als diese selbst – und deshalb nicht gleich mit Vorschlägen und Empfehlungen aufwarten. Vielmehr sollte man behutsam und ausführlich explorieren, bis man findet, was auf die elterlichen Bedürfnisse passt. Je mehr die Eltern an der Suche beteiligt waren, desto mehr werden sie das Gefühl haben, sich kompetent und wirksam für sich selbst einsetzen zu können. Dieses Gefühl an sich wäre bereits eine hoffnungsgebende Ressource.

Ausgehend von dem Wunsch nach Entlastung oder Kompetenzsteigerung lassen sich im gemeinsamen Gespräch Ressourcen oder Wege, die zu ihnen führen, entwickeln oder doch wenigstens Ziele festlegen (3.23). Die Selbsteinbringung der Fachperson („womit kann *ich* …") signalisiert hier Teilnahme und Engagement und erscheint deshalb geeigneter als die explorative Frage „Welche Hilfe brauchen Sie?". Mit 3.24 ermuntert man die Eltern, sich trotz ihrer hochbelasteten Lebenssituation Gedanken zu machen, welche Wünsche sie hegen und was ihnen guttun könnte. Vielleicht zeigt der Wunsch den Weg zu einer Ressource, die man nutzen kann. Der Akzent auf die aktuelle Situation („zurzeit") ermutigt, weil er hervorhebt, dass es sich um momentane und vielleicht auch vorübergehende Notlagen oder Bedürftigkeiten handelt (3.24, 3.25). Diese Formulierung lässt anklingen, dass Schwierigkeiten mit geeigneter Hilfe überwunden werden können. Zudem nimmt sie der Antwort etwas an Schärfe, wenn das Vorhandensein von Ressourcen verneint werden muss.

Aufbauend kann wirken, nach positiven Aspekten schwieriger Lebenslagen zu suchen (3.26). So können Stärken identifiziert werden, die man vielleicht ansonsten übersehen hätte. Die Fragen 3.27 und 3.28 sind so gestellt („die meiste"), dass sie implizieren, es müsse irgendetwas auch noch so Geringes an Kraft oder Ruhe vorhanden sein. Dies leistet die reine Frageform („Wie viel Kraft haben Sie?"; „Finden Sie … zur Ruhe?") nicht. Sich mit der Möglichkeit einer Änderung zu beschäftigen bewirkt bereits eine gewisse Distanzierung vom Problem (3.29, 3.30), weil man damit zugibt, nicht prinzipiell handlungsunfähig zu sein.

Dialog 6: Ressourcen. Die Mutter eines mehrfachbehinderten Kindes klagt der Pädagogin der Blindenfrühförderung (FF) ihr Leid: Sie sei körperlich erschöpft, in ständiger Zeitnot wegen der vielen Behandlungstermine, müsse sich um die anderen Kinder kümmern, der Haushalt bleibe liegen, sie könne nicht mehr richtig schlafen und werde immer nervöser.

> **FF:** „Ich finde es toll, dass Sie mir die Karten so offen auf den Tisch legen, wie Ihnen zumute ist. Danke für Ihr Vertrauen! Wir könnten ja mal schauen, was wir machen können. Sollen wir das?"
>
> **Mutter:** „Ja, schon."
>
> **FF:** „Zunächst einmal: Was würden Sie sich in der jetzigen schwierigen Situation am meisten wünschen – erst mal nur wünschen, ohne zu überlegen, ob es auch geht!"
>
> **Mutter:** „Also – da fällt mir gar nichts ein – ich bin einfach so kaputt – was soll mir da helfen?"
>
> **FF:** „Sie sind so kaputt, können nicht schlafen, ständig im Stress, immer angespannt –"
>
> **Mutter:** „Hm – ja – vielleicht Ruhe – irgendwas mit Ruhe vielleicht –"
>
> **FF:** „Ruhe, genau, das liegt nahe, wenn man so gefordert wird. Wie könnte denn diese Ruhe aussehen, die Sie sich wünschen?"
>
> **Mutter:** „Wie könnte die ‚aussehen', das versteh ich nicht!"
>
> **FF:** „Ich meine, was wäre für Sie persönlich ‚Ruhe', jeder hat doch andere Vorstellungen darüber, was für ihn Ruhe bedeutet: Der eine meint ausspannen, der andere Sport, der Dritte lesen, der Nächste spazieren gehen –"
>
> **Mutter:** „Ach so. Also ich meine – hm – also mal so eine Auszeit zu haben, wo man nichts um die Ohren hat, keiner stört – nichts tun –"
>
> **FF:** „Das würde Ihnen also guttun, nicht gestört zu werden und – allein zu sein?"
>
> **Mutter:** „Ja, genau, das ist das Wichtigste, das hab ich vergessen – endlich mal allein sein, in Ruhe gelassen werden!"

Die Fachperson nimmt es nicht als selbstverständlich hin, von der Mutter in eine schwierige persönliche Situation eingeweiht zu werden, und dankt ihr ausdrücklich. Sie produziert nicht gleich Veränderungsideen, sondern wartet ab, bis die Mutter richtig verstanden hat, worum es im Gespräch gehen soll, indem sie einige ihrer Belastungen wiederholt. Darauf fällt der Mutter spontan ein Begriff ein („Ruhe"), der an sich selbsterklärend wäre, wenn nicht wirklich jeder ihn inhaltlich anders füllen würde. Auch hier fragt die Fachperson geduldig nach, welche Bedeutung die Mutter dem von ihr gefundenen Ziel geben will. Dabei benutzt sie immer das gleiche Wort („Ruhe"), das die Mutter verwendet hat, um nicht schon durch ein Synonym etwas anderes zu suggerieren. So kann sich allmählich klären, was genau sich die Mutter unter Ruhe vorstellt.

FF: „,In Ruhe gelassen werden' – was müsste sich denn ändern, damit Sie diese Auszeit bekommen, Ruhe für sich finden können?"

Mutter: „Hm, ich weiß nicht so recht – also – jemand anderes müsste auf die Kinder aufpassen – "

FF: „Fällt Ihnen da jemand ein?"

Mutter: „Nein. Meine Eltern sind zu alt, und mein Mann hat auch keine Zeit!"

FF: „Schaffen das Ihre Eltern gesundheitlich nicht mehr?"

Mutter: „Doch! Gesund sind sie, aber meine Mutter verwöhnt die Kinder zu sehr, und deshalb möchte ich nicht, dass sie länger bei ihr sind. Zu Hause hab ich dann den Ärger, wenn sie bei mir nicht so lange fernsehen dürfen!"

FF: „Und was ist mit Ihrem Mann?"

Mutter: „Ja, der – der braucht selbst so viel Zeit. Er sagt immer, die Arbeit würde ihn so fordern, dass er sich zu Hause unbedingt erholen müsse, um wieder fit zu werden. Dann ist er im Kirchenchor, und dafür hat er auch seine Übungsstunden. Sonst hilft er mir aber wirklich, wo er kann!"

FF: „Eigentlich ist er also schon hilfsbereit?"

Mutter: „Ja, absolut! Wenn ich mir etwas wünsche, versucht er immer, es mir zu erfüllen."

FF: „Das ist ja schön. – Sie könnten ihn um eine Ruhepause bitten!"

Mutter: „Nein. Ich will ihn ja auch nicht noch mehr belasten! Er hat so schon genug um die Ohren."

FF: „Weiß er, wie es Ihnen geht?"

Mutter: „Hm – eigentlich – nein, eigentlich nicht so richtig – ich versuche immer so stark wie möglich zu sein, damit ich ihn nicht auch noch mit meiner Arbeit belaste."

FF: „Sie versuchen, ihn zu schonen – aber langsam geht es total auf Ihre Kosten."

Mutter: „Ja – stimmt – eigentlich ja."

FF: „Fällt es Ihnen so schwer, Ihrem Mann reinen Wein einzuschenken, wie es Ihnen zurzeit geht? So wie Sie ihn beschreiben, wird er bestimmt Verständnis haben."

Mutter: „Vielleicht sollte ich es doch probieren – "

FF: „Ja. Entweder finden Sie beide dann eine Lösung, oder wir sprechen noch mal zu dritt darüber, wie man eine Erholungspause für Sie im Wochenplan organisieren kann."

Im näheren Umfeld gibt es zwar personelle Ressourcen, die Mutter scheint sich aber nicht zu trauen, diese zu nutzen. Die Fachperson gerät nun in einen Interviewstil und fragt die einzelnen Positionen ab. Hätte sie das Gespräch bei den Großeltern gehalten, hätte man klären können, ob die Mutter ihre Bedürfnisse überhaupt schon erwähnt oder sich über ihre Erziehungsprinzipien auseinandergesetzt hat. Ferner fragt sich, warum es der Mutter so schwerfällt, den Erziehungsstil der Großeltern zu ertragen, wenn sie dafür im Austausch die dringend benötigte Ruhepause gewinnen kann. Im Gespräch über den Ehemann wird die Fachperson direktiver, nachdem sie festgestellt hat, dass der Mann grundsätzlich kooperativ ist. Sie gibt Anregungen („Sie könnten ihn ... bitten") und fragt nach („Weiß er, wie es Ihnen geht?"). Es ergibt sich, dass die Mutter vorhandene Ressourcen offenbar nicht nutzt, um ihren Mann zu schonen. Die Konsequenzen dieser Haltung werden von der Fachperson in einer mitfühlenden, aber doch konfrontativen Weise verbalisiert („auf Ihre Kosten"), und sie ermuntert sie, sich mit ihrem Mann auszusprechen,

Veränderungen in der Familie

3.31 „Wie geht es dem Rest der Familie? Wie gehen Xs Geschwister mit ihm um? Wie kommt Ihr Mann mit X zurecht?"

3.32 „Wie kommen Sie mit dem Umgang Ihres Mannes mit Xs Behinderung zurecht?"

3.33 „Was müsste geschehen, damit Ihr Mann mit Ihnen mehr über Xs Entwicklungsverzögerung spricht?"

3.34 „Was würde Xs Schwester sagen, wenn sie jetzt zuhören würde?"

3.35 „Was, glauben Sie, würde Xs Bruder von Ihrer Meinung über X halten?"

3.36 „Was würde X, wenn er sprechen könnte, zu seinen Großeltern / über seine Mutter / seine Geschwister sagen?"

In Familie und Verwandtschaft arrangiert sich jeder auf seine Weise mit der Entwicklungsstörung oder Behinderung des Kindes. Diese Reaktionen wirken ihrerseits auf die Eltern zurück, manchmal unterstützend, mitunter aber auch zusätzlich belastend. Deshalb sollte die Fachperson auch die weiteren Familienangehörigen im Auge behalten und sich insbesondere von Geschwisterkindern und Großeltern ein Bild machen. Man kann sich einfach direkt nach diesen Personen erkundigen (3.31) oder aber nach den Beziehungen der Familienangehörigen untereinander fragen (3.32 bis 3.36). Schon auf der Paarebene gehen die Bewältigungsweisen oft auseinander und bieten so Anlässe nachzuhören (3.32, 3.33), durchaus auch mit dem Ziel, Veränderungswünsche herauszufinden (3.33). Abwesende Familienmitglieder lassen sich fiktiv in das Gespräch einbeziehen (3.34), so dass man deren Standpunkt – aus der Perspektive der Sprecherin – erfährt. Diese kann man auch mit der einem anderen zugeschriebenen Einschätzung konfrontieren (3.35). Auch das behinderte Kind kann auf diese Weise zu Wort kommen oder besser gesagt das, was die Mutter denkt, was das behinderte Kind erlebt, fühlt oder meint (3.36). Es versteht sich von selbst, dass diese Interventionen auch eingesetzt werden können, wenn beide Eltern oder die ganze Familie anwesend sind.

Dialog 7: Exploration der familiären Situation. In einem integrativen Kindergarten spricht die Erzieherin (ER) mit der Mutter eines Kindes mit Sprachentwicklungsverzögerung. Sie möchte gerne mehr über die Familie erfahren, da die Mutter häusliche Schwierigkeiten andeutet.

> **ER:** „Schön, dass Sie gekommen sind! Ihr Sohn ist ja noch nicht lange bei uns, und deshalb machen wir gerade zu Beginn der Förderung ein paar Gespräche mehr mit den Eltern. Schade, dass Ihr Mann nicht kommen konnte.“
>
> **Mutter:** „Ja. Er hat keine Zeit.“
>
> **ER:** „Ja, schade. Sind Sie denn zufrieden mit dem Eindruck, den Sie von uns haben?“
>
> **Mutter:** „Ja, doch. Mir gefällt ganz besonders … Und was ich noch nicht verstehe, ist …“
>
> **ER:** „Glauben Sie, dass sich X bei uns wohlfühlt?“
>
> **Mutter:** „Da bin ich mir sogar ziemlich sicher. Gestern hat er …“
>
> **ER:** „Was würde denn Ihr Mann sagen, wie es X hier gefällt?“
>
> **Mutter:** „Äh – hm – darüber hat er noch gar nichts gesagt.“
>
> **ER:** „Was glauben Sie denn, was er sagen könnte? Immerhin sind Sie ja jetzt doch schon drei Monate bei uns.“
>
> **Mutter:** „Ja, also – mein Mann ist, glaube ich, gar nicht so – zufrieden –“
>
> **ER:** „Es fällt Ihnen nicht so leicht, das zu sagen?“

Nach der freundlichen Begrüßung geht die Fachperson zielstrebig ihre Interviewthemen an und erhält durchweg positive Rückmeldungen. Schwieriger scheint es zu werden, als sie den Vater ins Spiel bringt („Was würde Ihr Mann sagen …“). Sie hat dafür eine indirekte Variante gewählt – was nach Ansicht der Mutter der Vater meine, wie es dem Sohn gehe –, anstatt direkt nach der Einschätzung des Vaters zu fragen („Was meint Ihr Mann? Wie zufrieden ist Ihr Mann mit X?“). Die direkte Form ist oft schwerer zu beantworten, weil der Befragte das Gefühl bekommt, er solle einen Dritten beurteilen („Er ist unglücklich – ihm geht es schlecht“). Antworten auf indirekte Varianten hingegen bleiben schon durch die Verwendung des Konditionals im Raum des Potenziellen, des Unverbindlichen („Er würde sagen …“). In ihrer letzten Äußerung verbalisiert die Fachperson ganz richtig die Mutter („Es fällt *Ihnen* schwer“), anstatt sie über den Vater auszufragen

(„Womit ist *er* denn unzufrieden?"). Mit dieser Version würde sie möglicherweise bei der Mutter ein Loyalitätsgefühl für ihren Mann wecken und ihr eine ehrliche Antwort erschweren.

> **Mutter:** „Ja – das ist zurzeit etwas schwierig. Er – er ist – eigentlich nicht einverstanden, dass X hier im Kindergarten ist."
>
> **ER:** „Oh. Das wusste ich gar nicht – Sie haben ihn doch sogar zusammen angemeldet?"
>
> **Mutter:** „Ja. Es ist so, dass er damals auch – noch gar nicht so dagegen war."
>
> **ER:** „Und dann hat sich was geändert?"
>
> **Mutter:** „Ja. Wissen Sie, meine Schwiegermutter, X ist ihr einziges Enkelkind, und sie sagt immer, X hat nichts und das gibt sich alles! Und er soll nicht in dem Behindertenkindergarten sein."
>
> **ER:** „Da haben Sie es ja wirklich schwer mit Ihrer Einstellung!"
>
> **Mutter:** „Ja! Da sagen Sie was! Wir sind so verkracht, das können Sie sich gar nicht vorstellen! Und das Schlimme ist, mein Mann steht dazwischen. Er ist bestimmt ganz unglücklich, aber leider hält er immer wieder ein wenig mehr zu seiner Mutter, die ihm auch fürchterlich zusetzt – und dann kriegen wir auch Krach."
>
> **ER:** „Und Ihnen tut er einerseits leid, aber andererseits sind Sie auch sauer, dass er nicht zu Ihnen hält!"
>
> **Mutter:** „Genau! Wenn dieses Thema nicht wäre, könnten wir so schön leben. Aber es geht immer wieder das Gezanke los, ob X denn in diesem Kindergarten sein muss, wie lange noch, ob er nicht in einen normalen Kindergarten gehen kann und so!"
>
> **ER:** „Diese Streiterei haben Sie satt. Die wären Sie gerne los!"
>
> **Mutter:** „Ja. Ich weiß nicht mehr, was ich machen soll!"

Die Familiendynamik eines generationsübergreifenden Konfliktes enthüllt sich, in dem die Ursprungsfamilie des Ehemanns gegen seine Ehefrau steht und der Mann zwischen den Stühlen sitzt. Auch hier gilt, als die Schwiegermutter erwähnt wird, den Gesprächspartner nicht zu Auskünften über Dritte anzuhalten („Warum lehnt die Großmutter den Kindergarten ab?"). Die Mutter fühlt sich wohler im Kontakt zur Fachperson und ernster genommen, wenn es um die eigenen Gefühle in ihrer Notlage geht. Die Beiträge der Fachperson bewirken, dass sich die Mutter mehr öffnet und ihre Lage immer ausführlicher beschreibt.

Es zeigt sich, dass sie ziemlich alleinsteht, weil sich ihr Mann von seiner Mutter unter Druck setzen lässt und die Auseinandersetzung scheut. Die Fachperson gerät in eine prekäre Lage, mischt sie sich in diesen Streit ein. Sie tut gut daran, neutral zu bleiben, sich auf die Mutter zu konzentrieren und deren Wünsche abzuklären („Was sollte ich Ihrer Meinung nach tun?"; „Was sollen wir vom Kindergarten aus arrangieren?"; „Wie kann ich Ihnen am besten helfen?"; „Was wünschen Sie sich in dieser Situation von mir?"). Möglich wäre auch, eine Aussprache zwischen den Kontrahenten herbeizuführen – das muss die Fachperson mit der Mutter abstimmen und sich natürlich auch zutrauen („Ich könnte mir vorstellen, dass ein gemeinsames Gespräch mit Ihnen und Ihrem Mann vielleicht etwas klärt und Ihnen mehr Unterstützung bringt"; „Wir können auch die Oma mal einladen!"; „Ich könnte mal alleine mit Ihrer Schwiegermutter über das Enkelkind sprechen, was meinen Sie dazu?"; „Ich könnte einen Hausbesuch machen, wenn X bei der Oma ist!").

Schließlich könnte man die Spannungen zwischen den Eltern in den Vordergrund stellen und die Mutter ermutigen, das Gespräch mit ihrem Mann zu suchen („Haben Sie Ihrem Mann schon gesagt, dass Sie seine Hilfe brauchen?"; „Weiß Ihr Mann eigentlich, wie unglücklich Sie zurzeit sind, was Sie sich von ihm wünschen?"; „Was könnte es Ihnen erleichtern, ein offenes Wort mit Ihrem Mann zu reden?"). Wenn dies die von der Mutter gewünschte Richtung ist, könnte mit ihr gemeinsam überlegt, vielleicht auch – bei einem sehr guten Verhältnis im Rollenspiel – geprobt werden, wie sie das ihr Wichtige am besten an den Mann bringt („Ich habe einen Vorschlag: Ich spiele Ihren Mann, und Sie sagen das, was Sie ihm sagen wollen – und wir schauen, wie zufrieden Sie mit sich sind und was anders gemacht werden könnte!").

Benefit

3.37 „Viele Eltern behinderter Kinder erleben auch Positives und Bereicherndes mit ihrem Kind – Sie auch?"

3.38 „Manche Eltern sagen, Sie hätten durch ihr behindertes Kind eine ganz andere Lebenseinstellung bekommen – !?"

3.39 „Manchmal werden durch eine Krise ganz andere Dinge wichtig. Haben Sie so etwas auch erlebt?"

Eltern zu fragen, welche positiven Effekte die Behinderung ihres Kindes auf sie und die Familie hat, klingt zunächst absurd und wird von denjenigen, die noch ganz in den ersten Bewältigungsphasen sind und Schmerz und Trauer erleben, als Zumutung empfunden. Andere reagieren vielleicht erbost, weil sie heraushören, man unterstelle ihnen gerade durch ausdrückliches Nachfragen, nichts Positives an ihrem Kind zu sehen. Der Verweis auf andere, die sich in der gleichen Lage befinden, erscheint darum als brauchbarer, neutraler Einstieg (3.37, 3.38). Auch die Verwendung unbestimmter Zeitadverbien wie „manchmal" (3.39), „öfters", „plötzlich" u. a. soll die Befragten von der Vorstellung entlasten, sie müssten das Betreffende auch schon erleben.

Andererseits lohnt es sich, nach positiven Erfahrungen zu fragen. Damit werden nämlich Ressourcen bewusst, die in Aspekten der Lebenseinstellung, des Lebenssinnes, der Lebensgestaltung, der Persönlichkeitsveränderung, der Einstellung zu Familie und Umwelt liegen. Hier können Veränderungen sichtbar werden, die man als Gewinn erlebt und die man ansonsten nicht erreicht hätte. Vor allem aber kann man sie sich selbst zuschreiben, da sie aus eigener Arbeit, Reflexion oder Einsicht resultieren – darauf sollte im Gespräch mit den Eltern ausdrücklich hingewiesen werden. Festzustellen, dass man im Begriff ist, aus sich heraus Kräfte und Einstellungen zu entwickeln, mit denen man sein Schicksal zu bewältigen beginnt, stellt eine wirksame Ressource dar.

2.4 Thema der adäquaten Förderung

Auf welche Weise, wie lange, wie intensiv, mit welchen Methoden gefördert werden soll, ist ein unerschöpfliches Gesprächsthema in der Frühförderung. Für die Eltern ist dieses Thema zentral, es berührt ihre Hoffnungen und Ängste. Die Meinungen können hier rasch auseinandergehen, zu Hause aktiv und kreativ fördernde Eltern in Konkurrenz zu Fachleuten geraten. Es liegt zwar nahe, darin eine Reaktion im Rahmen der elterlichen Auseinandersetzung mit der Behinderung oder Entwicklungsstörung zu sehen – man sollte hier aber nicht alle kritischen Elternkommentare zur Förderungspraxis einordnen.

Zum einen kann es sich um berechtigte Informationswünsche handeln, wenn Eltern erfahren wollen, was zu welchem Ziel mit dem Kind gemacht wird. Andererseits drücken auch skeptische Anmerkungen sehr wohl Interesse an der aktuellen Förderpraxis aus, und eine sachliche Auseinandersetzung mit Zielen, Werten und Theorien pädagogischen oder therapeutischen Vorgehens ist immer zu begrüßen. Die Fachperson muss ihre Arbeit begründen können und wird, wenn sie sich auf Diskussionen mit den Eltern souverän und ehrlich einlässt, die positive Beziehung zu diesen nur noch weiter festigen. Die Unterscheidung zwischen elterlicher Kritik als Bewältigungsreaktion und sachlichem Reflexionsbedarf ist allerdings nicht einfach. Sie wird aber leichter, je besser der Kontakt zu den Eltern ist und je genauer man ihre persönliche Situation einschätzen kann.

In häufigem Hinterfragen und Diskutieren des Förderprogramms kann sich aber auch Unzufriedenheit mit der Fachperson ausdrücken – die Kritik am Vorgehen wäre dann eine Kritik an ihr selbst. Hier wird sich die Fachperson als Erstes fragen, ob sie den Eltern Grund zum Unmut gegeben hat oder ob vielleicht Missverständnisse bestehen. Im Gespräch mit den Eltern könnte herauskommen, dass sich die Eltern nicht verstanden oder nicht genug ernst genommen, autoritär oder nicht einfühlsam behandelt fühlen. Dies könnte dann auf einen temporären, also möglicherweise auflösbaren zwischenmenschlichen Konflikt oder aber eine tiefere, nicht behebbare Beziehungsstörung hinweisen.

Theorie 7: Elternkompetenz

Erziehungskompetenz unterliegt sozialgeschichtlichem Wandel und ist eine soziale Konstruktion (Levold 2003). Kompetenz ist also relativ – aktuell wird derjenige als kompetent angesehen, der sich nicht unsicher und resigniert verhält, sondern die Kinder Grenzen kennenlernen lässt und Autorität hat (Rotthaus 2004; Omer/von Schlippe 2002). Erziehungsverhalten gilt dann als kompetent, wenn es Anerkennung, Anregung und Anleitung umfasst (Hurrelmann 2002) oder emotionale Wärme, Achtung und Respekt, kooperatives Verhalten, Struktur und Verbindlichkeit und allseitige Förderung beinhaltet (Tschöpe-Scheffler 2003). Als kompetentes Verhalten wird ferner angesehen, was die Eltern-Kind-Beziehung stärkt (Kissgen/Suess 2005; Graf/Walper 2003).

Nicht immer entspricht das, was Fachleute für kompetentes Erziehungsverhalten halten, dem, was Eltern darüber denken, wobei das Wesen des Kindes und die Art seiner Behinderung eine Rolle spielen (Whittingham et al. 2006). Eltern sind auf der Suche nach Hilfen für ihre Kinder und entscheiden dabei mitunter anders, als Fachleute ihnen raten. So nutzen mehr als die Hälfte der Eltern körperbehinderter Kinder zusätzlich alternative Heilmethoden (Hurvitz et al. 2003), und Eltern autistischer Kinder nennen über hundert verschiedene Förderansätze (Green et al. 2006).

Fachleute riskieren deshalb immer, bei ihrer Arbeit auf elterlichen Widerspruch zu stoßen, müssen deshalb aber nicht opponieren, resignieren oder verzweifeln. Vielmehr wird man sich freuen, wenn Eltern eigene Standpunkte entwickeln, zeigt sich doch damit, dass sie sich engagieren und Verantwortung übernehmen. Umso wichtiger wird es dann, die eigene Auffassung deutlich zu machen, um Wahlentscheidungen zu ermöglichen. Respekt vor der elterlichen Kompetenz würde die Fachperson dazu bewegen, sich auf die Familie einzulassen, quasi nach dem Motto: „Ich möchte Sie kennenlernen und von Ihnen lernen, wie Sie die Behinderung Ihres Kindes meistern – vielleicht kann ich auch ab und zu etwas beisteuern." Dazu gehört, die fachlichen Förderideen mit den Eltern zu diskutieren, ggf. zu modifizieren und sich damit auf einen Prozess einzulassen, der in eine ganz andere Richtung führen kann, als man selbst anfänglich plante.

Die Kompetenzen von Eltern und Fachleuten müssen zueinanderpassen und sich ergänzen, dabei muss die Fachperson den aktiven Part übernehmen und sich auf die Eltern zu bewegen. Wünschen die Eltern viel Engagement, wollen sie an die Hand genommen werden, dann wird man darauf eingehen – man würde sie überfordern, für jeden therapeutischen Schritt ihre Reflexion und Mitentscheidung zu verlangen. Haben sie sich in den Kopf gesetzt, ein bestimmtes erzieherisches Programm durchzuziehen, würde es schlecht passen, sie mit einem Gegenprogramm zu konfrontieren. Wenn Eltern schließlich jeden Förderschritt mitbestimmen, diskutieren, mitentscheiden wollen, wäre es verkehrt, ihnen alles vorzuschreiben. Im Hinblick auf die Förderung gilt auch für Eltern, sie dort abzuholen, wo sie stehen, und den Weg zu respektieren, den sie gehen. Sind die Auffassungen freilich vollkommen inkompatibel, wird man sich besser trennen.

Eltern wollen mehr Förderung

4.1 „Was genau macht Sie denn so unzufrieden, wie es zurzeit läuft?"

4.2 „Verstehe ich Sie richtig / Ich habe das Gefühl, Sie sind im Moment unzufrieden mit der Förderung?"

4.3 „Welche Sorgen kommen hoch, wenn Sie sich vorstellen, X macht jetzt erst mal keinen Sprung?"

4.4 „Bekommen Sie Angst bei der Vorstellung, es läuft einfach so weiter wie jetzt?"

4.5 „Was glauben Sie, könnte eine XY-Therapie mehr als das, was wir gerade machen?"

4.6 „Was müsste denn Ihrer Meinung nach mehr für X getan werden?"

4.7 „Was müsste ich denn Ihrer Meinung nach mehr für ihn tun?"

Wollen Eltern mehr Förderung oder eine andere Methode, von der sie sich mehr versprechen, wird die Frühfördertherapeutin das Motiv für diesen Wunsch auszuloten versuchen (4.1). Sie wird davon ausgehen, dass die Eltern unzufrieden sind und sich nicht scheuen, das auch klar zu benennen (4.2). Haben die Eltern recht mit ihrer Klage, dass etwa zu viele Stunden ausfallen oder zu wenige möglich sind, bleibt der Fachperson nichts anderes übrig, als den Missstand zuzugeben und Verständnis für den Unmut der Eltern zu äußern – und darauf hinzuweisen, alles in ihrer Macht stehende zu tun. 4.3 setzt den Wunsch nach intensiverer Förderung in Bezug zur elterlichen Bewältigung. Während sie hier neutral von „Sorgen" spricht, vermutet sie mit 4.4 tiefe Betroffenheit bei den Eltern, die sich allmählich ausmalen, welche Ziele ihr Kind nicht erreichen wird.

Oft werden andere mit Heilsversprechen aufgeladene Fördermethoden erwartungsvoll in die Diskussion eingebracht (4.5). Damit kann eine Meinung erfragt, aber auch eine Beziehungsaussage gemacht werden. Der Verweis auf die konkurrierende Fördermethode kann Kritik am bisherigen Vorgehen oder der Fachperson ausdrücken, als Bewältigungsversuch zu verstehen sein oder sogar den grundlegenden Bruch mit der Fachperson ankündigen. In letzterem Fall wäre dann die Beziehungsbotschaft, kein Vertrauen mehr zu haben und mehr Hoffnung in die Alternative zu setzen. Die Formulierung 4.5 spielt indirekt, aber deutlich die Hoffnungen an, die die Eltern mit der anderen Methode verbinden, und öffnet deshalb einen guten Zugang zum Bewältigungsthema. Mit ihrer Äußerung lässt die Fachperson diese verschiedenen Möglichkeiten offen und bietet so den Eltern Gelegenheit, sich in einer Weise zu äußern, die ihre Motive erkennen lässt.

Wenn Eltern alternative Methoden zur Debatte stellen, möchten sie mitunter auch die Toleranz ihrer Fachleute testen, um zu erkennen, wie sehr die Fachperson auf sie eingeht. Sie wünschen sich dann nichts anderes, als dass die Eskapade zum Geisterheiler oder der Delfintherapie einfach akzeptiert wird mit den besten Wünschen, sie möge möglichst viel bewirken („Ich merke, wie viel Sie sich von dieser Methode versprechen, und registriere sehr wohl, wie Sie richtig aufleben, wenn Sie davon erzählen! Sie sollten es einfach ausprobieren – Ich wünsche Ihnen, dass es richtig viel hilft!"). Mit 4.6 und 4.7 werden die elterlichen Erwartungen erfragt, mit denen sie in die Förderung kommen. Die Fachperson steigt damit in die Diskussion über Planung und Förderinhalte ein. Diskrepanzen zu elterlichen Vorstellungen können so abgeglichen werden, Erwartungen korrigiert und Förderschwerpunkte spezifiziert werden. Mit 4.7 pariert die Fachfrau mutig den unausgesprochenen, impliziten Vorwurf, sie tue zu wenig, indem sie ihre Person und Rolle gleich selbst zum Thema macht. Sie lädt damit zu kritischer Bestandsaufnahme der bisherigen Förderung ein, was manche Eltern begrüßen werden, andere aber verschrecken oder überfordern kann.

Eltern kritisieren die Fachperson

4.8 „Ich habe das Gefühl, Sie sind im Moment mit mir unzufrieden?"

4.9 „Was gefällt Ihnen denn nicht an der Art und Weise, wie ich im Moment mit X umgehe?"

4.10 „Was würden Sie denn anderes von mir und meiner Arbeit erwarten?"

4.11 „Was würden Sie sich denn von mir wünschen?"

4.12 „Wir müssen uns einmal Zeit für einen grundlegenden Austausch nehmen: Sie wollen, dass ich ein VT-Programm mit X durchziehe, und ich will mit ihm spielen. Ich möchte Ihnen mal gerne erklären, warum mir dieses Spielen so wichtig ist."

4.13 „Kann es sein, dass Sie so unglücklich und enttäuscht sind, weil es so wenig vorangeht?"

4.14 „Ich erlebe Sie in letzter Zeit häufig so niedergeschlagen – kommt gerade alles zusammen: X spielt immer noch so wenig, es geht nicht weiter, die ganze Traurigkeit kommt hoch?"

4.15 „Wir sind in letzter Zeit so unglücklich aneinandergeraten, dass wir uns einmal Zeit nehmen sollten zu überlegen, mit welchen Zielen wir gemeinsam weitermachen oder ob eine Kollegin die weitere Förderung übernimmt?!"

4.16 „Ich höre, dass Sie so unzufrieden mit mir sind, dass ich mir überlege, ob es nicht besser ist, wenn eine andere Kollegin weitermacht?"

Kritik am Vorgehen in der Förderung, dem inhaltlichen Konzept oder gar der eigenen Person auszuhalten und konstruktiv damit umzugehen, stellt jede Fachperson vor eine Herausforderung. In dieser schwierigen Situation hilft es manchmal, sich vorzustellen, dass die Kritik gar nicht persönlich gemeint ist (auch wenn sie sich faktisch so anhört). Sie ist als Bewältigungsreaktion Ausdruck von Kummer und Schmerz oder von Verzweiflung über ausbleibende Fortschritte. Die Fachperson und alles, was sie repräsentiert, wären dann nur gerade zufällig vorhandene Zielscheiben – eigentlich gemeint sind jedoch die unglückliche Gesamtsituation oder andere Personen, denen die Schuld an der Behinderung gegeben wird. Hat zuvor eine durchaus einvernehmliche Beziehung bestanden, fühlt sich die Fachperson jetzt umso mehr vor den Kopf gestoßen, wenn plötzlich so vieles verkehrt und ungenügend sein soll. Vielleicht hat aber gerade dieses gewachsene Vertrauen ermöglicht, dass sich der Schmerz – zwar auf eine in die Kritik an der Förderung verschobene Weise, aber doch immerhin – Luft machen kann.

Andererseits sollte die Fachperson immer in Rechnung stellen, dass ihr ein Fehler, eine Fehleinschätzung, eine Nachlässigkeit unterlaufen ist, und sich schon allein deshalb ausführlich mit der vorgebrachten Kritik befassen – sie zeigt damit ihren Respekt vor der anderen Meinung. Dazu gehört zunächst, dass man sich nach den Ursachen der Unzufriedenheit erkundigt (4.8 bis 4.10). Mitunter muss man erst einmal die Situation als die benennen, als die man sie erlebt (4.8, 4.9), nämlich als Kritik am derzeitigen Förderungskonzept, wenn Eltern viel nachfragen, zweifeln und mit der Fachperson uneins sind. Im nächsten Schritt wäre nach den bislang zu wenig berücksichtigten Wünschen zu fragen (4.10, 4.11) und Kompromisse zu suchen (4.12). Mit 4.13 wird vermutet, dass es sich bei der aktuellen Unstimmigkeit nicht um divergierende pädagogische Ideen, sondern um eine Phase im Bewältigungsprozess handelt. Die Enttäuschung über ausbleibende Entwicklungsfortschritte wird angesprochen, in 4.14 die Trauer.

Wenn Eltern so unzufrieden mit der Fachperson sind, dass die weitere Kooperation gefährdet ist, muss dies Thema eines gemeinsamen Gesprächs werden (4.15). Mit 4.16 spricht die Fachperson denselben Sachverhalt, aber aus ihrer persönlichen Perspektive an. Vielleicht hat sich tatsächlich eine Beziehungsstörung entwickelt, sie fühlt sich abgelehnt und sieht kaum mehr Chancen zu gütlicher Einigung. So den Konsequenzen gegenüberstehend, ergibt sich manchmal trotzdem die Chance zu einem Neuanfang.

Dialog 8: Kritik an der Fachperson. Die Mutter eines Fünfjährigen mit allgemeiner Entwicklungsverzögerung und oppositionellem Verhalten ist im Gespräch mit der Heilpädagogin (HP), die im integrativen Kindergarten Einzelförderung mit dem Jungen macht.

Mutter: „Es geht nicht so weiter! X möchte nicht mehr zu Ihnen kommen. Ich glaube, er fühlt sich von Ihnen nicht so verstanden. Als Sie ihm neulich gesagt haben, er solle jetzt aufhören, mit den Bällen herumzuwerfen, hat er zu Hause geweint und gesagt, Sie seien böse! Ich weiß auch nicht, wie ich ihn überreden kann – "

HP: „Oh – das tut mir aber leid! War ich zu streng zu ihm?"

Mutter: „Hm – ja – ich glaube, ihm hat das gar nicht gefallen!"

HP: „Was kann ich denn tun, damit er sich mehr von mir verstanden fühlt?"

Mutter: „Das weiß ich auch nicht."

HP: „Und wie war das für Sie?"

Mutter: „Ja – also ich – ich weiß nicht – ich fand das auch ziemlich streng!"

HP: „Da waren Sie nicht so einverstanden, wie ich das gemacht habe?"

Mutter: „Nein. Und auch sonst, ich verstehe gar nicht, warum Sie so viel mit ihm Ball spielen. Er sollte irgendwie mehr lernen, dass er weiterkommt!"

HP: „Sie haben im Moment das Gefühl, es wird hier zu wenig gemacht, was ihm weiterhilft?"

Mutter: „– Ja. Er müsste die Farben lernen, und malen kann er auch noch nicht richtig. Und dass er sich irgendwie mehr für was anderes interessiert – und sich auch mehr konzentriert."

HP: „Haben sie das Gefühl, die Förderung hat noch gar nichts gebracht?"

Mutter: „Tja. Also wenn Sie mich so fragen: Ja. Ich kann noch nichts feststellen, was dazugekommen ist."

In dieser Szene wirft eine Mutter der Fachperson Fehlverhalten vor, wobei sie noch nicht einmal von der eigenen Einschätzung spricht, sondern die Stimmung des Sohnes vorschiebt (*„Er fühlt sich nicht verstanden"*). Die Mutter kritisiert die Fachperson hier sozusagen durch den Mund des Kindes, was besonders interessant wird, wenn die Fachperson eine ganz anderen Eindruck vom Kind hat. Die Fachperson versucht sofort, die Situation zu entspannen indem sie sich entschuldigt. Damit kommt sie der Mutter entgegen und signalisiert, dass sie das weitere Gespräch konstruktiv führen möchte. Sich an dieser Stelle zu verteidigen („Aber er hatte die ganze Zeit nur gute Laune!"; „So streng war ich gar nicht!"; „Ich habe ihm dreimal gesagt, er soll nicht mit dem Ball gegen die Fenster werfen! Erst dann bin ich lauter geworden!"; „Man muss ihm überhaupt mehr seine Grenzen zeigen!") würde schnell in einem Streitgespräch enden. Die Fachperson richtet ihren Fokus nicht sofort auf die Mutter, weil sie deren Reserviertheit spürt und diese nicht gleich persönlich ansprechen will. Immerhin schiebt diese ja den Sohn vor und spricht nicht von sich selbst. Die direkte Frage („Wie war das für Sie?") führt dann auch zu den eigenen Vorbehalten, die die Mutter gegen die Fachperson und ihr Förderprogramm hat und die die Fachperson verbalisiert, wiederum ohne sich zu rechtfertigen.

HP: „Das ist gut, dass Sie das so deutlich sagen. Ich möchte X ja gerne weiterhelfen und will auch, dass Sie mit der Förderung einverstanden sind. Was wäre denn das Wichtigste, an dem ich mit X arbeiten sollte?"

Mutter: „Nun – ich meine – er sollte sich mehr konzentrieren. Sich für andere Sachen interessieren. Das fänd ich wichtig."

HP: „Gut. Ich kann das einbauen. Daneben muss er aber auch etwas spielen können, was ihm Spaß macht, damit er merkt, dass er sehr wohl auch länger dabeibleiben kann. Deshalb spiele ich mit ihm Ball – weil es ihm Spaß macht, seine Motorik stärkt und weil er dabei schon recht ausdauernd sein kann."

Mutter: „Aber das bringt doch nichts – dass er in der Therapiestunde nur Ball spielt! Davon lernt er doch nichts! Nein, ich meine, das muss ganz anders aufgezogen werden!"

HP: „Stellen Sie sich vor, dass man mit ihm trainiert? Mit Gedächtnisspielen und Stoppuhr?"

Mutter: „Ich weiß ja nicht, wie man das macht. Das müssten Sie doch wissen! Irgendwas Effektives jedenfalls!"

HP: „Ja, ich habe dafür auch meinen eigenen Stil. Aber ich merke, dass es Ihnen ziemlich zusetzt, dass es mit X nicht so schnell vorangeht, dass er immer noch nicht aufgeholt hat."

Mutter: „Ja, natürlich! Es muss jetzt irgendwie weitergehen, sonst schafft er die Schule ja nie! So kann er jedenfalls nicht zur Schule! Er ist noch längst nicht so weit. Es muss jetzt wirklich etwas passieren!"

HP: „Der Druck ist riesig, unter dem Sie stehen – nur, ich kann beim besten Willen die Entwicklung bei X nicht so schnell vorantreiben, wie Sie wollen. Ich habe meinen Stil, und es braucht seine Zeit, ich kann es ihm nicht hineinzwingen."

Die Fachperson lobt die Mutter für ihre Offenheit und zeigt ihr damit, dass sie sich mit ihr auseinandersetzen will. Sie hat nicht vergessen, dass die Mutter einen ganzen Forderungskatalog erwähnt hat, und bittet sie deshalb nun, eine Priorisierung vorzunehmen („das Wichtigste?"). Im weiteren Verlauf äußert sich die Fachfrau, wie wenn sie ihre pädagogischen Interventionen nachträglich rechtfertigen wolle („Deshalb spiele ich mit ihm Ball") – eine Argumentation, von der die Mutter nichts wissen will. Der Gesprächston wird schärfer, die Mutter gibt ihren Unmut an den Förderideen der Fachperson deutlich kund, eine Einigung über das weitere Vorgehen scheint in weite Ferne gerückt. Da gelingt der Fachperson noch einmal eine Wendung, indem sie das Gefühl der Mutter angesichts der geringen Fortschritte des Sohnes anspricht („dass es Ihnen ziemlich zusetzt") und damit wieder eine Annäherung schafft. Mit ihrem letzten Satz bietet sie der Mutter an, sich eventuell auch gegen die Fortsetzung der Förderung bei ihr zu entscheiden, indem sie auf ihre Möglichkeiten („meinen Stil") und ihre Grenzen verweist.

Eltern kooperieren nicht

4.17 „Ich möchte mal ansprechen …"

4.18 „Mir ist in letzter Zeit aufgefallen, …"

4.19 „Ich frage mich, was es bedeutet, dass Sie in letzter Zeit etliche Termine haben ausfallen lassen / Sie sich nicht an unsere Absprachen gehalten haben?"

4.20 „Ich möchte so gerne verstehen, aus welchen Gründen Sie unsere Absprache zur Schlafsituation nicht so konsequent eingehalten haben?"

4.21 „Irgendwie scheint es ja nicht zu klappen, wie wir uns das vorgestellt haben mit dem Essen. Was müssten wir denn da verändern, dass es besser wird?"

4.22 „Ich habe das Gefühl, Sie sind in letzter Zeit so schwer erreichbar, so gehetzt, so atemlos kommen Sie mir vor!"

Mangelnde elterliche Kooperation kann viele Gründe haben. Eltern können zu erschöpft, von anderen familiären Belastungen abgelenkt oder aber auch gleichgültig gegenüber der Förderung sein. Fehlende Mitarbeit, unpünktliches Erscheinen, Vergesslichkeit und Terminabsagen können eine unterschwellig zunehmend kritische Einstellung zum pädagogischen oder therapeutischen Vorgehen anzeigen. Deshalb wird die Fachperson eine solche Entwicklung erst einmal neutral und sachlich ansprechen und nach den Ursachen forschen (4.17, 4.18). Wiederum erweist sich auch hier als günstig, dabei vom eigenen Erleben auszugehen („Mir ist aufgefallen") und nicht anzuklagen („Sie sind bereits dreimal …"; „Sie haben trotz mehrfacher …"). Man kann auch anklingen lassen, dass man die Ereignisse nicht für zufällig hält, sondern konkrete Ursachen vermutet (4.19, 4.20). Dabei kann man die persönliche Anteilnahme besonders betonen (4.20) oder die gemeinsame Suche nach Alternativen hervorheben (4.21). Mit 4.22 äußert die Fachperson eine Hypothese über das Befinden der Mutter. Sie signalisiert Verständnis und schlägt eine Brücke, indem sie zu erkennen gibt, dass sie mehr von der persönlichen Lage der Gesprächspartnerin verstehen möchte.

Eltern überfördern

4.23 „Ich beobachte in letzter Zeit … / Mir ist aufgefallen, dass …"

4.24 „Ich frage mich, ob Sie im Moment ganz besonders unter Druck stehen, an den Schwächen von X zu arbeiten, weil Sie …"

4.25 „Ich habe das Gefühl, Sie legen im Moment einen ganz großen Wert auf Förderung und setzen sich und das Kind damit ziemlich unter Stress."

4.26 „Ich habe den Eindruck, dass X in letzter Zeit etwas unglücklicher und unzufriedener wirkt. Haben Sie das auch bemerkt?"

Wie alle elterlichen Verhaltensweisen, die man in der Eltern-Kind-Interaktion beobachtet, sollte man eine elterliche Überförderungshaltung sachlich und vorurteilslos ansprechen und dabei implizite Schuldzuschreibungen vermeiden. Auch wenn man anderer Meinung ist, wird man unterstellen, dass triftige Gründe und Vorstellungen vorliegen, die die Eltern zu diesem Erziehungsverhalten brachten und die man interessiert und einfühlsam erfragen kann (4.23). Vom Kind mehr zu erwarten, als es leisten kann, hängt meist mit einer momentan noch zu gering ausgebildeten elterlichen Fähigkeit zusammen, es in der Gesamtheit seiner Stärken und Schwächen zu sehen. Hier lässt die elterliche Bewältigung noch nicht zu, das Kind adäquat einzuschätzen (4.24, 4.25). Die beobachteten Auswirkungen einer übertriebenen elterlichen Leistungsforderung kann man im Hinblick auf die Eltern (4.25), aber auch bezüglich des Kindes (4.26) einbringen und auf diesem Wege versuchen, die Eltern für die ungünstigen Folgen ihres Vorgehens zu sensibilisieren.

2.5   Ratschläge

Soziale oder helfende Berufe bieten meist zweierlei Art von Unterstützung. Zum einen werden Beziehungsangebote gemacht, indem sich die Fachperson als Zuhörer, Begleiter und Gesprächspartner zur Verfügung stellt. Zum anderen werden Hinweise, Anregungen und Tipps gegeben, die auf konkrete Verhaltensänderungen abzielen. In Frühförderung und Kindergarten erstrecken sich diese Empfehlungen auf Bereiche kindlicher Gesundheit, Förderung, Entwicklung und Erziehung und schließen auch Vorschläge ein, was Eltern für ihren persönlichen Umgang mit der Behinderung, das Familienleben oder ihre Partnerschaft tun können. So wird etwa für vitaminreiche Kost, mehr Bewegung, eine andere Lagerung oder mehr Geduld plädiert. Es werden Elterntrainings wie Triple P, Starke Kinder – Starke Eltern, Personzentriertes Elterntraining vorgeschlagen, oder es wird zu Psychotherapie oder Eheberatung geraten.

Theorie 8: Compliance
Die Compliance-Forschung hat für die Arzt-Patient-Beziehung verschiedene Faktoren benannt, die dazu beitragen, dass ärztliche Verordnungen oder Ratschläge befolgt werden. Die Informationen sollten demnach in einer Form präsentiert werden, die es erleichtert, sie zu verstehen und zu behalten. Je zufriedener der Patient mit der Situation und der erhaltenen Botschaft ist, desto bereitwilliger wird er die Ratschläge befolgen (Ley/Spelman 1967). Die Zufriedenheit des Patienten mit der ärztlichen Beratung hängt vom Umgang des Arztes mit dem Patienten ab. Je stärker zwischenmenschliche Qualitäten wie Empathie und Wärme zum Tragen

kommen und sich der Patient partnerschaftlich behandelt fühlt, desto höher wird seine Zufriedenheit mit dem Arzt ausfallen und desto eher wird er dessen Ratschläge befolgen (Korsch et al. 1968).

Speziell für den kinderärztlichen Bereich und damit für den Umgang mit Familien mit behindertem oder chronisch krankem Kind wurde ein Beratungsmodell mit den vier Kommunikationsstilen *Lenken, Belehren, Kooperieren* und *Unterstützen* konzipiert. Der Arzt ist demnach gehalten, nicht nur auf präzise und freundliche Art Informationen zu geben, sondern sich auf die Familie einzustellen (Feldman et al. 1999). Optimal wird seine Beratung dann, wenn er in seiner Kommunikation mit den Eltern zwischen den vier Stilen variiert. Andere Autoren vermuten die beste Compliance dann bei Eltern, wenn sich der Arzt jederzeit kooperativ verhält, sie durch ihre Gefühle, Ängste und Vorstellungen begleitet und ihre Kompetenzen und Zukunftsperspektiven unterstützt (Cooley / McAllister 1999).

Ein interessanter Aspekt der Arzt-Patienten-Kommunikation ist das Verhandeln von Bedeutungen (Abrams / Goodman 1998). Nicht nur bei unklaren, sondern auch deutlichen Botschaften beteiligt sich der Gesprächspartner mit Nachfragen und Auslegungen, so dass sich der Informationsinhalt den beiderseitigen Erwartungen anpasst. Insgesamt geht man davon aus, dass eine patientenzentrierte Perspektive des Arztes die Kooperation seines Patienten mit ihm deutlich erhöht (Dickson et al. 2002). Variablen wie Empathie, ausgewogene persönliche Distanz und thematische Strukturiertheit (Roberts et al. 2003) wirken sich ebenso positiv auf Arzt-Patient-Kontakte aus wie Zuneigung, Vertrauen, Gelassenheit sowie geringe Dominanz (Gallagher et al. 2001).

Auch das hier befürwortete personzentrierte Gespräch in Kindergarten und Frühförderung kommt nicht ohne Ratschläge und Empfehlungen aus. Es ist aber zu bedenken, dass sich beim fachlichen Rat die Rollen umkehren, da die Eltern nun rezipieren und die Fachperson die Richtung vorgibt. Während Eltern also bislang bestimmen konnten, wohin das Gespräch läuft und welcher Aspekt vorrangig ist, sollen sie sich nun der fachlichen Autorität unterwerfen und Ratschläge annehmen.

Es ist ein heikler Augenblick, wenn plötzlich deutlich wird, dass hier einer besser weiß, was gut für den anderen ist. Niemand lässt sich gerne vorschreiben, was er tun oder lassen soll – auch wenn man vorher nachdrücklich um einen Rat gebeten hat. Die Wahrscheinlichkeit steigt, dass Eltern fachliche Anregungen befolgen, wenn sie sich von der Fachperson insgesamt verstanden fühlen und ihr vertrauen. Je weniger Eltern sich ernst genommen fühlen und je mehr sie ihre Bedürfnisse vernachlässigt sehen, desto weniger nützen Ratschläge. Man muss deshalb nicht ganz auf den Rat verzichten, sich aber vornehmen, ihn zur Diskussion zu stellen, und nicht erwarten, dass er ohne Weiteres befolgt wird. Viele Beziehungskonflikte mit Eltern werden darüber ausgetragen, aus welchen Gründen welche Informationen und Ratschläge nicht beherzigt wurden. Diese Auseinandersetzungen nehmen oft die Gestalt von Konkurrenzkämpfen um Deutungsmacht (Wer sieht das Problem hier eigentlich richtig?) und Handlungskompetenz (Wer kennt die richtige Umgangsform?) an und belasten die Zusammenarbeit erheblich.

Dialog 9: Motivierung zum Elterntraining. Eine Erzieherin (ER) will zur Teilnahme an einem Elterntraining motivieren.

> **ER 1:** „Unser letztes Gespräch ist mir noch nachgegangen, und ich hab mir überlegt, ob es für Sie nicht eine große Hilfe sein könnte, an einem Elterntraining teilzunehmen. Da könnten Sie sehen, dass es auch für andere Eltern nicht leicht ist, mit ihren Kindern zurechtzukommen, und vor allem gibt es vielleicht den ein oder anderen ganz konkreten Erziehungstipp."
>
> **Mutter:** „Hm, ja, ich weiß nicht so recht. Wo finde ich denn so etwas?"
>
> **ER 2:** „…"
>
> **Mutter:** „Tja – also Sie meinen, das wäre etwas für mich?"
>
> **ER 3:** „Ja. Ich könnte mir das vorstellen. Aber im Augenblick merke ich eher, mein Vorschlag trifft auf keine große Gegenliebe. Sind Sie ganz entgeistert, dass ich Ihnen das vorschlage?"
>
> **Mutter:** „Das kam jetzt so überraschend. Hab ich das denn wirklich nötig, ich meine …"
>
> **ER 4:** „– ob Sie so ein schwerer Fall sind? Nein! Ich dachte nur, das wäre etwas für Sie, in so einer kleinen Elterngruppe: Sie können gut zuhören, aber auch gut Stellung beziehen und ihre Fragen äußern."
>
> **Mutter:** „Na ja – ich weiß nicht –"
>
> **ER 5:** „Was beunruhigt Sie denn so an dieser Elterngruppe?"
>
> **Mutter:** „Also – ich weiß nicht, ob ich so über persönliche Dinge – vor einer Gruppe sprechen könnte."
>
> **ER 6:** „Da kriegen Sie jetzt schon einen Schreck, wenn Sie sich das so vorstellen?"
>
> **Mutter:** „Ja, genau. Da werd ich jetzt schon ganz nervös."
>
> **ER 7:** „Meinen Sie, dass Sie das gar nicht schaffen würden?"
>
> **Mutter:** „Hm, ich weiß nicht – ich glaub, letzten Endes, wenn ich etwas wirklich will, dann schaff ich es auch."
>
> **ER 8:** „An Ihren Fähigkeiten zweifeln Sie nicht – es ist nur – hm – so was Peinliches, so unvertraut, über seine Erziehungsprobleme zu reden?"
>
> **Mutter:** „Ja – man steht ja dann so komisch da – so, wie wenn man das nicht hinkriegt."
>
> **ER 9:** „So als Versagerin?"
>
> **Mutter** (seufzt): „Genau!"
>
> **ER 10:** „Aber die anderen erzählen auch von ihren Schwierigkeiten!"
>
> **Mutter** (lacht): „– Da haben Sie auch wieder recht!"
>
> **ER 11:** „Sie überlegen sich das einfach noch mal, und wir können ja auch noch mal darüber reden, okay?"

Im obigen Gesprächsausschnitt will die Fachperson der Mutter eine Elterngruppe nahebringen. Zuerst macht sie transparent, wie sie überhaupt zu ihrem Vorschlag kommt, den sie quasi als Nachtrag einer gemeinsamen Unterredung begründet (ER 1). Bei der Mutter kommt sicherlich gut an, dass sich die Fachperson zusätzlich Zeit genommen hat, über ihre Lebenssituation nachzudenken. Die Fachperson stellt nun die Vorteile dieser Intervention heraus und versucht, die Mutter dafür zu begeistern. Insgesamt wählt sie einen behutsamen Gesprächseinstieg, kommt weder mit besserwisserischer Attitüde daher („Ich hab was Interessantes für Sie gefunden!") noch konfrontiert sie („Sie klagen doch immer, dass Sie nicht wissen, wie Sie mit X umgehen sollen, wenn er …!") oder verpflichtet sie („Sie müssen unbedingt …!"). Nach den reservierten Reaktionen der Mutter bekräftigt sie noch einmal ihren Standpunkt und spricht das Zögern der Mutter an (ER 3). Sie greift deren Bedenken auf und stellt ihnen die Ressourcen gegenüber, die sie bei der Mutter wahrnimmt, mit dem Ziel, sie zu beruhigen und ihr gut zuzureden (ER 4).

Als dies nicht gelingt, lässt sie von weiteren Überzeugungsversuchen ab, konzentriert sich ganz auf das Erleben ihrer Gesprächspartnerin und versucht, Gründe für deren Zweifel kennenzulernen (ER 5). Dabei wählt sie die vorsichtigere Frageform („Was beunruhigt Sie …?"), als etwa ein vermutetes Gefühl zu konstatieren („Da sind Sie ganz beunruhigt, wenn …"). Sie spricht von „Beunruhigung" und nicht etwa von „Angst" und stellt dieses Gefühl in einen konkreten Zusammenhang, indem sie die Beunruhigung auf die „Elterngruppe" bezieht und nicht etwa vage von „bei dieser Vorstellung" oder „mit diesem Angebot" spricht. Im Anschluss daran verbalisiert sie die zutage tretenden Ängste der Mutter (ER 6, ER 7). Dabei gelingt es ihr gut, vorhandene Ressourcen widerzuspiegeln (ER 8). Schließlich wird die zentrale Sorge der Mutter auf den Punkt gebracht und benannt (ER 9) – was die Mutter sehr berührt. Mit ER 10 versucht sie, diese Sorge zu relativieren, was ihr auch zu gelingen scheint. Trotzdem nagelt sie die Mutter jetzt nicht auf das Gesprächsresultat fest, sondern signalisiert ihr, sich Zeit zu nehmen, um den Vorschlag zu überdenken (ER 11).

Mit dieser Sequenz hat die Fachperson einen ihr wichtigen Vorschlag ins Gespräch gebracht, die Reaktion der Mutter dazu einfühlsam ausgelotet und ihr zu verstehen gegeben, dass es letzten Endes sie selbst ist, die über die Empfehlung entscheidet. Damit hat sie die Mutter positiv darauf eingestimmt, sich mit dieser Idee auseinanderzusetzen.

Wie man einen Ratschlag präsentiert und mit den Reaktionen darauf umgeht

Auch die konkrete sprachliche Formulierung spielt eine Rolle im Hinblick darauf, ob ein Rat beachtet wird oder nicht. Vorschläge, die im Ton von Anweisungen oder Verordnungen daherkommen („Machen Sie bitte ab heute …!"; „Sie müssen ganz unbedingt mindestens viermal …!"; „Ich möchte, dass Sie …!"), machen den fachlichen Standpunkt transparent und sind unmissverständlich ausgedrückt. Sie setzen den Adressaten aber ebenso unverblümt unter Druck – was bisweilen ja auch beabsichtigt ist. Mit derartigen Äußerungen pocht die Fachperson auf ihre Überlegenheit und erwartet, dass ihre Vorschriften befolgt werden.

Menschen, denen es schwerfällt, ihrem Leben Strukturen zu geben oder ängstlich verunsicherten Personen kann diese Form der Verschreibung mitunter guttun. Aber auch bei diesen wird irgendwann der Zeitpunkt kommen, aufzubegehren und mitbestimmen zu wollen. Eine Formulierung, die ebenfalls auf das Machtgefälle zum Rezipienten setzt, ist die moralische Verpflichtung („Wenn Sie nicht viermal täglich …, dann wird sich an Xs Rückstand nichts ändern!"; „Alle Eltern, die ihre Verantwortung ernst nehmen, geben ihren Kindern …!"). Mit dieser Formulierung wird die Elternperson geradezu bedroht und ihr Angst eingejagt, da ihr die Schuld für ein mögliches Versagen der Förderung zugeschrieben wird. Mit diesem Vorgehen lässt sich vielleicht bei sehr autoritätsgläubigen Eltern bis zu einem gewissen Grad Gehorsam erzielen – bis sie dann meist ohne Angabe von Gründen wegbleiben, weil sie sich doch verständigere Fachleute gesucht haben.

Die bisher erwähnten Formulierungen eignen sich daher nicht, Eltern in ihrer Kompetenz zu stärken und ihre Ressourcen zu aktivieren. Diese Ziele lassen sich eher erreichen, wenn man seine Vorstellungen in weniger selbstherrliche und fordernde Worte kleidet („Man könnte doch mal versuchen …"; „Wie wäre es, wenn Sie einmal regelmäßig …"; „Manchmal hilft es ja, wenn man …"). Entscheidend ist aber, Ideen als Vorschlag und nicht als Vorschrift zu äußern und die Eltern einzuladen, ihn zu kommentieren. Damit lässt man ihnen nicht nur Raum, den Hinweis an ihre Alltagsperspektive anzupassen und damit womöglich zu verbessern und praktikabler zu machen, sondern bestätigt sie auch als ernst zu nehmende Partner beim Ziel, dem Kind zu helfen („Was halten Sie von meiner Idee?"; „Wie finden Sie eigentlich diesen Ratschlag? Passt der Ihnen oder geht der Ihrer Meinung nach voll daneben?"; „Ist das überhaupt durchführbar?"). Dabei schadet es nicht klarzustellen, als Fachperson von der eigenen Idee überzeugt zu sein, solange man die Diskussion darüber nicht verhindert („Ich würde ja sagen, hier müsste man eindeutig … – aber was meinen Sie dazu?").

Ein guter Rat stößt nicht immer auf Freude und Zustimmung. Er wird angezweifelt oder abgelehnt, so dass die Fachperson bereit sein muss, ihren Ratschlag je nach elterlicher Reaktion zur Debatte zu stellen, ihn zurückzunehmen oder zu modifizieren. Je mehr sie dazu bereit ist, desto mehr wird sie das Vertrauen der Eltern gewinnen. Sie beweist damit, dass sie sie und ihre Einwände ernst nimmt. Deshalb werden Eltern genau beobachten, wie sich eine Fachperson verhält, deren Anregungen hinterfragt werden. Die Fachperson ihrerseits ist gut beraten, in der sich entspinnenden Diskussion die elterlichen Argumente nicht nur zur Kenntnis zu nehmen, sondern auch auf sie einzugehen. So kann sie etwa weitere Informationen erfragen („Was denken Sie eigentlich überhaupt über den Sinn dieser Übung?"; „Wie kommen Sie eigentlich darauf, dass … schädlich sein könnte?") oder persönliche Hintergründe dieser Argumente vorsichtig erforschen („Warum ist es eigentlich für Sie so schwierig …?"; „Was hindert Sie daran, das einmal so zu machen?"). Sie sollte sich der Gratwanderung bewusst sein, die mit ihrem Nachfragen entsteht, denn sie will nicht den Eindruck vermitteln, sie wolle die Gegenargumente der Eltern entwerten.

Schwieriger wird es, wenn Eltern Vorschläge nicht aus Sachgründen ablehnen, sondern gefühlsmäßig dagegen eingestellt sind. Solche Stimmungen lassen sich gut verbalisieren, auch wenn das Gefühl noch nicht konkret ist („Irgendetwas sperrt sich in Ihnen gegen diese Idee … man kann es noch gar nicht so genau beschreiben …"; „Ich sehe Ihnen an, dass Sie diesen Vorschlag überhaupt nicht mögen!"; „Da hab ich ja etwas gesagt! Sie sind ja richtig erschrocken!"). Hat man erfahren, was die Eltern genau empfinden, wird man diese Gefühle ansprechen („Ich verstehe, es wäre Ihnen einfach zu viel, jetzt auch noch … zu machen"; „Im Moment sind Sie einfach zu traurig, als dass Sie …"; „So eine Idee ist Ihnen einfach zuwider!"). Man sollte der Versuchung widerstehen, zu beruhigen, umzustimmen oder zu überreden („So schlimm ist es doch gar nicht, wenn man …"; „Sie werden sehen, das geht schon vorüber, und dann …"; „Das schaffen Sie doch bestimmt!"). Der andere fühlt sich dann eben nicht ganz ernst genommen, wenn ihm seine Gefühle ausgeredet werden.

Sinnvoller ist es, die beschriebenen Stimmungslagen zu verbalisieren, um damit dem Betroffenen zu zeigen, dass man seine Position akzeptiert und mit ihm darüber noch weiter ins Gespräch kommen will („Es hat Sie im Moment wirklich hart erwischt. Macht Ihnen gar nichts mehr mit X Spaß?"; „Wenn man so wütend ist, kann man auch nicht mehr an … denken!"; „Was genau hat Sie denn so enttäuscht, als Y …?"; „Im Moment sind Sie so durcheinander, dass Sie sich gar nicht vorstellen können, wieder festen Boden unter die Füße zu kriegen!?"). Manchmal stößt man dann auf grundsätzliche Erziehungseinstellungen oder Bewältigungsweisen, die man dann weiter thematisieren oder sich für spätere Gespräche merken kann.

Wenn die Fachperson in dieser Weise mit elterlichen Einwänden verfährt, wird sich meist eine Lösung abzeichnen. Diese kann darin bestehen, dass sie auf ihren Vorschlag verzichtet, also Gegenargumente oder Ablehnung akzeptiert. Das Gespräch kann sich einem wichtigeren Thema als dem Für und Wider des Ratschlags zugewandt haben, so dass dieses zunächst fortgeführt wird. Schließlich kann sich auch ein Kompromiss angebahnt haben. Die Fachperson muss nun auch bereit sein, alternativ zu ihren

Ratschlägen Kompromisslösungen zuzulassen und hinter ihnen genauso definitiv zu stehen, wie sie es sich von den Eltern wünscht. Kompromisse sind entweder beidseitige Annäherungen unter Aufgabe der ursprünglich auseinanderliegenden Positionen oder aber in der Auseinandersetzung spontan entstandene, etwa von den Eltern eingebrachte neue Impulse. Sollte die gemeinsam modifizierte Idee das Ziel verfehlen, muss klargestellt werden, dass beide Parteien am Scheitern beteiligt sind („Da haben *wir uns* ja was ausgedacht! Das hat ja gar nicht geklappt!"; „*Wir* sollten noch mal gemeinsam überlegen, wie *wir unser* Vorgehen verbessern können"). Lassen Kommentare der Fachperson erkennen, wie sehr sie ihrer eigenen Version nachtrauert oder im Nachhinein den Kompromiss schlechtredet, macht sie indirekt die Eltern für das Misslingen verantwortlich, was ihre Beziehung zu diesen belastet.

Um überhaupt zu einem Kompromiss zu kommen, müssen die Eltern ausführlich zu ihren Änderungswünschen befragt werden („Jetzt sollen Sie mal sagen, wie Sie sich das vorstellen!"; „Wie könnte man das denn noch genauer beschreiben, wie wir jetzt vorgehen wollen?"; „Wenn ich Sie recht verstehe, würden Sie lieber …"; „Ich hab so ein Gefühl, als seien Sie noch nicht ganz zufrieden mit unserer Absprache. Was stört Sie denn noch?"). Manche Eltern müssen auch etwas ermutigt werden, bevor sie sich trauen, Verbesserungsvorschläge zu äußern. Natürlich sollte sich die Fachperson im Falle eines Erfolgs der im Kompromiss mit den Eltern gefundenen Anregung freuen und insbesondere die Eltern zu ihrem Beitrag beglückwünschen. Durch die Anerkennung ihrer Aktivität stärkt die Fachperson elterliches Kompetenzgefühl und Engagement („Es hat gut geklappt, und ohne Ihre Idee wären wir nicht so weit gekommen!").

Einen Kompromiss zu entwickeln, wenn ein Ratschlag nicht sofort freudig angenommen wird, ist eine Aktivität, die die Beziehung zu den Eltern in positivem Sinne prägt. Umgekehrt werden sich die Fronten verhärten, wenn die Fachperson auf ihrem Vorschlag beharrt und damit die Eltern zwingt, ihn anzunehmen. Auch wenn sie es nicht sofort zeigen und vielleicht sogar nachgeben, weil im Moment keine Alternative zur aktuellen Förderung existiert, werden sich die Eltern ärgern und sich innerlich aus der Beziehung zur Fachperson verabschieden. Sie werden sich sparsamer mitteilen, ihre Kooperationsbereitschaft wird sinken, sie werden den Schein wahren, zu Hause jedoch nach eigenem Gutdünken verfahren.

Dialog 10: Erziehungsratschläge. Eine Frühförderin (FF) gibt einen Erziehungsrat.

> **FF 1:** „Ich möchte Ihnen mal etwas empfehlen: Nehmen Sie sich eine Viertelstunde am Tag für X frei, nur um mit ihm zu spielen, und zwar nur das, was er will. Er soll bestimmen. Und wenn er allein spielen will, bleiben Sie einfach neben ihm sitzen und schauen zu – wär das was für Sie?"

Mutter: „Aber das mach ich doch schon!"

FF 2: „Schön! Aber wirklich genauso, wie ich das gerade beschrieben habe?"

Mutter: „Na ja, meistens übe ich dann etwas mit ihm, was wir hier gemacht haben."

FF 3: „Das ist natürlich auch wichtig, aber ich meine diesmal etwas anderes. Gerade dass Sie ihn bestimmen lassen, scheint mir wichtig, damit er ein größeres Vertrauen in seine Fähigkeiten bekommt."

Mutter: „Ach so. Hm. Nee, ich glaube, das ist mir dann zu viel – noch zusätzlich zum Üben? Was soll ich denn mit der Großen machen?"

FF 4: „Und wenn Sie das Üben mal zurückstellen würden? Wir haben ja immer noch unsere gemeinsame Stunde."

Mutter: „Aber dann lernt er ja nichts mehr dazu! Und es geht nicht voran!"

FF 5: „Sagen wir, nur für eine bestimmte Zeit – vielleicht für drei Monate?"

Mutter: „Drei Monate!! Das ist aber lang. Und ich soll da nichts tun, als nur dabeisitzen?"

FF 6: „Wenn er es will – ja! Aber wenn er will, dass Sie mitspielen bei dem, was er ausgesucht hat – dann spielen Sie mit. Wichtig ist, dass sich sein Gefühl stärkt, dass das, was er macht, so wichtig ist, dass sogar die Mutter dabei mitmacht."

Mutter: „Das klappt bestimmt nicht – der will ja auch gar nicht immer mit mir spielen."

FF 7: „Wäre das so schlimm für Sie, dann nur dabeizusitzen und in Ruhe zuzuschauen?"

Mutter: „Nein. Aber ist das Ganze nicht ein bisschen gekünstelt?"

FF 8: „Kommt es Ihnen so unnatürlich vor?"

Mutter: „Ja. Ich könnte mich da nicht konzentrieren. Bei der Vorstellung werde ich jetzt schon ganz hibbelig!"

FF 9: „Ist das für Sie so schwer auszuhalten, mit dem Sohn zusammen zu sein und mal nichts zu tun?"

Mutter: „Ja. Er muss noch so viel aufholen, und die Zeit läuft einem weg!"

FF 10: „Gut. So eine Idee wäre also zu viel verlangt. Aber vielleicht können wir klein anfangen? Sagen wir, einmal die Woche 15 Minuten Mutter-Kind-Spielstunde, wo das Kind bestimmt? Wie wäre das? Ich will Sie nicht ärgern, ich finde es für seine Entwicklung wirklich wichtig, weil es sein Selbstvertrauen stärkt."

Mutter: „Ich hab eigentlich gar keine Lust, so auf dem Boden zu sitzen und Kugeln hin und her zu rollen oder zum zehnten Mal Duplo-Bauernhäuser zusammenzubauen!"

FF 11: „Das wäre wirklich eine Riesenstrapaze für Sie und total langweilig. Vielleicht schaffen Sie es ja für zehn Minuten. Vielleicht kriegen Sie sogar Spaß daran! Wichtig fänd ich auch, dass die zehn Minuten pro Woche wirklich regelmäßig stattfinden, am besten immer am selben Tag. Wollen wir es mal versuchen? Einen Monat lang und dann reden wir darüber, wie es gewesen ist?"

Mutter: „Na gut. Wenn Sie meinen, es ist so wichtig für ihn. Dann machen wir es."

Im obigen Beispiel hat die Fachperson den Eindruck, die sehr förderorientierte Mutter belaste die Interaktion mit ihrem Sohn durch zu viel Training. Deshalb versucht sie mit ihrem Vorschlag einer übungsfreien Spielstunde, einen zwangloseren Umgang mit dem Sohn anzuregen (FF 1). Die Anregung wird zurückgewiesen. Die Fachperson hakt nach und erklärt ihre Idee noch genauer, indem sie vor allem versucht, der Mutter klarzumachen, die Entwicklung des Jungen mit der Spielstunde sinnvoll zu fördern (FF 2 bis FF 4). Die Sorge der Mutter wird deutlich, das Kind könne nichts dazulernen, aber die Fachperson geht hier nicht auf diese Beunruhigung ein. Dies wäre eine Alternative, würde jedoch das Gespräch in Richtung der Bewältigungsthematik bringen und damit komplett verändern („Es ist für Sie schwer auszuhalten, auf das Üben zu verzichten?"; „Sie machen sich so große Sorgen, dass er nicht genug aufholt?").

Die Fachperson entschließt sich hier, ihre Absicht nicht aufzugeben, den Zeitraum einzugrenzen, um damit einen Kompromiss zu suchen (FF 5). Auch jetzt bleibt eine Einigung aus, und sie muss ihren Vorschlag ein weiteres Mal erläutern (FF 6), bis sie schließlich den Unwillen der Mutter mit der vorgeschlagenen Spielsituation verbalisiert (FF 7 bis FF 9). Wieder wird deutlich, unter welchen Druck sich die Mutter setzt, ihr Kind voranzubringen, und auch dies hätte man gut aufgreifen und in die Bewältigungsthematik überleiten können. Die Fachperson versucht dagegen auszuloten, ob man sich nicht doch auf einen modifizierten Vorschlag einigen kann (FF 10). Ihre Hartnäckigkeit führt zu einem neuen Aspekt, da sich die Mutter offensichtlich zu zweckfreiem Spiel gar nicht imstande sieht und bei dieser Äußerung auch Ärger über die Spielinteressen ihres Sohnes durchscheint. Diese Beobachtung wird sich die Fachperson für das nächste Gespräch merken. Hier äußert sie einfühlsam Verständnis für die der Mutter durch den Vorschlag auferlegte Mühe, die sie durch eine nochmals veränderte Kompromisslösung zu vermindern sucht (FF 11). Es wird nun abzuwarten sein, ob sich die Mutter nur äußerlich gefügt hat und das Vorhaben bei der nächsten Gelegenheit sabotiert oder ob sie sich wirklich bemüht, dem Sohn zuliebe etwas auszuprobieren und auch selbst Neuland zu betreten.

Compliance als Bedingung für weitere Kooperation

Es gibt Situationen, in denen die Fachperson erwartet, dass ihren Ratschlägen unbedingt nachzukommen sei, und bei Nichtbefolgung die weitere Zusammenarbeit in Frage stellt. Hier handelt es sich weniger um einen Rat als vielmehr um eine Forderung, die dann angezeigt ist, wenn Eltern das Kind gefährden und dieses geschützt werden muss. Man wird genau erläutern, was man von den Eltern erwartet, um keinen Spielraum zu lassen, als das Verhalten in die gewünschte Richtung hin zu ändern. Vor die Alternative gestellt, muss sich die Elternperson dann entscheiden, die Vorgaben zu erfüllen oder den Kontakt zu beenden. Sie wird damit vor die Wahl gestellt, so zu funktionieren, wie die Fachperson es will oder diese Fachkraft zu verlieren („Ich erwarte von Ihnen, dass Sie ab jetzt … und nicht mehr … Andernfalls werde ich sofort meine Behandlung beenden und das natürlich auch dem zuständigen … melden müssen. Können Sie sich darauf einlassen?").

Es wird ein Behandlungsvertrag aufgestellt, der enthält, was von den Eltern erwartet wird, und der Sanktionen für etwaige Verstöße aufführt, so dass sich die Eltern über die Konsequenzen ihres Tuns klar sind. Dieser Vertrag kann auch Bestandteil eines Hilfeplans sein. Erfolgreich ist dieses Vorgehen nur dann, wenn bei den Eltern hohe Änderungsmotivation besteht oder sie von externer Seite wie etwa dem Jugendamt unter Aufsicht stehen, Förderung, Beratung oder Behandlung in Anspruch zu nehmen. Eine vertrauensvolle und offene Beziehung wird sich zwischen Fachperson und Eltern in dieser Zwangssituation allerdings eher nicht entwickeln.

2.6 Ein Konfliktthema ansprechen

Zum Förderauftrag in Frühförderung und Kindergarten gehört die Elternberatung nicht nur im Hinblick auf Entwicklung und Verhalten des Kindes, sondern auch auf elterliches Erziehungsverhalten. Sprechen Eltern Erziehungsprobleme von sich aus an, werden sie zum gemeinsamen Diskussionsthema. Die Fachperson kann in das Gespräch einsteigen und sich auch bei folgenden Beobachtungen der Eltern-Kind-Interaktion jederzeit darauf berufen. Schwieriger wird es, wenn die Initiative von der Fachperson ausgeht – sie also etwas ansprechen will, was die Eltern (noch) nicht sehen – oder eine andere Meinung hat als die Eltern, diese aber zum Nutzen des Kindes unbedingt vermitteln will. Die Gefahr bei allzu resolutem Vorgehen ist dann, die Eltern zu verschrecken und damit offenen Widerstand zu provozieren oder scheinbare Unterordnung, die aber zur inneren Distanzierung von der Fachperson führt. Auch für kontroverse Gespräche ist deshalb eine Vertrauensbasis notwendig, die erst einmal geschaffen werden muss. Schon allein deshalb verbietet sich eigentlich das Aufgreifen potenziell konflikthafter Themen schon gleich zu Beginn eines Elternkontaktes. Aber auch wenn sich eine Vertrauensbeziehung entwickelt hat, kann es schwerfallen, strittige Themen anzusprechen, weil man die gute Beziehung nicht aufs Spiel setzen will. Mitunter scheut man auch die zu erwartende Auseinandersetzung oder will die Eltern schonen.

In der Supervision erzählt eine Logopädin, dass sie den Eltern eigentlich sagen sollte, dass das Kind einen deutlichen geistigen Entwicklungsrückstand aufweist und die Sprachtherapie zurzeit nicht sinnvoll sei. Aber sie will den Eltern diesen Schmerz nicht antun.

Eine Früherzieherin empfindet, dass die Mutter einen zu starken Leistungsdruck auf ihren Sohn ausübt, der bereits zu stottern beginnt. Sie will sich aber nicht mit der dominanten Mutter anlegen und vielleicht selbst unter Druck geraten.

Eine Logopädin beobachtet eine stark unterkühlte Interaktion zwischen ihrem Therapiekind und seiner Mutter sowie heftige Aggressionen während der Therapie. Sie findet, dass hier besser eine Kinderpsychotherapie angezeigt wäre. Als sie das den Eltern vorsichtig vorschlägt, lehnen diese entrüstet ab. Danach hat sie das Thema erst einmal fallen lassen.

Es erfordert schon Mut, etwas anzusprechen, wovon man weiß oder ahnt, dass die Eltern es anders sehen. Manche Fachleute bleiben ganz selbstsicher und gefasst, machen sich keine unnötigen Sorgen und lassen das heikle Gespräch locker auf sich zukommen. Andere geraten in Stress und bekommen Angst. Als Gesprächsvorbereitung darf man die eigenen Befürchtungen ruhig an die Oberfläche kommen lassen und sich etwa vorstellen, welche Reaktionen einen am meisten verwirren würden oder welchen Gesprächsverlauf man am liebsten verhindern möchte. Bei dieser Gelegenheit ist es nützlich, sich die Bilder, die man von den Gesprächspartnern hat, und die Motive, die man ihnen unterstellt, bewusst zu machen. Danach hat man sich paradoxerweise bereits etwas immunisiert. Wenn die Ängste bleiben, kann man vielleicht eine Kollegin fragen, wie sie mit der verunsichernden Situation umgehen würde, oder das Thema in die kollegiale oder externe Supervision tragen.

Eine weitere Hilfe ist, den Gesprächseinstieg gut zu planen, wofür im Folgenden Anregungen gegeben werden. Allen Eventualitäten eines Gesprächs kann freilich durch Planung nicht vorgebeugt werden. Für den Gesprächsverlauf gerade bei kontroversen Themen ist es dann wichtiger zu bedenken, dass das übergeordnete Ziel von Interventionen in Frühförderung und Kindergarten – Eltern zu stärken und zu unterstützen – nicht aus den Augen verloren wird. Dies wird mit Konfrontationen, Ermahnungen oder Ratschlägen nicht gelingen, und das Vorhalten von Erziehungsfehlern wie Ablehnung, Überbehütung oder Verwöhnung verbietet sich von selbst. Es ist immer zu bedenken, dass Eltern von Kindern mit Entwicklungsstörungen wegen der noch unklaren Diagnose immer beunruhigt, Eltern von behinderten Kindern im Bewältigungsprozess sind und deshalb manche Mitteilungen nicht oder noch nicht annehmen können. Gerade wenn es um Meinungsverschiedenheiten oder heikle Themen geht, sollten die Äußerungen der Fachperson Respekt und Interesse ausdrücken.

So kann man sich vornehmen, vor allem neugierig auf das zu achten, was man mit seinem Beitrag auslöst, wer was entgegnet, welche Argumente vorgebracht werden, welche Stimmung entsteht, ob man Abwehr, Angriff, Kränkung, Trauer, Anpassung, Kritik, Konflikt oder Einverständnis auslöst, ob sich Fronten auftun oder alles im Sande verläuft. Man wird also den strittigen Punkt zur Sprache bringen, sich aber nicht unter Leistungsdruck setzen, damit schon Veränderungsprozesse in der Familie in Gang setzen zu wollen. Vielleicht hilft es sogar, sich vorzunehmen, so wenig wie möglich zu erwarten, um völlig offen für das zu sein, was sich im Gespräch entwickelt. Zur eigenen Entlastung könnte man sich sagen, dass nichts gelingen muss und dass man gerade einen ersten Versuch unter vielen folgenden gestartet hat.

Elterliches Verhalten oder Erziehungsmethoden ansprechen

Es gibt viele Möglichkeiten, in das Gespräch einzusteigen. Manchmal findet sich ein Aufhänger aus dem gerade laufenden Gespräch, mit dem man auf das heikle Erziehungs- oder Interaktionsthema überleiten kann, manchmal kann man ein Ereignis aus der aktuellen Interaktion aufgreifen.

Explorieren

5.1 „Warum haben Sie das eigentlich verboten?"; „Wofür genau belohnen Sie ihn jetzt?"

5.2 „Wie sind Sie denn mit Ihrem Umgang mit ihm zufrieden?"; „Was fällt Ihnen leicht … Was schwer?"

5.3 „Ich mache mir Gedanken, wieso Sie ihn so weit von sich weg halten … das würde ich gerne noch genauer verstehen."

5.4 „Wie geht denn Ihr Mann mit ihr um?"; „Wie macht es denn die Oma?"

5.5 „Was wäre, wenn Ihr Kind dann mal etwas länger heult, wenn es nicht gleich fernsehen darf? Was wäre, wenn Sie nicht sofort auf sein Kopfschlagen reagierten? Wenn Sie ihr die Puppe nicht sofort wieder aufheben?"

Als Gesprächseinstieg kann man eigene Beobachtungen zum Erziehungs- oder Interaktionsverhalten ins Spiel bringen und weiter explorieren, etwa Bedingungen, Kontexte und Ursachen elterlicher Verhaltensweisen erhellen (5.1). Die Fachperson fragt interessiert nach und signalisiert damit ihren Wunsch, die Situation zu verstehen. Zwangsläufig wird die Elternperson in ein Gespräch gezogen und angeregt, sich Gedanken über Motive und Konsequenzen ihres Verhaltens zu machen. Mit 5.2 wird der emotionale Kontext erfragt, in dem das Erziehungsverhalten aufgetreten ist. Dies kann zu einem Gespräch über die gefühlsmäßige oder familiäre Situation der Elternperson und damit zu weiteren Ursachen des beobachteten Erziehungsverhaltens führen. Die Fachperson kann auch ihre eigene Neugier ganz in den Mittelpunkt stellen (5.3). Ein in Frage stehendes Erziehungsverhalten kann auch im Hinblick auf andere Familienmitglieder reflektiert werden (5.4). Hier würde man explorieren, wie andere Familienmitglieder mit dem Kind, der Situation umgehen, und auf diese Weise den Verhaltenshorizont des Gesprächspartners zu erweitern suchen.

„Was wäre wenn"-Fragen regen die Fantasie an und ermöglichen einen Blick in die Zukunft unter anderen Bedingungen. Sie erlauben vor allem, aktuelle Befürchtungen und Sorgen der Eltern kennenzulernen, die die Motive darstellen, die alternative Verhaltensweisen zurzeit verbieten (5.5). Eher ungünstig, weil zu kompliziert um drei Ecken gedacht und deshalb nicht für jedermann verträglich, sind explorierende Fragen der Art: „Was müssten Sie tun, um das hyperaktive Verhalten noch zu steigern?" Hier will man in der paradoxen Übersteigerung das Bedingungsgefüge des kritischen Verhaltens bewusst machen.

Gemeinsame Aufgabe

5.6 „Wollen wir mal gemeinsam überlegen, wie wir …?"
5.7 „Ich weiß nicht, wie Sie das sehen, wenn es immer wieder … wenn Sie das so machen … Sollen wir mal nach Alternativen suchen?"

Die Formulierung des Themas als gemeinsame Aufgabe entschärft die Situation und verringert die Befürchtung, es gehe um Schuldverteilung. Die Fachperson begibt sich auf die gleiche Ebene und bezeichnet auch sich selbst als eine Suchende, die auf die Zusammenarbeit mit den Eltern angewiesen ist (5.6 bis 5.7).

Konkretisierende Anteilnahme

5.8 „Ich versuche zu verstehen, was passiert, wenn Sie so ärgerlich mit dem Kind werden."
5.9 „Ich habe gesehen, dass Sie sich so stark auf das Kind konzentrieren, und habe mich gefragt, wie Sie das wohl erleben, wie das wohl für Sie ist?"
5.10 „Ich habe jetzt schon öfters beobachtet, wie Sie gar nicht so recht reagieren, wenn das Kind Sie anlächelt, und ich frage mich, was Ihnen so durch den Kopf geht?"
5.11 „Ich finde sehr gut, wie Sie ihm die Grenzen zeigen, aber dann frage ich mich, warum Sie ihn nicht mal loben, wenn er lieb ist?"
5.12 „Wenn ich Sie recht verstehe, würden Sie Ihr Kind am liebsten immer beschützen."

Die dritte Möglichkeit, eine kritische Situation anzusprechen, kann als „konkretisierende Anteilnahme" bezeichnet werden. Hier versucht die Fachperson, das problematische Verhalten des Kindes oder der Eltern so genau wie möglich zu beschreiben und dabei deutlich ihren Wunsch zu betonen, Hintergründe und Motive für dieses Verhalten zu erfahren. Die in Frage stehenden Verhaltensweisen wird sie nicht bewerten, sondern vielmehr Verständnis und Bemühen ausdrücken. In verschiedenen Varianten (5.8, 5.9, 5.10) wird nach dem subjektiven Erleben der Eltern in dieser kritischen Erziehungssituation gefragt. Dabei wird entweder auf den Verstehenswunsch abgehoben (5.8) oder werden eigene Beobachtungen herangezogen (5.9, 5.10). Auch Eltern tut es gut, gelobt zu werden, gerade wenn ihr Verhalten in einer schwierigen Erziehungssituation zur Debatte steht (5.11). Sie erfahren so, nicht alles verkehrt zu machen, und können Anregungen dann leichter annehmen. Schließlich kann man deuten (5.12), um Hypothesen über mögliche Beweggründe aufzustellen und damit Diskussionen auszulösen. Diese Interpretationen sollten allerdings nicht zu weit hergeholt oder provozierend sein, um nicht zu konfrontieren und Abwehr hervorzurufen.

Alle Interventionen haben explorativen Charakter. Sie zielen darauf ab, das subjektive erlebnismäßige Umfeld des schwierigen Erziehungsverhaltens zu erforschen, zu verdeutlichen und zu verstehen. Dabei steht die Suche nach alternativen Umgangsformen gar nicht im Vordergrund.

Virtueller Rollentausch

5.13 „Wenn ich mich in Sie hineinversetze und mein Kind schlägt mir so ins Gesicht, da würde ich aber richtig wütend werden … Sie gar nicht?"

5.14 „Wenn ich immer so von morgens bis abends voller Energie wäre, mein Kind zu fördern – irgendwann wäre dann bei mir der Ofen aus … dann wär ich erschöpft!"

5.15 „Wenn ich mir die Situation so aus Ihren Augen anschaue, dass er sich immer noch nicht aufrichten kann – ich glaube, ich würde sehr traurig sein."

5.16 „Ich sehe Sie immer so abwartend – ich hätte mal Lust, so richtig mit dem Kind herumzutoben!"

5.17 „Für mich wäre es sehr schwierig, jetzt gerade zu verstehen, was er will!"

Im virtuellen Rollentausch besteht die Möglichkeit, mitzuteilen, was man spürt oder wahrnimmt, als stecke man in der Haut der Gesprächspartnerin. Die Fachperson macht in ihrer Formulierung deutlich, jetzt in die Rolle der Mutter zu schlüpfen und nicht nur einfach das zu äußern, was sie aus ihrem distanzierteren Blickwinkel erlebt. Dadurch wird das Konfrontative der Äußerung etwas gemildert, und die Eltern können ihre Perspektive mehr gewürdigt sehen (5.13, 5.14). Man versucht, den Eltern etwas nahezubringen, was ein anderer, in diesem Fall man selbst, in ihrer Situation empfindet, ohne es ihnen aufzudrängen (5.15). Äußerungen ohne den ausgesprochenen

Bezug auf diesen Rollentausch (5.16, 5.17) können diesen Impuls auch geben, unterliegen aber leichter der Gefahr, als Vorhaltung oder Kritik missverstanden zu werden.

Respektierende Selbsteinbringung

5.18 „Ich finde es schade, manchmal mitzuerleben … zu spüren, dass es Ihnen und Ihrem Kind nicht so gut geht, wie Sie es vielleicht gerne wollen?"

5.19 „Ich mache mir manchmal Sorgen, wie es Ihnen damit geht, wenn Sie … und da würde ich mich ziemlich … fühlen."

5.20 „Ich würde ganz hektisch, und da bewundere ich Sie, immerzu hinter dem Kind herzulaufen."

5.21 „Ich habe jetzt so vieles probiert – aber jetzt bin ich mit meinem Latein am Ende. Ich weiß nicht mehr, wie ich ihm helfen kann – "

5.22 „Ich brauche die Mitarbeit eines Psychologen, um selbst in meiner Arbeit sicherer zu werden."

Respektierende Selbsteinbringung bedeutet, vom inneren Erleben der eigenen Person auszugehen und es für den anderen in Worte zu fassen. Das können Gefühle, Vorstellungen, Absichten oder Erkenntnisse sein. Das Eingeständnis, etwas nicht zu verstehen, eigene Betroffenheit oder ein Gedanke zu einer Erziehungsmaßnahme können darunterfallen. Allen Formulierungen ist gemeinsam, dass sie Ich-Botschaften sind – die Fachperson spricht etwas aus ihrer Perspektive an. Sie lässt anklingen, dass von ihrer Wahrnehmung und damit von ihrer persönlichen Auffassung die Rede ist. Sie vermeidet Verallgemeinerung und Bewertung und will durch ihr Erleben einen Anstoß zur Selbsterforschung des Gesprächspartners geben. Dies ist der Fall bei 5.18, wo ganz behutsam möglicherweise vorhandene Trauer bzw. der Bewältigungsprozess thematisiert wird oder Anteil nehmend eine erzieherisch belastende Situation in den Mittelpunkt gerückt wird (5.19, 5.20). Wenn die Selbsteinbringung das elterliche Verhalten auch noch positiv bewertet (5.20), können sich Eltern manchmal leichter von ihrem eigenen Verhalten distanzieren, weil sie sich ja weder bevormundet noch gedrängt fühlen.

Mit selbsteinbringenden Äußerungen können weiterhin sehr gut mangelnde Fördererfolge angesprochen werden (5.21). Sobald die Fachperson die Grenzen ihres Tuns, des von ihr Machbaren anspricht, finden sich beide Parteien auf der gleichen Ebene wieder, denn das Ohnmachtsgefühl kennen die Eltern schon lange. Diese Erfahrung kann wichtig und heilsam sein und dazu führen, die Erwartungen zu senken oder gemeinsam andere Förderschritte zu erwägen. Wenn die Fachperson weitere Hilfe braucht, darf sie das auch fordern (5.22). Sie umgeht damit das Thema der Schuldzuweisung, das sich bei Eltern gleich einstellt, wenn ihnen der Gang zum Psychologen nahegelegt wird. Zudem hat die Therapeutin einen persönlichen Wunsch geäußert, den man ihr nicht abschlagen kann. Wer wird hierauf schon antworten: „Nein, *Sie* brauchen diese Unterstützung nicht!"?

Positive Hervorhebung

5.23 „Ich finde es super, wie Sie sich heute zurückhalten, wenn X die Kugeln umherrollt!"

5.24 „Jetzt haben Sie es schon dreimal in dieser Stunde ausgehalten, dass Y keine Lust mehr hatte, und Sie haben nicht geschimpft!!"

5.25 „Sie haben heute genau mitgekriegt, was X wollte, und Ihnen ist sofort etwas eingefallen, ihm das möglich zu machen!"

Schließlich lassen sich positive, adäquate, kindgerechte Handlungen, die man beobachtet, kontinuierlich und konsequent hervorheben, anstatt immer wieder ungünstige erzieherische Verhaltensweisen anzusprechen (5.23 bis 5.25). Mit dieser Technik positiver Hervorhebung hofft man, Eltern Orientierungen zu geben, ohne Vorwürfe zu äußern und damit Kränkung zu riskieren. Gut kombinieren lässt sich diese Strategie mit der Intervention, die Eltern zu entspannten Spielinteraktionen mit ihrem Kind zu ermuntern. In diesen bestehen keine Erwartungen außer der, eine gemeinsame Plattform des Miteinanderspielens zu finden, sich von den Aktivitäten und Anregungen des Kindes leiten zu lassen, seine Aktivitäten nachzuahmen oder einfach abzuwarten und zu beobachten.

Humorvolle Provokation

5.26 „Frau Maier, wir kennen uns jetzt schon so lange und immer wieder denk ich bei mir, warum ist sie nur so ängstlich mit dem Buben?! Was mag sie für einen Grund haben?"

5.27 „Frau Müller, wir beide passen jetzt mal total auf, ob sie wirklich hinfällt, aber Sie springen nicht immer hin, wenn sie so unsicher herumwackelt!"

5.28 „Ich glaube, Sie können sie jetzt ruhig auf den Arm nehmen, wenn die so schreit. Ich glaub, nur noch die Mama kann sie jetzt trösten!"

5.29 „Wenn Sie so weitermachen, haben Sie Ihren Sohn noch mit zwölf Jahren im Ehebett liegen!"

5.30 „Wenn ich Ihre Tochter wäre, hätte ich schon längst gesagt: Mama, jetzt kümmere dich mal mehr um dich!"

Bevor zum Mittel direkter Konfrontation gegriffen wird, ist in manchen Fällen ein Versuch mit humorvoller Provokation wert (5.26 bis 5.30). Diese wäre dann eine freimütigere, vielleicht auch frechere Gangart, die sich allerdings nur auf dem tragfähigen Boden einer guten persönlichen Arbeitsbeziehung mit den Eltern verwirklichen lässt. Nicht zu unterschätzen ist, dass sich die Fachperson mit lockeren, humorvoll-provozierenden Bemerkungen auch selbst zu erkennen gibt, da sie ihre Intention (5.27, 5.28) oder eigene Erziehungsideale (5.29, 5.30) verrät. Deshalb verlangt diese Intervention Selbstsicherheit und Standfestigkeit, um genauso geradlinige Antworten und etwaige unverblümte Gegenkommentare zu verkraften. Man wird großartige Treffer landen, genauso gut aber auch Bauchlandungen machen können.

Konfrontation

5.31 „Wir haben jetzt schon mehrfach darüber gesprochen, wie Sie beim Spielen am besten den Blickkontakt mit ihm aufnehmen können – aber ich sehe, dass es Ihnen immer noch schwerfällt, das umzusetzen. Woran liegt das denn?"

5.32 „Ich habe das Gefühl, Sie kommen einfach nicht damit klar, dass sie nicht so schnell reagiert. Ist da was dran?"

5.33 „X ist geistig behindert – aber Sie sprechen so mit ihm, als könne er alles verstehen! Er kann nicht so viel Sprache aufnehmen, das ist für ihn zu kompliziert!"

5.34 „Wir hatten nach einem langen Elterngespräch verabredet, dass Sie … Aber Sie haben sich nicht daran gehalten! Wie soll ich das verstehen? Möchten Sie nicht mit mir zusammenarbeiten?"

5.35 „Sie haben die Stunde jetzt schon dreimal hintereinander unentschuldigt abgesagt. Ich kann so nicht mit Ihnen weiterarbeiten!"

5.36 „X kommt wieder jeden Tag ungepflegt in den Kindergarten. Jetzt hat er zum zweiten Mal Läuse. Die Sauberkeit muss besser werden. Ich möchte gerne, das Sie sich vom Jugendamt helfen lassen! Ohne den Weg zum Jugendamt kann ich nicht weiter mit Ihnen arbeiten. Ich helfe Ihnen gerne dabei, den Kontakt …"

5.37 „Wir möchten heute ein ernstes Thema mit Ihnen ansprechen, weil wir uns große Sorgen um X machen. Es hat uns alarmiert, dass X neulich … Es scheint so zu sein, dass X Gewalt erlebt. Was ist Ihnen dazu aufgefallen?"

In Frühförderung und Kindergarten wird es ferner Gesprächsanlässe geben, in denen eine Konfrontation unumgänglich ist. Die Fachperson stellt ihre Ansicht unmissverständlich dar und erzwingt so eine Auseinandersetzung mit ihr. Mit dieser Gegenüberstellung will sie den Gesprächspartner dazu bewegen, sein Verhalten zu ändern, seine Position aufzugeben oder ernsthaft einen Kompromiss zu suchen. Anders als bei den bereits beschriebenen Gesprächstechniken stehen sich die Teilnehmer hier wie Gegner gegenüber, wobei die Fachperson angreift, kritisiert oder Druck macht und der Elternteil sich verteidigt. Die Beziehung gerät damit unter Spannung, und das Vertrauen wird beschädigt, wenn nicht zerstört. Selbst wenn Eltern schnell nachgeben und wieder Friede einkehrt, ist nicht gesagt, dass das frühere Einvernehmen wiederhergestellt ist. Insofern sollte nur dann konfrontiert werden, wenn die Beziehung Konflikte verträgt oder wenn keine Alternative besteht.

Vergleichsweise sanft und einfühlsam tut die Fachperson ihre Beobachtung in 5.31 kund, so dass sich die Eltern vermutlich nicht sehr bedrängt fühlen. Konfrontationen setzen keinen schroffen oder aggressiven Umgangston voraus, sie können auch freundlich und sachte vorgetragen werden. Man muss allerdings darauf achten, auch wirklich Antworten auf die gestellten Fragen zu bekommen und das Thema nicht aus den Augen zu verlieren. Die Formulierung 5.32 klingt fordernder, elterliches Verhalten wird interpretiert. Die Bestimmtheit der Äußerung wird dadurch abgemildert, dass die Fachperson von ihrem subjektiven Empfinden ausgeht und ihre Deutung nicht als objektiv gegeben hinstellt („Es wird immer deutlicher, dass Sie …"). Im nächsten Satz benutzt die Fachperson die Diagnose, um der Mutter vor Augen zu halten, wie ihre sprachliche Zuwendung beim Kind ankommt (5.33). Im nächsten Beispiel hält die Fachperson den Eltern vor, gemeinsam gefasste Beschlüsse nicht einzuhalten (5.34). Sie bietet an, mit ihnen gemeinsam nach den Gründen zu suchen, und eröffnet damit die Möglichkeit, den Beschluss zu revidieren und damit besser an die familiäre Situation anzupassen. Sie deutet aber auch ein eventuelles Beziehungsproblem an und erleichtert den Eltern, sich zu beschweren. Sie gibt damit zu erkennen, dass sie selbst und ihre Arbeit diskutiert werden dürfen.

Mit 5.35 werden Eltern aufgefordert, Rechenschaft über ein Versäumnis abzulegen. Der Ton der Äußerung ist kühl und sachlich, im letzten Satz setzt die Fachperson sich selbst als Druckmittel ein. Sie droht den Eltern, ggf. auf ihre Mitarbeit verzichten zu müssen. Mit der Äußerung scheint die Fachperson ihren Ärger loswerden zu wollen, es kommt nun darauf an, wie sie fortfährt. So kann sie das Setting mit den Eltern erörtern („Sind Ihnen die Termine zu häufig? Wie wäre es Ihnen denn lieber?") und eventuell ändern. Sie kann eine Ursachenforschung anschließen („Was macht es Ihnen denn so schwer, hierherzukommen? Wollen Sie die Termine nicht mehr? Sind Sie unzufrieden mit meiner Arbeit?"); sie kann versuchen, die Eltern auf das gemeinsame Ziel zu verpflichten, indem sie ihre Notlage darstellt („Mein Ziel, X so gut wie nur möglich zu fördern, wird für mich schwer, wenn Sie unsere Verabredungen nicht einhalten!"); oder sie kann ein Ultimatum stellen („Entweder Sie kommen nun zu den vereinbarten Terminen oder wir müssen die Förderung abrechen. Was wollen Sie?"). Letzteres sollte sie nur dann tun, wenn ihr mit den Konsequenzen ernst ist und sie dieser Maßnahme eine gewisse Chance einer Verhaltensänderung gibt.

Keine Alternative mehr lässt 5.36 zu. Die Fachperson hat eine konkrete Vorstellung, auf welche Weise der Familie geholfen werden muss, und präsentiert ihr klipp und klar die Vorgabe, ohne die keine Förderung mehr stattfindet. Da sie die Eltern trotzdem nicht vor den Kopf stoßen und den Kontakt zu ihnen erhalten will, bietet sie ihre Hilfe beim Umgang mit dem Jugendamt an. Am besten erklärt sie nun gleich die einzelnen Schritte, so dass sie die Eltern dann fragen kann, was sie von dem ganzen Prozedere halten („Jetzt wissen Sie in etwa, wie man das mit dem Jugendamt macht. Welche Fragen haben Sie denn dazu? Wie kann ich Ihnen denn noch helfen?"). Damit relativiert sie den Sanktionscharakter der Intervention und lässt das Unterstützende stärker hervortreten.

Ein besonderer Fall ist gegeben, wenn ein Verdacht auf Kindeswohlgefährdung durch Misshandlung oder Missbrauch besteht (5.37). Hier muss unmissverständlich der Schutz des Kindes im Vordergrund stehen. Andererseits dürfen aber auch die ebenfalls schutzbedürftigen Bindungen des Kindes an seine Eltern nicht übergangen werden. Hier sollte die Fachperson nicht alleine, sondern gemeinsam mit einem Netzwerk anderer, mit der Familie betrauter Helfer handeln. Dazu sollte auch der Kinderarzt und das Jugendamt gehören. Eine gute Lösung ist immer dann gegeben, wenn das Kind zur Entwicklungsdiagnostik vorübergehend stationär aufgenommen werden kann. Somit hat man sich, ohne den Verdacht auf Missbrauch verfrüht äußern zu müssen, Gelegenheit zur genaueren Beobachtung gegeben und zugleich den Schutz des Kindes garantiert.

Dialog 11: Ansprechen von Gewalt. Eine Vierjährige erzählt im Sprachheilkindergarten, sie werde zu Hause auf den Mund geschlagen, wenn sie nicht richtig spreche („Papa böse – haut Mund"). Die Erzieherin (ER) will die Situation des Kindes zu Hause nicht verschlimmern, andererseits das Kind aber auch schützen. Sie hat beide Eltern zu einem Gespräch eingeladen.

> **ER:** „Hallo, Frau Y, Herr Y – schön, dass Sie zum Gespräch kommen konnten. Ich wollte heute wieder einmal über die Fortschritte reden, die ihre Tochter bei uns macht ... Was gibt es denn Neues aus Ihrer Sicht über Y zu berichten? Wie macht sie sich denn mit dem Sprechen?"
>
> **Mutter:** „... und eigentlich bin ich ganz zufrieden ... wenn man bedenkt, wie wenig sie noch vor einem Jahr geredet hat!"
>
> **Vater:** „Ich bin auch ganz zufrieden."
>
> **ER:** „Welche Wünsche haben Sie denn für die weitere Förderung?"
>
> **Mutter:** „Ich hoffe fest, dass sie bis zur Einschulung im Sprechen aufgeholt hat, damit sie in die Regelschule gehen kann!"
>
> **Vater:** „Aber das ist ganz klar, dass sie die normale Schule besucht! Da gibt es gar nichts anderes!"
>
> **ER:** „Das sind schon hohe Erwartungen und – das macht auch eine ganze Menge Spannung in der Familie?!"

Mutter: „Na ja, bei mir vielleicht weniger – (schaut zu ihrem Mann) – aber mein Mann ist manchmal sehr ungeduldig –"

ER (zum Vater): „Was macht Sie denn so ungeduldig?"

Vater: „Also – ich – na ja, wenn sie immer noch so wenige Worte aneinanderreiht – dann – also dann denke ich –"

Mutter: „ – dann denkst du, das wird nie was!"

Vater: „Ja."

ER: „Das ist für Sie ganz schwer auszuhalten, dass es so langsam dauert mit dem Sprechenlernen. Da werden Sie ganz unruhig?"

Vater: „Das ist gar kein Ausdruck!"

ER: „Da sehen Sie rot?"

Vater: „Ja."

Mutter: „Es ist nicht einfach für meinen Mann. Er liebt die Kleine über alles und dann das mit diesem Sprechen! Er kann einfach nicht darüber hinwegkommen, dass sie so spricht."

ER: „Da können Sie manchmal auch nicht anders, als zu brüllen – oder es rutscht Ihnen die Hand aus?"

Vater: „Ja."

Mutter: „Aber es passiert wirklich sehr selten! Und es tut ihm wirklich leid hinterher!"

Die Fachperson wählt hier einen indirekten Einstieg. Ihr Vorgehen zielt darauf ab, die Eltern zu bewegen, ihre Gedanken zu äußern, ihr Befinden und letztendlich ihr ungünstiges Erziehungsverhalten selbst anzusprechen und damit zum Diskussionsthema zu machen. Die Erzieherin beginnt also mit einem vergleichsweise harmlosen, die Eltern aber interessierenden Thema (Fortschritte) und lenkt dann zu den elterlichen Erwartungen über, um damit zu etwaigen Enttäuschungen oder Ärger zu kommen. Allmählich schält sich bei diesem Thema heraus, dass insbesondere der Vater sehr unter Druck steht. Schließlich bietet sich an, als folgerichtige Steigerung nach „Ungeduld" und „rot sehen" als elterliche Reaktion das „Brüllen" und das „Handausrutschen" anzubieten. Der Vater gibt es zu, und das Thema Gewalt ist auf dem Tisch. Hätte er es geleugnet, hätte man etwa mit dem Widerstand gehen können („Obwohl Sie sich innerlich über Y aufregen, gelingt es Ihnen, sich zusammenzureißen und sich nichts anmerken zu lassen!"; „Ich bewundere Sie, dass Sie so beherrscht bleiben können, wo Sie doch Ys Sprachstörung so ärgert!"), bis er einräumt, dass es doch nicht ganz einfach für ihn ist. Bei hartnäckigem Abstreiten könnte man von einem fiktiven Fall erzählen, in dem der Vater das Kind geschlagen hat, und welche negativen psychischen Folgen dies für das Kind hatte. Damit könnte er stellvertretend erfahren, wie gefährdend seine Erziehungspraktik ist.

ER: „Da verlieren Sie einfach die Nerven und dann schlagen Sie zu – "

Vater: „Ja. Das ärgert mich dann so, dass sie sich nicht richtig anstrengt und immer noch so redet!"

ER: „Was genau stört Sie denn daran? Was geht Ihnen denn dann durch den Kopf?"

Vater: „Ja, ich denke dann immer, sie muss das doch lernen, so geht das doch nicht weiter, so schafft sie es nie in die richtige Schule zu kommen, das geht alles schief!"

ER: „Sie wollen, dass sie unbedingt in die normale Grundschule kommt?"

Vater: „Ja! Eine Sonderschule kommt nicht in Frage!"

ER: „Heute heißen sie Förderschulen, weil man – "

Vater: „– Das ist mir egal! Auf keinen Fall! Mein Kind geht auf keine Sonderschule!"

Mutter: „So weit sind wir doch noch gar nicht." (zur Erzieherin) „Er denkt immer an die Schule, er macht sich jetzt schon verrückt."

ER (zum Vater): „Es ist unerträglich für Sie, dass Sie so gar nichts machen können, um Ys Sprachentwicklung voranzutreiben. Man ist da so hilflos."

Vater: „Ja. Man kann nur abwarten, und es geht einfach nicht voran."

ER: „Ich verstehe, dass es Sie ganz fürchterlich belastet, in welche Schule Y kommt. Wir sollten einmal ausführlich darüber reden, welche Möglichkeiten es gibt – obwohl es wirklich noch nicht so weit ist und Y sich noch ganz anders entwickeln kann. Sollen wir das trotzdem mal machen?"

Ist die Gewalttätigkeit einmal angesprochen, kann man das Gespräch in die Richtung lenken, mehr über die Not des Vaters zu erfahren, sich zu beherrschen („Was macht es Ihnen so schwer, sich zu kontrollieren?"; „Was wollen Sie da eigentlich treffen, wenn Sie drauflosschlagen?"), wie es ihm damit geht, sein Kind zu schlagen („Und immer tut es Ihnen danach selbst weh, wenn Sie Y so geschlagen haben"), oder wie man ihn stärken könnte („Welche Hilfe brauchen Sie, um sich besser im Griff zu behalten?"; „Was müsste sich ändern, damit Sie weniger Stress mit Y haben?"; „Ihre Hand ist schon viel weniger ausgerutscht als letzten Monat!"; „Was hat Ihnen geholfen, sich mehr zu beherrschen?"). Man kann den Vater auch bitten, so genau wie möglich zu beschreiben, was in ihm vorgeht, wenn er so wütend ist („Welche Gedanken gehen Ihnen durch den Kopf? Welche Bilder? Was sehen Sie, hören Sie?"). Vor allem sollte die Frage gestellt und besprochen werden, wie die Mutter oder andere Familienmitglieder den Vater unterstützen können, sich zu bremsen.

Im beschriebenen Fall wendet sich die Fachperson der inneren Not des Vaters zu. Sie akzeptiert seine psychische Situation, nicht die Handlung. Da sie sein Verhalten nicht bewertet, öffnet sich der Vater. Seine größte Sorge scheint die drohende Einschulung seiner Tochter in die Förderschule zu sein, gegen die er im wahrsten Sinne des Wortes mit Gewalt ankämpft. Sie drückt ihr Mitgefühl für sein Dilemma aus und entschließt sich, zum Schulthema noch weiter zu informieren, weil sie annimmt, sie könne vielleicht im Vorfeld Bedenken zerstreuen und damit entlasten.

Alles Mitgefühl wird nicht darüber hinwegtäuschen, dass die Erwähnung einer Misshandlung konfrontiert („Ihr Sohn hatte blaue Flecken. Wie kommt er dazu?"; „Ihre Tochter erzählt, Sie hätten sie geschlagen. Was ist denn passiert?"). Dabei kann man die eigene Sorge durchscheinen lassen (5.37) oder gleich nach den Gründen fragen („Was hat Sie dazu gebracht, die Kontrolle zu verlieren und X zu hauen?"). Die Schuldfrage steht im Raum – man kann darauf hinweisen, dass man niemanden verurteilen, sondern vielmehr verstehen wolle, aus welchen Gründen es zu Übergriffen kommt, und Mittel finden möchte, diese zu verhindern („Ich kann verstehen, dass man sich manchmal nicht anders zu helfen weiß und dass dann die Sicherung durchbrennt. Das ist menschlich – aber es geht trotzdem nicht. Man muss sich im Griff halten, man darf sich nicht gehen lassen, das Kind zu schlagen. Es zerstört das Kind und ist verboten und strafbar!"). Wenn Eltern verstehen, dass man sie nicht beschämen möchte, sondern aus der Sorge um das Kind heraus handelt, lassen sie sich vielleicht darauf ein.

Verwahren sich die Eltern gegen die Vorwürfe (Vater: „Das ist eine Unverschämtheit! Das lasse ich mir von Ihnen nicht sagen! Ich zeige Sie wegen Verleumdung an!"), kann man Verständnis für die Reaktion zeigen, die eigenen Beweggründe aber dagegensetzen („Ich kann verstehen, dass Sie auf mich sauer sind, wenn ich Ihnen vorhalte, Sie würden Ihr Kind schlagen. Es ist aber meine Pflicht, Sie darauf anzusprechen, wenn ich etwas in der Richtung höre."). Lässt sich kein Gespräch anschließen, sollte man seinen Standpunkt noch einmal klar darlegen („Erziehung ist so stressig, dass ich gut verstehen kann, dass einem die Gäule durchgehen – ich weiß das. Wenn das der Fall ist, muss man sich zusammensetzen, drüber reden und die Situation entspannen. Das biete ich Ihnen ausdrücklich an! Draufhauen ist verboten und wird nicht akzeptiert! Wenn Sie meinen, so etwas passiert bei Ihnen zu Hause nicht, dann gut. Wir werden aber gut auf das Kind achten, wie es sich verhält und entwickelt"). Damit hat die Erzieherin ihre Hilfe angeboten und ihre Wachsamkeit angekündigt. Sie kann die Drohung noch verstärken, indem sie auf ihre Pflicht verweist, weitere Vorkommnisse dem Kinderarzt oder Jugendamt zu melden.

Dialog 12: Sozialer Brennpunkt. Eine Frühförderin (FF) ist auf Hausbesuch bei einer Familie aus dem sozialen Brennpunkt, um mit einem allgemein entwicklungsverzögerten Dreijährigen zu arbeiten. Mutter und Kind sind ungewaschen, ungepflegt und verbreiten unangenehmen Körpergeruch. Schließlich erscheint der Vater in Unterhosen und setzt sich dazu. Die Pädagogin fühlt sich unwohl.

> **FF:** (zum Vater): „Ich finde es gut, dass Sie uns heute zuschauen und sich informieren, was ich mit Ihrem Sohn mache. Aber ich möchte Sie bitten, sich dafür etwas anzuziehen."
>
> **Vater:** „Den X stört es nicht. Zu Hause laufen wir immer so rum."
>
> **FF:** „Aber mich stört es. Ich mag es lieber, wenn die Leute richtig angezogen sind, mit denen ich beruflich zu tun habe."
>
> **Vater:** „Ich lenke Sie wohl ab?"
>
> **FF:** „Sie haben recht: Es stört mich, und ich wünsche mir, dass Sie richtig angezogen sind, wenn Sie dabei sein wollen – was ich sehr gut finden würde. Ich gehe jetzt mal fünf Minuten vor die Tür und komme dann wieder rein." (steht auf und geht)
>
> **Vater:** „Warten Sie, ich geh ja schon." (verlässt das Zimmer)
>
> **FF:** „Danke, bis gleich!"

Diese peinliche Situation muss die Pädagogin nicht aushalten. Sie spricht sie an, indem sie geschickt mit einem Lob beginnt und ihren Wunsch in Form einer Bitte folgen lässt. Damit hat sie trotz ihrer Zwangslage einen höflichen Umgangston angeschlagen und eine freundliche Atmosphäre geschaffen. Ihr Gesprächspartner möchte noch etwas provozieren, aber sie lässt sich nicht beirren. Sie begründet ihren Wunsch mit dem eigenen Gefühl und nicht mit allgemeinen Floskeln („Das gehört sich nicht! Das macht man nicht!"). Sie spricht von sich und macht mit jedem Satz deutlich, was sie will. Mit ihrer Lösung, den Raum zu verlassen, macht sie ein optimales Manöver, weil sie damit gleichzeitig Druck auf den Vater ausübt und sich der für sie peinlichen Situation entzieht. Wenn der Vater einen Machtkampf beginnt, sollte die Fachperson konsequent sein, erklären, dass sie unter diesen Umständen nicht arbeiten könne, und gehen. Hier hat der Vater eingelenkt, so dass sie mit ihrem „Bis gleich" ausdrücken kann, ihm nichts nachzutragen und seine Rückkehr zu begrüßen.

> **FF:** (zur Mutter): „Wir machen heute mal eine Stunde zur Kinderpflege. Fangen wir doch gleich damit an, ihm Gesicht und Hände zu waschen."
>
> **Mutter:** „Aber er ist doch sauber!"
>
> **FF:** „Nein. Er hat hier irgendetwas Klebriges und im Gesicht diese Flecken. Ich würde gerne mitgehen und schauen, wie er mitmacht."
>
> **Mutter:** „Der macht immer Theater. Das können Sie gleich vergessen."
>
> **FF:** „Und wenn der Vater mit ihm geht?"
>
> **Mutter:** „Hm. Dann ist's besser. Er hat Respekt vor ihm."
>
> **FF:** „Gut. Warten wir, bis der Vater wiederkommt, und dann gehen die beiden Hände waschen. Was gibt es denn für Theater, wenn Sie ihn waschen wollen?"
>
> **Mutter:** „Er will nicht. Er zappelt und schreit."
>
> **FF:** „Und was machen Sie?"

Mutter: „Ich halte ihn dann fest und halte ihm die Hände unter das Wasser."

FF: „Dann gibt das so einen Kampf!"

Mutter: „Genau. Ein richtiger Krieg ist das. Der fängt ja schon an zu brüllen, wenn er das Waschbecken sieht!"

FF: „Gut. Versuchen wir's doch mal mit einem Waschlappen. Sie gehen mit ihm nicht ins Bad, damit er kein Waschbecken sieht und Panik kriegt. Wir üben das gleich mal. Holen Sie mal den Lappen her und sagen ihm: ‚So, jetzt machen wir ein bisschen sauber und … Er soll sich ja auch nicht erschrecken."

Mutter: „Ob das klappt?"

FF: „Wir kriegen das schon hin! Ach ja, und ich würde mir wünschen, dass Gesicht und Hände gewaschen sind, wenn ich komme – oder soll ich helfen?"

Mutter: „Das schaff ich nicht!"

FF: „Wir machen das erst mal zusammen, und dann klappt es auch, wenn Sie's allein machen!"

Richtigerweise beauftragt die Fachperson die Mutter nicht, dafür zu sorgen, dass der Mann die Anstandsregeln wahrt („Bitte sorgen Sie dafür, dass das nicht mehr vorkommt"). Sie kann nicht einschätzen, was sie der Frau damit aufbürdet und welche Konflikte zwischen den Eheleuten entstehen. Stattdessen wendet sie sich direkt der zweiten Problemlage zu. Anstatt über Sauberkeit zu diskutieren („Wir sollten uns mal unterhalten, wie sauber ein Kind sein sollte"), startet sie mit einem praktischen Vorschlag und bezieht sich selbst ein. Es klingt so, als übernehmen Mutter und Fachperson gemeinsam die Verantwortung („Fangen *wir* …"). Das kann überheblich klingen, hier wird die Mutter jedoch nicht bloßgestellt, sondern durch Mittun beispielhaft angeleitet. Die Fachperson exploriert freundlich, aber beharrlich, fragt ganz konkret nach, was passiert, wer was macht, und lässt sich nicht von der Resignation der Mutter anstecken. Schließlich präsentiert sie eine Idee, ermutigt die Mutter und sichert ihr Hilfe zu. Sie gibt damit der verunsicherten und widerstrebenden Mutter das Gefühl, es nicht allein schaffen zu müssen, sondern eine gemeinsame Aufgabe vor sich zu haben.

Insgesamt ist es der Fachperson gelungen, eine schwierige zwischenmenschliche Situation zu meistern. Sie hat ihr Gefühl ernst genommen und gemerkt, dass sie sich gestört fühlt und in dieser Lage nicht fachlich arbeiten kann. Sie hat diese Störungen sofort thematisiert, um für sich eine stabile Basis wiederherzustellen. Mit dieser familienzentrierten Intervention hat sie den Eltern einen Bezugsrahmen für Umgangformen und Standards von Kinderpflege gegeben.

Dialog 13: Zwischen Tür und Angel. Die Mutter eines sechsjährigen schwer mehrfachbehinderten Mädchens sucht häufig den Kontakt zur behandelnden Krankengymnastin (KG) des heilpädagogischen Kindergartens, um von ihren Sorgen, Ängsten und Belastungen zu sprechen. Oft sind dies Gespräche zwischen Tür und Angel, die die Kollegin in Zeitdruck bringen. Andererseits spürt sie die Not der Mutter und will ihr gerne helfen.

> **KG:** „Frau X, ich möchte heute mal was in eigener Sache ansprechen. Ich finde es toll, dass Sie mir so viel Vertrauen schenken und mir immer erzählen, was Sie bewegt und was Sie beschäftigt. Ich finde es sehr gut, wenn man darüber so offen reden kann. Auf der anderen Seite komme ich manchmal in Zeitnot, weil ich dann mein Programm mit Ihrer Tochter nicht fertigkriege oder schon mit einem Bein im nächsten Termin bin."
>
> **Mutter:** „Oh, Entschuldigung. Dann mach ich das nicht mehr!"
>
> **KG:** „Nein. So ist das nicht gemeint. Ich möchte das nur ansprechen, damit wir eine bessere Lösung finden."
>
> **Mutter:** „Ich dachte, Sie hätten Zeit für mich und es würde Sie auch interessieren, was ich zu sagen habe. Aber wenn das doch nicht so ist, dann höre ich eben damit auf."
>
> **KG:** „Aber das ist nicht wahr. Ich interessiere mich wohl dafür, wie es Ihnen geht. Ich meine nur – ich habe das Gefühl, Sie sind jetzt ganz enttäuscht von mir."

Die Mutter fühlt sich von der Fachperson zurückgewiesen und zieht sich auch prompt aus dem Kontakt. Die Beteuerungen der Fachperson helfen erst einmal nicht weiter. Erst als sich die Fachperson dem Erleben der Mutter zuwendet und ihr Gefühl verbalisiert, fühlt sich diese wieder etwas ernst genommen.

> **Mutter** (traurig): „– Ja. Zu Hause hört mir keiner zu – und jetzt soll ich hier auch nichts mehr sagen – "
>
> **KG:** „Sie haben es so verstanden, dass ich nicht mehr mit Ihnen sprechen möchte?"
>
> **Mutter:** „Ja."
>
> **KG:** „Und fühlen sich von mir ganz zurückgewiesen."
>
> **Mutter:** „Eigentlich – ja. Sie sind ja die Einzige, mit der ich über alles reden kann, wie sich alles geändert hat – wie's mir geht – "
>
> **KG:** „Mit der Zeit bin ich schon eine wichtige persönliche Bezugsperson für Sie geworden. Das weiß ich auch, und ich schätze Sie auch sehr."
>
> **Mutter:** „Ja. Das geht mir ja auch so und wenn Sie jetzt sagen, dass ich nicht mehr mit Ihnen sprechen darf – " (weint)
>
> **KG:** „Das, was ich gesagt hab, war wie ein Schlag ins Gesicht, nicht wahr?"
>
> **Mutter:** „Ja."
>
> **KG:** „Es klang so für Sie, als ob ich gar nichts mehr mit Ihnen zu tun haben wollte."
>
> **Mutter:** „Ja."

Die Fachperson verbalisiert, was sie vom Erleben der Mutter versteht, anstatt zu beruhigen oder zu trösten. Dabei muss sie die gemeinsame Beziehung ansprechen, wie die Mutter sie empfindet. Das ist insbesondere dann nicht leicht, wenn man selbst unbedingt etwas klarstellen oder einen Vorschlag einbringen will. Hier zeigt sich, dass es für Lösungen noch zu früh ist und die Mutter sich erst vollends verstanden fühlen will.

> **KG:** „Es tut mir leid, dass ich Sie so traurig gemacht habe."
> **Mutter:** „Ist schon gut."
> **KG:** „Es tut mir leid, dass es so rübergekommen ist. Ich will mich auch gerne weiter mit Ihnen unterhalten und von Ihnen hören, wie es Ihnen geht und wie Sie vorankommen. Das müssen Sie mir wirklich glauben!"
> **Mutter:** „Gut."
> **KG:** „Ich habe jetzt verstanden, wie wichtig es Ihnen ist, mit mir zu sprechen, und ich möchte es auch gerne so einrichten, dass wir das machen können. Aber es soll auch meinen Tagesablauf nicht durcheinanderbringen."
> **Mutter:** „Einverstanden."
> **KG:** „Ich würde vorschlagen, wir nutzen die ersten zehn Minuten jeder Behandlungsstunde dafür, dass Sie mir das Wichtigste erzählen, und alle sechs Wochen treffen wir uns für eine ganze Stunde ohne Kind. Da bin ich ganz für Ihre Sorgen und Ihre Themen da. Was halten Sie davon?"

Der Ausdruck „rübergekommen" ist sicherlich günstiger als eine Wendung wie „dass Sie es so verstanden haben". Dies hätte die unsichere sensible Mutter bestimmt als Hinweis erlebt, wieder etwas falsch gemacht zu haben. Die Fachperson versichert, wie sehr ihr an dem Kontakt mit der Mutter liegt, und trägt damit dazu bei, dass diese sich nicht abgeschoben, sondern akzeptiert fühlt. Sie muss ihr Angebot freilich ernst meinen. Ist sie überfordert, sollte sie das von Anfang an äußern („Ich würde Ihnen gerne mehr Zeit schenken, um Ihre persönliche Situation mit Ihnen zu besprechen, aber ich bin als Krankengymnastin in erster Linie für Ihr Kind zuständig"; „Ich fühle mich überfordert …"; „Ich möchte Ihnen gerne helfen, aber ich kann es nicht. Sie brauchen …"; „Es ist ganz richtig, dass man viel über seine Not spricht, aber ich bin nicht die richtige Fachkraft dafür") und eine Alternative anbieten („Es gibt Fachleute, an die man sich mit seinen persönlichen Sorgen wenden kann …").

Mittelfristig sollte die Fachperson sowieso eine Psychologin oder Psychotherapeutin als professionellen Gesprächspartner empfehlen. Das vorliegende Angebot ist der von der Krankengymnastin realisierbare äußerste Kompromiss zwischen Behandlung des Kindes und Eingehen auf die Mutter. Ist dieses Arrangement der Mutter zu wenig, hat die Fachperson ihre Grenzen erreicht und wird sich auf die Förderung des Kindes beschränken.

Einen weiteren Experten hinzuziehen

In manchen Fällen kommt es mit Eltern zum Konflikt, wenn die Fachperson vorschlägt, einen weiteren Spezialisten zu konsultieren.

Dialog 14: Ablehnung der zweiten Meinung. Die Eltern eines stotternden Mädchens hatten den Vorschlag der behandelnden Logopädin (LP) abgelehnt, eine Erziehungsberatungsstelle aufzusuchen. Die Eltern waren der Meinung, die Logopädin sollte das Kind heilen. Daraufhin entschied sich die Logopädin, den Eltern zu sagen, sie wolle das Kind gerne weiterbetreuen, könne aber nicht garantieren, den gewünschten Erfolg zu bringen. Nach einem Monat findet das nächste Elterngespräch statt.

> **Vater:** „Mir geht das noch im Kopf herum: Sie behandeln sie – aber garantieren für nichts?!"
>
> **LP:** „Ja. Es tut dem Mädchen gut, aber eine Heilung kann ich Ihnen nach wie vor nicht versprechen."
>
> **Mutter:** „Warten wir doch ab!"
>
> **Vater:** „Nein, Moment – wenn es nun nichts bringt?"
>
> **Mutter:** „Aber das wird schon. Sie hat ja auch schon Fortschritte gemacht. Das wird schon! Sie wird sich schon machen."
>
> **Vater:** „Ich habe ein komisches Gefühl dabei. Wir verlieren doch Zeit. Das Stottern muss weg, sie kommt doch bald in die Schule!"
>
> **Mutter:** „Wir sollten ihr mehr Zeit lassen. Wir sollten sie nicht so unter Druck setzen."

Das von der Fachperson vorgegebene Arrangement scheint die Eltern nicht zur Ruhe kommen zu lassen. Insbesondere der Vater macht sich – und zu Hause wahrscheinlich seinem Kind – großen Druck. Die Fachperson hat mit ihrer klaren Aussage, unter welchen Bedingungen sie die Therapie fortführt, offenbar einen Reflexionsprozess bei den Eltern angestoßen. Im Folgegespräch lässt sie nun dem Paar Zeit, ihre Gedanken auszutauschen. Sie muss nicht jeden Satz kommentieren – sie merkt, dass die Positionen kontrovers sind, das Paar geteilter Meinung ist und fast miteinander in Streit gerät, und hält den Zeitpunkt für geeignet, die Erziehungsberatungsstelle noch einmal einzubringen.

> **LP:** „Wollen Sie sich das mit der Erziehungsberatungsstelle nicht noch einmal überlegen? Was haben Sie eigentlich gegen diese Einrichtung?"
>
> **Vater:** „Wir glauben nicht, dass man uns dort helfen kann. Wir sind kein Fall für Psychologen!"
>
> **Mutter:** „Wir kennen welche, denen hat es nichts gebracht. Die haben nur rumgesessen und geredet, und zum Schluss hat die Psychologin gesagt, sie wüsste auch nicht weiter."
>
> **LP:** „Von einer Erziehungsberatungsstelle halten Sie nichts."
>
> **Vater:** „Nein."
>
> **LP:** „Ich dachte nur, vielleicht haben Sie sich's noch mal durch den Kopf gehen lassen. Gut. Ich stehe nach wie vor zu meinem Vorschlag. Ich meine, es sollte jemand aus dem psychologischen Fach auf Y schauen, vielleicht braucht sie ja eine Kinderpsychotherapie. Aber Sie haben Ihre Gründe, und wir machen eben weiter wie bisher."

> **Vater:** „Das ist ja gerade das Problem. Irgendwie fällt es mir schwer, einfach so weiterzumachen. Aber ein Psychologe kommt nicht in Frage."
>
> **Mutter:** „Auf keinen Fall!"

Manchmal ist es angeraten, denselben Vorschlag etwas später noch einmal ins Spiel zu bringen. Vielleicht haben sich die Bedingungen geändert, und er wird jetzt anders wahrgenommen. Hier hat das erneute Erwähnen des Vorschlags die Eltern wieder zusammen und in eine Front gegen die Fachperson gebracht. Der Fachperson bleibt nicht anderes übrig, als abschließend das Dilemma zu beschreiben, in dem die Eltern stecken.

> **LP:** „Es ist schwer für Sie abzuwarten, aber genauso schwer wäre es, zu einem Psychologen zu gehen."
>
> **Vater:** „Genau. Ich hab das Gefühl, beides bringt's nicht so richtig."
>
> **Mutter:** „Wir sollten noch ein wenig Geduld haben."
>
> **LP:** „So leid es mir tut, ich kann Ihnen aus dieser Zwickmühle nicht heraushelfen. Ich habe mein Angebot gemacht und ich denke, Y braucht auch eine psychologische Beurteilung."
>
> **Mutter:** „Ja, das haben Sie uns gesagt, aber wir glauben nicht, dass Y ein Fall für den Psychologen ist. Sie ist ja ganz normal, macht alles, lernt gut, ist brav. Ein ganz normales Kind. Nur mit dem Sprechen hapert's ein bisschen. Das wird schon."
>
> **Vater:** „So ist es ja nicht. Das Stottern ist manchmal schon ziemlich heftig. Wenn sie so in die Schule geht, wird sie von allen gehänselt!"
>
> **LP:** „Mir scheint, dass Sie (zur Mutter) sich eher auf meinen Vorschlag einlassen können, aber Sie (zum Vater) sind ganz unruhig und zweifeln, ob es gut ist."
>
> **Vater:** „Ob es ausreicht, ja. Ich finde, es müsste mehr passieren. Ich bin noch nicht sicher, dass es reicht."
>
> **LP:** „Was müsste denn passieren, damit Sie sicherer werden?"
>
> **Mutter:** „Wenn sie noch mehr stottert, dreht mein Mann durch. Er kann es nicht aushalten."
>
> **LP:** „Wenn sie noch mehr stottert, würden Sie noch mehr Hilfe suchen?!"
>
> **Vater:** „– vielleicht –"
>
> **LP:** „Es ist schlimm, diesen Riesendruck mit sich herumzutragen!"
>
> **Vater:** „Hm."

Die Fachperson bleibt konsequent und befreit die Eltern damit nicht von ihrem Zwiespalt. Sie denkt sich, dass Unentschiedenheit für die Eltern das kleinere Übel als irgendeine Entscheidung ist. Irgendwann werden sie detaillierter über ihre Befürchtungen vor psychologischen Untersuchungen sprechen können und dann vielleicht auch ihre Ängste verlieren. Im Moment wird abgewehrt – deshalb soll der innere Konflikt und die unterschiedlichen Positionen der Eltern weiter verdeutlicht werden. Nach dem Hinweis auf eine mögliche Symptomverschlimmerung verneint der Vater immerhin schon nicht mehr, dass Anspannung auf ihm lastet.

Beendigung der Förderung

Aus verschiedenen Gründen kann es erforderlich werden, die Zusammenarbeit zu beenden. Zum einen wird die Förderung irgendwann auslaufen, und man muss sich verabschieden. Aber auch vorher kann die Fachperson der Meinung sein, nicht mehr weiterhelfen zu können, oder eine andere Behandlung für sinnvoller halten. Persönliche Gründe oder unlösbare Konflikte können es ratsam erscheinen lassen, den Kontakt zu beenden. In jedem Fall wird die Fachperson eine Form finden, die keine negativen Gefühle aufkommen lässt und einen konstruktiven Ausblick enthält.

Dialog 15: Abschied. Die Frühförderung eines Dreijährigen mit allgemeiner Entwicklungsverzögerung geht dem Ende zu, weil er nach den Sommerferien im heilpädagogischen Kindergarten betreut wird. Es bestand eine herzliche Beziehung zwischen Pädagogin (FF) und Mutter, so dass beiden der Abschied schwerfällt.

> **FF:** „Es sind ja noch zwei Monate bis zum Sommer, aber es hilft ja nichts, ich möchte heute noch mal dran erinnern, dass wir uns ja dann auch verabschieden."
>
> **Mutter:** „Nur noch zwei Monate? Die Zeit vergeht ja wie im Flug!"
>
> **FF:** „Ja. Die Termine sind jetzt schon ziemlich überschaubar, so ungefähr eine Handvoll. Ich würde gerne mit Ihnen noch zwei Gesprächsstunden unterbringen, auch gerne mit Ihrem Mann."
>
> **Mutter:** „Kann man die Frühförderung nicht verlängern?"
>
> **FF:** „Das geht leider nicht. Wir müssen aufhören, wenn das Kind in den Kindergarten geht. Ich fänd es auch schöner, wenn ich Sie und X noch ein wenig länger begleiten könnte."
>
> **Mutter:** „Ja. Das wäre schön – ich weiß gar nicht, was ich ohne Sie machen soll!"
>
> **FF:** „Ach, das wird schon. Sie werden sich mit anderen Kolleginnen anfreunden und neue Anregungen bekommen."
>
> **Mutter:** „Das sagen Sie so leicht – wenn man sich an jemanden gewöhnt hat, ist das schwer, den nicht mehr zu sehen."
>
> **FF:** „Es fällt Ihnen schwer, unseren Kontakt zu beenden – mir fällt es auch nicht leicht!"
>
> **Mutter:** „Ich hatte das Gefühl, wir sind ein gutes Team. Ich weiß nicht, ob ich mich noch mal so öffnen kann."
>
> **FF:** „Macht Ihnen das die meisten Sorgen, wenn Sie an den neuen Kindergarten denken?"
>
> **Mutter:** „Ja – und natürlich, wie X mit den Betreuerinnen zurechtkommen wird."
>
> **FF:** „Sie haben noch nichts zu meinem Vorschlag gesagt, noch zwei Gesprächstermine zu verabreden!"
>
> **Mutter:** „Ach ja. Was wollen wir denn da machen?"

FF: „Genau. Ich hab mir gedacht, wir lassen unsere Zeit noch mal Revue pas-
   sieren: Was gut war, was weniger gut war, was gefehlt hat. Dann wissen
   Sie auch gleich, worauf Sie bei den nächsten Kolleginnen achten müs-
   sen."
Mutter: „Das ist eine gute Idee! So eine Art Bilanz. Hauptsache, es wird nicht
   zu traurig – "
FF: „Wäre das schlimm?"
Mutter: „Ich weiß nicht."
FF: „Dann sitzen wir beide da und heulen eine Runde – und dann geht's uns
   wieder besser!"
Mutter (lacht): „Ja. Genauso wird es wahrscheinlich kommen. Wann machen
   wir denn die Abschlussgespräche?"

Gerade über Jahre gewachsene enge Arbeitsbeziehungen machen ein gutes
Abschiedsritual notwendig. Dies gilt für Kind wie Eltern gleichermaßen.
Zur Planung gehört, rechtzeitig auf den endgültigen Trennungstermin aufmerksam zu machen und einige Förderstunden dafür zu reservieren. Man
kann sich vornehmen, die wichtigsten Ereignisse, Erkenntnisse, Fortschritte,
aber auch Missverständnisse und Krisen noch einmal durchzugehen. Abschlussgespräche berühren emotional – deshalb wird man dazu neigen, sie
lieber so lang wie möglich hinauszuschieben. Der Abschied wird so immer
schwerer oder fällt ganz aus, weil plötzlich keine Zeit mehr bleibt. Auch
wenn man Kontakt halten möchte, empfiehlt es sich, die bisherige Zusammenarbeit offiziell abzuschließen, um den Wechsel zu unterstreichen.

Im Beispiel wird die Mutter nett auf die bevorstehende Trennung eingestimmt und über die Idee der Abschlussgespräche informiert. Die
Fachperson scheut sich nicht, auch ihrerseits zuzugeben, dass ihr der
Abschied nicht leichtfällt. Das Lob der Mutter („ohne Sie"), das an eine
Idealisierung denken lässt, hätte man aufgreifen können. Hätte man sie
etwa gebeten, genauer zu beschreiben, was ihr so gut gefallen hat, hätte
sie eine Orientierung gewonnen, auf welche Qualitäten es ihr beim Kontakt mit Fachleuten ankommt. Die Fachperson tröstet und ermutigt die
Mutter mit der Perspektive, auch weiterhin kompetente Fachleute zu
finden. Sie verbalisiert die Sorge der Mutter, sich jemand Neuem gegenüber nicht öffnen zu können – geht aber nicht ausführlicher darauf ein.
Das könnte ein Thema für die Abschlussgespräche sein. Die Befürchtung
der Mutter, diese könnten zu traurig werden, entschärft sie mit dem Hinweis, dass es ihr auch nicht anders gehe und dass es beiden erlaubt sei,
Gefühle zu zeigen.

Dialog 16: Beendigung der Förderung. Die Frühförderin (FF) möchte
nach etwa einem Jahr mit den Eltern einer blinden und mental entwicklungsverzögerten Dreieinhalbjährigen nicht mehr zusammenarbeiten. Das

Paar hat erhebliche Eheprobleme. Die Mutter weint sich regelmäßig bei ihr aus, obwohl schon etliche Male angesprochen worden war, dass sie als Frühpädagogin nicht der passende Adressat sei. Sie kann sich dem Gesprächsbedarf der Mutter nicht entziehen und macht sich Vorwürfe, dass die Arbeit mit dem Kind nicht vorankommt. Den Vater hat sie bei dem einzigen gemeinsamen Elterngespräch als verschlossen, mürrisch und abweisend erlebt. Sie fühlt sich nicht in der Lage, mit dieser schwierigen Familiensituation umzugehen.

FF: „Ich möchte heute etwas mit Ihnen besprechen, was mich schon eine Weile beschäftigt."

Mutter: „Die letzte Woche war die Hölle! Ich habe mich so entsetzlich über meinen Mann geärgert! Ich weiß wirklich nicht mehr, was ich machen soll – ich halte es bald nicht mehr aus!"

FF: „Das tut mir leid, dass Sie wieder so viel Krach miteinander haben. Ich bin in letzter Zeit sehr unglücklich über meine Arbeit bei Ihnen. Nach vielem Hin- und Herüberlegen habe ich mich entschlossen, hier aufzuhören. Ich kann Y nicht mehr weiterhelfen, und sie sollte jemand Neues bekommen."

Mutter: „– Aber – wie bitte?"

FF: „Es geht mir schon eine Zeit lang durch den Kopf, dass ich mit Y nicht mehr weiterkomme. Es liegt auch daran, dass ich mich in ihrer Familiensituation so hilflos fühle. Ich würde Ihnen ja gerne helfen, aber ich kann es nicht."

Mutter: „Aber – das geht doch nicht – sie braucht Sie doch! Sie sind so nett und einfühlsam, Sie können sie doch nicht im Stich lassen!"

FF: „– Ich habe es mir auch lange überlegt – es tut mir auch leid. Ich fühle mich überfordert. Ich kriege es beim besten Willen nicht hin, Ihnen voll zuzuhören, Sie zu trösten und gleichzeitig mit Y zu spielen."

Mutter: „Das können Sie doch nicht machen. Jetzt, wo wir uns so aneinandergewöhnt haben. Sie dürfen nicht weggehen! Sie sind goldrichtig für Y, Sie haben ihr so geholfen!"

FF: „Sie wissen gar nicht, wie mich das freut! Ich habe Y auch richtig gern und ich freue mich über Ihr Lob. Aber ich weiß wirklich nicht mehr, wie ich das schaffen soll. Ich bin für eine solche Situation nicht kompetent genug."

Mutter: „Sie können uns nicht im Stich lassen! Wir brauchen Sie! Es dauert ja ewig, bis wir jemand Neues gefunden haben!"

FF: „Ich spüre, wie sehr Sie sich wünschen, dass ich bleibe, aber ich kann nicht bleiben. Ich bin überfordert. Wir haben schon drüber gesprochen, dass für solche Probleme eine Eheberatungsstelle, ein Psychologe zuständig ist. Ich kann diese Rolle nicht übernehmen."

Mutter: „Aber so viel reden wir doch gar nicht miteinander!"

FF: „Doch. In den letzten Monaten haben wir einen Großteil jeder Stunde über Ihre Ehe geredet."

Mutter: „– Gut – Sie bleiben also und arbeiten mit Y, wenn ich weniger mit Ihnen über meinen Ärger mit meinem Mann spreche?"

FF: „Es klingt irgendwie gefühllos, herzlos – aber ich möchte die Ehekrise gerne ganz aus unseren Gesprächen heraushalten."

Fast wie vorhergesehen wird es der Fachperson nicht leicht gemacht, das Trennungsthema anzuschneiden. Sie muss sich zwingen, nicht auf die von der Mutter vorgebrachten Klagen einzugehen, signalisiert aber trotzdem mit einem Satz ihr Mitgefühl. Sie verwendet das Verb „aufhören" und nicht etwa Ausdrücke wie „meine Zusammenarbeit mit Ihnen beenden", weil sie keinen Affront will. Sie spricht ausschließlich von sich selbst, ihrer Hilflosigkeit, ihrer Überforderung und lastet so der Mutter das Scheitern der Arbeitsbeziehung nicht direkt an. Sie äußert ihr Bedauern, dass es ihr nicht möglich sei, weiter mit der Familie zu arbeiten. Sie macht deutlich, das Redebedürfnis der Mutter zu respektieren und gerne darauf eingehen zu wollen, damit aber in ein Dilemma zu ihrem Behandlungsauftrag zu geraten. Als die Mutter versucht, die Fachperson zum Bleiben zu überreden, äußert sie Verständnis, lässt sich von ihrem Entschluss aber nicht abbringen.

Im Unterschied zu den bisherigen Monologen findet nun ein echter Dialog statt, in dem beide Gesprächspartner ihre Wünsche durchzusetzen versuchen. Die Mutter gibt schließlich nach, und die Fachperson darf beides: Sowohl beharrlich sein und gehen, wenn sie spürt, sich nicht mehr einlassen zu können, als auch bleiben, wenn sie fühlt, dass ein neuer Anfang zu ihren Bedingungen gemacht werden kann. Die Eheberatung zur Auflage zu machen ginge zu weit, nicht zuletzt auch deswegen, weil Therapeutensuche und Wartezeiten den Förderzeitraum beträchtlich ausdehnen können.

3 Schwierige Gesprächssituationen

3.1 Aus dem Konzept gebracht – die verunsicherte Fachperson

Unsicherheit gehört zum Arbeitsalltag – beim Berufsanfänger fast notwendigerweise und beim Erfahrenen immer mal wieder – und es wäre verantwortungslos zu versprechen, ein Kurs oder ein Lehrbuch könne Verunsicherungen für immer aus der Welt schaffen. Neben den fachlich-inhaltlichen Herausforderungen sind es die zwischenmenschlichen Konstellationen, die verwirren und Gefühle wie Selbstzweifel, Inkompetenzgefühle, Ratlosigkeit, Unverständnis, aber auch Angst und Hilflosigkeit entstehen lassen. Der konstruktive Umgang mit der eigenen Verunsicherung ist ein Kernstück dessen, was eine sich allmählich ausbildende Professionalität ausmacht.

Gerade in den sozialen Berufen zeigt sich im Umgang mit immer wieder anderen Menschenschicksalen ständig Neues und Unerwartetes. Kompetenz heißt dann nicht nur, Fachwissen sicher anzuwenden, sondern sich auf ungewöhnliche zwischenmenschliche Situationen einzustellen, neugierig und respektvoll zu sein und die eigenen gefühlsmäßigen Reaktionen zu akzeptieren. Verunsicherung wird dann zur wertvollen Leitschnur, die uns zwingt, unser Vorgehen zu überprüfen, uns mit anderen auszutauschen, um für schwierige Situationen die besten Interventionen zu finden. So gesehen stellt die eigene Verunsicherung einen nützlichen Impuls zur Neuorientierung dar: Man darf sich freuen, wenn sie (endlich) eintritt. Aber wie verhält man sich im Elterngespräch, wenn man plötzlich so unsicher wird?

Kompetenzzweifel

Man kann nicht alles wissen, und Unsicherheit über die eigene fachliche Kompetenz wäre dann ein an sich begrüßenswerter Anreiz, sich fortzubilden. Wird man im Elterngespräch auf Wissenslücken aufmerksam gemacht, tut man gut daran, Farbe zu bekennen und zu versprechen, seinen Kenntnisstand aufzufrischen. Man kann sich sogar bedanken, durch das gemeinsame Gespräch auf das Manko aufmerksam gemacht worden zu sein. Umgekehrt darf man sein Wissen durchaus zeigen – sofern es therapeutisch sinnvoll ist.

Bezieht sich der Kompetenzzweifel auf Gesprächsführung oder Gesprächstechniken („Ich verliere im Gespräch den roten Faden"; „Ich verliere so schnell den Überblick"; „Die Situation ist mir oft unklar, ich spüre nur so ein Unbehagen"), ist auch hier Weiterbildung ratsam. Neben Erfahrungsaustausch und theoretischer Orientierung empfehlen sich Gesprächssimulationen oder Rollenspiele, die man in externen Trainings absolvieren, zu denen man aber auch die Kolleginnen vor Ort heranziehen kann. Bei Verhaltensproben merkt man rasch, welche Umstände irritieren, so dass man alternative Gesprächsbeiträge suchen und üben kann.

Oft lassen sich auch allgemein gehaltene Fragestellungen zur Gesprächsplanung („Wie soll ich mich auf das Elterngespräch vorbereiten?"; „Wie strukturiere ich das Gespräch am besten?"; „Welche Sitzordnung ist am günstigsten?") am besten am konkreten Fall bearbeiten. Meist zeigt sich dann, dass Beziehungsaspekte verunsichern. Somit sind Lösungen nicht auf der formalen Ebene, sondern im individuellen Zugang zu konkreten Personen zu suchen. Bei der Reflexion merkt etwa die Kollegin, die sich überrollt fühlt, dass sie die speziellen Eltern gar nicht bremsen will, da sie so sehr mit ihnen mitfühlt. Es ist aber auch sinnvoll, zu konkreten Problemsituationen („Wie teile ich am besten mit, dass eine lange Wartezeit erforderlich ist?"; „Welche Möglichkeiten gibt es, ein Gespräch zu beenden?"; „Wie empfehle ich am besten die Unterstützung durch einen Psychologen?") Alternativen auszuprobieren, einfach um das Repertoire zu erweitern.

Eine andere Kollegin mag sich Elterngespräche überhaupt nicht zutrauen. Ihr könnte es helfen, zunächst als Beobachterin dabei zu sein und allmählich Teile der Gesprächsführung zu übernehmen. Parallel sollte sie Elterngespräche in Rollenspielen üben. Ist die Angst unüberwindlich, müsste sie ihr in Selbsterfahrung oder Psychotherapie auf den Grund gehen. Bezieht sich die Unsicherheit auf konkrete Gesprächsereignisse („Mich bringt es aus dem Konzept, wenn man mir nicht zuhört"; „Vorwürfe auszuhalten wäre für mich das Schlimmste!"; „Mir fällt manchmal nichts ein, was ich sagen könnte"; „Einem Vater könnte ich nicht sagen, dass er sein Kind falsch einschätzt!"; „Die Eltern reden mich an die Wand"; „Ich habe das Gefühl, für alles eine Lösung parat haben zu müssen"; „Die Eltern erwarten so viel von mir!"), scheint sie ihre prinzipielle Befähigung zur Durchführung von Elterngesprächen nicht zu bezweifeln.

Auch hier sollte am konkreten Fallbeispiel untersucht werden, welche Beziehungsdynamik sich zwischen den Beteiligten eingespielt hat oder welche Themen vermieden werden. So wird sie lernen, sich je nachdem empathischer oder direktiver, strukturierender oder unterstützender zu verhalten. In schwierigsten Fällen bleibt immer noch die Möglichkeit, eine Kollegin als Rückenstärkung zum Gespräch zu bitten.

Unsicherheit über das Vorgehen

Die Sache liegt anders, wenn eine Fachperson im Behandlungsverlauf plötzlich unsicher wird, wie sie weiter vorgehen soll. Das kann, wie oben beschrieben, an Wissenslücken oder einer entmutigenden Beziehungsdynamik liegen. Es könnte aber auch das momentane Thema sein, das verunsichert. Vielleicht weiß sie nicht, wie sie eine jetzt anstehende Information gut vermitteln soll, oder sie merkt, dass etwas Wichtiges noch nicht erschöpfend behandelt wurde. Vielleicht erkennt sie, dass sie sich von den Eltern hat drängen lassen, von ihrer Linie abzugehen, oder befürchtet, dass das neu anstehende Thema die Eltern und sie belasten wird.

Ein Beispiel dafür ist die Frage, zu welchem Zeitpunkt eine Behinderung oder Entwicklungsstörung gegenüber den Eltern optimalerweise konkret und deutlich benannt werden soll – gleichermaßen gilt dies für die Prognose. Die Fachperson kann merken, wie sehr sie die Eltern schonen und sich auch selbst vor eventuellen Ausbrüchen schützen möchte. Diese Stagnation kann sie beheben, indem sie sich als Erstes fragt, ob sie sich ihrer Sache schon ganz sicher sei oder noch weitere Befunde braucht. Sie kann sich damit trösten, dass es den optimalen Eröffnungszeitpunkt nicht gibt und den Eltern mit derartigen Mitteilungen stets etwas angetan wird – Gleiches gilt für Bemerkungen zu Verhaltensstörungen oder elterlichem Erziehungsverhalten. Am besten beginnt sie mit einem vorsichtigen Gesprächseinstieg (2.1 bis 2.4, 2.8 bis 2.10, 2.12) und stellt sich dann auf die Reaktion der Gesprächspartner ein. Dabei darf sie sich sagen, dass dieses Gespräch nur eine erste Etappe in deren Veränderungsprozess ist und schwerwiegende Probleme nicht mit einer einzigen Intervention aus der Welt zu schaffen sind.

Auch kann der Umstand verunsichern, dass die Fachperson das Thema der Behinderung immer wieder anspricht, die Eltern jedoch ausweichen oder verharmlosen. Hier muss sie verstehen, dass Bewältigungsprozesse je nach Person unterschiedlich verlaufen und eben mit mehr oder weniger Abwehr einhergehen. Unsicherheit entsteht auch, wenn man nicht einschätzen kann, wie belastbar Eltern sind, und man gerne sensibel für Signale sein möchte, das zu erkennen. Hier wird man beobachten und das eigene Gefühl mit den Eindrücken von Kolleginnen abgleichen, die die Familie auch kennen. Darüber hinaus kann man die Eltern gezielt nach Wohlbefinden, Belastungsgrad und Zukunftsperspektive fragen. Vielleicht ist man auch blockiert, weil man sich schuldig fühlt, die Einschätzung zu früh gegeben zu haben. Trifft sie nicht zu, muss sie modifiziert oder zurückgenommen und die Voreiligkeit entschuldigt werden. Hat man die Eltern mit einer korrekten Einschätzung tief getroffen, so wird man Mitgefühl äußern und vor allem zu erkennen geben, dass man weiß, wie sehr man die Eltern verletzt hat. Man wird ihnen anbieten, sie zu begleiten und die optimale Förderung zu finden.

Manchmal ist man verunsichert, ob man sich wegen Verhaltensstörungen mehr auf die Mutter konzentrieren oder mit dem Kind arbeiten soll. In Frühförderung und Therapie wird man beides koppeln und mit einem oder zwei Elterngesprächen beginnen, um das Problem kennenzulernen und erste Veränderungsschritte zu diskutieren. Bis zum nächsten Treffen wird man einige Förderstunden einschieben, um mit dem Kind weiterzuarbeiten und auch für die Eltern das Besprochene reifen zu lassen. In diesem Rhythmus kann die Arbeit mit Kind und Eltern kombiniert werden. Im Kindergarten stellt sich die Situation anders dar, weil das Kind hier kontinuierlich seine Angebote erhält. Schwierig ist hier die Frage, wie häufig zu Elterngesprächen eingeladen werden kann. Eine Serie wöchentlicher Termine wäre ungewöhnlich, würde auf Unverständnis der Eltern stoßen und höchstens in akuten Ausnahmefällen akzeptiert werden. Ein guter Kompromiss könnte ein Treffen etwa alle drei Wochen sein. Für gravierende Störungen reicht diese Frequenz nicht aus. Rechtzeitig muss dann angesprochen werden, dass zusätzliche Hilfen notwendig sind. In diesem Fall signalisiert die eigene Verunsicherung, sich Hilfe zu holen und nicht alle Probleme alleine lösen zu wollen.

Etwas anders gelagert ist das Problem, wenn sich die Fachperson unsicher ist, wie viel Raum sie der Arbeit an ihrer Beziehung zu den Eltern geben will. Gespräche dieser Art sollten einen Anlass haben, also etwa Spannungen, Kritik oder Konflikte, und keinesfalls wöchentlich stattfinden. Beziehungsthemen müssen andererseits angesprochen werden, da es wenig Sinn macht, ein Kind zu fördern und gleichzeitig mit den Eltern auf Kriegsfuß zu stehen. Man wird ein oder mehrere Krisengespräche führen, Bedingungen aufstellen, unter denen man die Förderung fortführt, oder für sich selbst Hilfe suchen, um die Familie besser zu verstehen.

Eine junge Frühförderin fürchtet sich vor dem nächsten Treffen, weil sie einer ebenso jungen, sympathischen Mutter bestätigen muss, dass ihr Kind geistig behindert ist. Die Fachperson bringt es nicht übers Herz, ihr wehzutun, und möchte die Mutter am liebsten beschützen – und genau damit könnte sie das Gespräch beginnen („Ich finde Sie so sympathisch, und Sie machen das alles so toll, dass ich Sie nur bewundern kann. Am liebsten würde ich Ihnen nur Positives über X sagen!"). Sie kann fortfahren, wie schwer sie sich damit tut, etwas Ernstes und vielleicht Verletzendes sagen zu müssen, dass sie sich aber verpflichtet fühlt, ihre Meinung weiterzugeben, damit sich alle darauf einstellen können („Es ist auch schrecklich für mich, Ihnen diesen Verdacht bestätigen zu müssen. Ich wollte, ich könnte Sie vor all dem verschonen!"). Wenn sie dann gemeinsam mit der Mutter Tränen vergießt, ist das so lange nicht schlimm, wie sich die Rollen nicht umkehren und sie von der Mutter Trost braucht.

In einem anderen Fall will die Mutter eines schwer mehrfachbehinderten Kindes der orthopädischen Operation nur zustimmen, wenn ihr die Krankengymnastin versichern kann, dass der Eingriff etwas nützt. Die Fachperson möchte der ihr freundlich verbundenen Mutter gerne eine Last abnehmen, quält sich mit der unbeantwortbaren Frage und fühlt sich wie gelähmt. Auch hier verhindert das enorme Mitgefühl mit der Mutter, eine klar abgegrenzte Position einzunehmen. Das nächste Gespräch könnte sie damit beginnen, ihre innere Lage darzulegen („Seit ich mich mit Ihrem Problem beschäftige, geht es mir, glaube ich, wie Ihnen: Ich fühle mich hin und her gerissen, kann schon nicht mehr gut schlafen und komme schlicht zu keiner Lösung"). Sie vermittelt, sich mit der Situation intensiv zu beschäftigen, und kann ihren Wunsch zu helfen anschließen („Ich würde Ihnen so gerne sagen, was Sie machen sollen, und es belastet mich riesig zu merken, dass es nicht geht"). Schließlich sollte sie darauf hinweisen, dass niemand außer den Eltern diese Entscheidung treffen kann („So leid es mir tut, ich kann Ihnen keine Hilfe sein. Es spricht einiges für, einiges gegen die OP. Sie können es nur selbst entscheiden, weil Ihnen niemand die Verantwortung für Ihr Kind abnehmen kann!").

Unsicherheit gegenüber Personen

Vorinformationen und erste Eindrücke über Status, Schichtzugehörigkeit, Bildung, Alter und körperliche Charakteristika von Gesprächspartnern können einschüchtern oder abstoßen. Es kann helfen, sich die eigenen Vorstellungen bewusst zu machen, um nicht im Gespräch selbst vom eigenen Vorurteil überrascht zu werden. Wenn sich eine ältere Fachperson jungen Eltern gegenübersieht, könnte sie etwa unmerklich in eine (groß)elterliche Haltung hineinrutschen und dann plötzlich irritiert merken, dass sie mit diesen wie mit den eigenen Kindern spricht. Einer besonders jungen Fachkollegin kann passieren, sich von einer erfahrenen älteren Mutter eingeschüchtert zu fühlen, weil sie meint, dieser doch gar nichts bieten zu können. Während man im ersten Fall das Geschehen gut ansprechen kann („Stopp! Jetzt muss ich mich aber mal unterbrechen: Ich rede ja so mit Ihnen wie mit meinen Kindern und habe Sie noch gar nicht gefragt, welche Ziele Sie denn haben!?"), könnte man im zweiten Fall die Lebenserfahrung thematisieren („Sie haben so viel Erfahrung mit Kindern – wie sollten Eltern denn Ihrer Meinung nach mit der Aggression eines Fünfjährigen umgehen?"). Findet die Fachperson bestimmte Eltern so unsympathisch, dass sie nur mit Überwindung mit ihnen arbeitet, sollte sie in der Supervision nach den Gründen ihrer Antipathie suchen. Vielleicht fühlt sie sich an unliebsame Menschen erinnert, oder sie hat sich mit dem Kind gegen die Eltern verbündet, oder sie hat das Scheitern der Förderung schon beschlossen. Kann sie die Abneigung nicht auflösen, sollte sie den Fall wohl besser abgeben.

Eine Pädagogin beobachtet an sich, dass sie sich kaum aus dem Gespräch mit der Großmutter eines Förderkindes verabschieden kann, auch wenn schon längst nichts Belangvolles mehr ausgetauscht wird. Klar ist ihr, dass sie diese

Frau wegen ihres Engagements für die Familie sehr bewundert. Es stellt sich heraus, dass sie die eigene Großmutter schon früh verloren hat und sie deshalb die andere nun quasi zum Ausgleich zum Bleiben einlädt. Sie erfüllt sich einen unterschwelligen Wunsch mit der passenden, verfügbaren Stellvertreterin.

Ein Ergotherapeut hat mit einer nicht ungepflegt wirkenden Mutter mit starkem Körpergeruch zu tun. Im Wartezimmer rücken andere Eltern von ihr ab. Eine intensive Beratung steht an, der Therapeut sieht sich jedoch außerstande, diese Gesprächsstunden durchzuhalten. Ihm bleibt nichts anderes übrig, als das Thema zu Beginn klar und höflich anzusprechen, um sich bei den Gesprächen wohlzufühlen („Ich bin jetzt selbst ein bisschen unsicher, weil ich eine vielleicht peinliche Sache anspreche. Ich finde, Sie haben einen starken Körpergeruch, den ich mir nicht erklären kann. Nehmen Sie ihn auch wahr?"). Geeignete Maßnahmen sollten anschließend erörtert werden, weil vielleicht doch Hygiene das Problem ist oder eine Erkrankung zugrunde liegt. Vielleicht wird das mutige Ansprechen als Zumutung erlebt, und der Kontakt kommt nicht zustande. Andererseits kann erlösend wirken, dass endlich jemand eine ehrliche Rückmeldung gewagt hat.

Auch manche konkrete Umgangsformen verunsichern. Wenn Eltern beim Reden Blickkontakt vermeiden, kaum etwas sagen oder länger schweigen, fragt man sich zu Recht, was dieses Verhalten zu bedeuten hat. Beim Ansprechen sollte man von sich selbst ausgehen („Mir fällt auf, dass Sie die ganze Zeit so still sind, und ich frage mich, was das bedeutet") und nicht vorschnell deuten („Sie sind bestimmt sehr nervös, heute hier zu sitzen!?"). Hat man das Gefühl, die Eltern sind überfordert, kann man danach fragen („Habe ich zu schnell und zu viel geredet? Was haben Sie nicht verstanden? Welche Fragen haben Sie? Sollen wir eine Pause machen?"). Denkt man, die Eltern seien desinteressiert, kann man versuchen, ihr Interesse zu wecken, ihre Kooperation zu gewinnen („Ich glaube, ich rede an Ihnen vorbei. Was wäre denn ein wichtigeres Thema für Sie? Worüber sollen wir denn reden?"), ohne sie zu attackieren („Ich glaube, Sie hören mir gar nicht richtig zu!"; „Wollen Sie gar nicht wissen, was ich Ihnen über X erzähle?").

Eltern, die ohne Unterbrechung reden, nicht auf den Punkt kommen oder sich auf bestimmte Details beschränken, wird man ihr Verhalten rückmelden („Ich komme heute ja gar nicht dazu, auch mal etwas zu sagen – liegt heute so viel an? Ist es so stressig zu Hause? Wie sollen wir die Zeit aufteilen?") oder auch direktiver auf ausgelassene Themen hinlenken („Jetzt haben wir so lange über den Stehständer gesprochen, aber noch gar nicht von X! Wie geht es ihm denn?"; „Wie vertragen sich denn die beiden Geschwister? Was für eine Rolle spielt Y gegenüber ihrem Bruder?").

Manchmal werden Fachpersonen festgenagelt, sich präzise auf bestimmte diagnostische oder prognostische Auskünfte festzulegen („Was denken Sie eigentlich über meinen Sohn? Hat er eine Behinderung? Wird er aufholen, sprechen lernen, selbstständig sein, eine normale Schule besuchen können?

Wenn er jetzt um die Hälfte zurück ist, ist er dann mit 20 Jahren wie zehn? Bedeutet es, dass wir immer für ihn sorgen müssen? Wie werden wir mit ihm fertig, wenn er in die Pubertät kommt?"). Eine ehrliche Antwort zu geben liegt nahe, auch wenn man eingestehen muss, noch nichts Genaues zu wissen. Auf jeden Fall sollte man nachhaken, wie die gegebene Antwort bei den Eltern ankommt („Ja, auch ich halte ihn für geistig behindert – wie ist das jetzt für Sie, wenn ich das so knallhart sage?"). Man sollte ferner hervorheben, wie sehr man sich bewusst ist, was man den Eltern mit der ungewissen Auskunft aufbürdet, und dass man mit ihnen fühlt („Niemand kann sagen, wie er in zehn Jahren sein wird, auch ich nicht. Das hilft Ihnen nicht viel weiter, nicht wahr?").

Alternativ könnte man die Beantwortung damit kombinieren, das elterliche Interesse einfühlend zu verbalisieren oder zu deuten („Es macht Ihnen jetzt schon riesige Sorgen, wie er in der Pubertät wird!? Sie haben Angst, ihn nicht mehr bändigen zu können? Ob sie ihn dann noch behalten können?"; „Sie wünschen es sich so stark, dass er doch irgendwann ganz normal sein könnte! Wenn er behindert bliebe, wäre das für Sie ein Schock, das dürfte gar nicht sein"). Schließlich könnten das elterliche Interesse, ihr Elan, Hoffnung und Optimismus positiv hervorgehoben und auf diese Weise eine Ressource kenntlich gemacht werden („Dass Sie sich jetzt schon Gedanken um seine Zukunft machen, zeigt mir ganz deutlich, wie gut Sie auf alles vorbereitet sein wollen, wie gut er es haben soll"; „Dass Sie so kämpfen! Jedes Wort legen Sie auf die Goldwaage und prüfen genau, ob es zutrifft! Sie kämpfen bis aufs Letzte für Ihre Tochter!").

Angst vor Gefühlen

Unabhängig von der Sympathie, die man für die Eltern empfindet, fällt es manchen Fachpersonen schwer, etwas zu verbalisieren, was Gefühle auslöst. Je öfter allerdings Situationen vermieden werden, in denen Gefühle zum Ausdruck kommen, desto unsicherer wird die Fachperson im Umgang mit betroffenen, traurigen oder zornigen Menschen, desto mehr schränkt sich ihre Handlungsfähigkeit ein. Deshalb ist Angst vor Gefühlen ein Kompetenzrisiko im Berufsfeld früher Hilfen. Hier innere Sicherheit zu gewinnen wird nicht ohne Selbsterfahrung möglich sein. Ängste können unterschiedliche Ursachen haben, sich auf bestimmte Gefühle wie etwa Trauer oder Aggression beziehen oder nur gegenüber bestimmten Personen auftreten.

Eine Frühförderin erklärt einem Vater den entwicklungspsychologischen Befund mit Testergebnissen. Der Vater schweigt betroffen. Sie bekommt Angst, dass der Vater zusammenbricht, wenn sie sein Befinden anspricht. Sie gerät bei der Vorstellung in Panik, was sie dann mit dem heulenden Mann machen soll. So sitzt sie blockiert und ebenfalls schweigend dem Vater gegenüber und fühlt sich als Versagerin.

Angesichts tiefer Trauer – Eltern brechen in Tränen aus, weinen, sind verzweifelt, hilflos – befürchtet man oft, in einen emotionalen Strudel hineingerissen zu werden und die Orientierung zu verlieren. Es fällt einem schwer, sich abzugrenzen – aber ohne eine gewisse innere Distanz lässt sich auch nicht helfen. Man darf sich sagen, nicht dieser Leidende zu sein und nicht sein Leid zu tragen. Hilfreich sind autosuggestive Merksätze zum innerlichen Vorsagen („Ich bin hier der Helfer!"; „Es ist sein Leid, nicht meines!"; „Ich darf ganz locker bleiben und mich auf ihn konzentrieren!"). Dann fallen einem auch schon die ersten Worte ein. Trauer zu verbalisieren bringt meist noch mehr traurige Gefühle hervor, stabilisiert aber auch allmählich.

Sich gegenüber Aggression zu behaupten fällt vielen Angehörigen sozialer Berufe ungleich schwerer. Auch hier tut innere Distanzierung gut, auch hier helfen Merksätze oder Vorstellungsbilder (eine Rüstung anlegen, einen Schutzschild aufstellen, den starken Bruder neben sich haben). Auch Zorn lässt sich akzeptieren („Ich kann gut nachempfinden, wie wütend Sie das macht, wenn X …"; „Am liebsten würden Sie dann Ihre Wut laut herausbrüllen – Sie können es ja hier mal versuchen!") und damit Mitgefühl vermitteln.

Schwieriger wird es, wenn sich der Ärger auf der Fachperson selbst entlädt. Auch dieses Gefühl ist anzunehmen, zugleich aber nach dem konkreten Anlass zu suchen („Ich merke, wie sauer Sie auf mich sind, aber ich versteh noch nicht genau, was ich falsch gemacht habe"; „So, jetzt ist die Luft erst mal raus, und jetzt sagen Sie mir mal genau, was Sie sich von mir wünschen!"). Fühlt man sich ganz und gar perplex, kann man dies auch äußern („Ich bin betroffen"; „Ich weiß jetzt auch nicht mehr weiter!"; „Nach der Schimpferei kann ich auch keinen klaren Gedanken mehr fassen!"), nichts weiter hinzufügen und dem anderen die Initiative überlassen. Den Raum zu verlassen wäre zwar ausweichend, aber beruhigend („So, jetzt muss ich erst mal raus und Luft schnappen! Dann versuchen wir uns mal zu einigen!"). Danach sollte der Faden wieder aufgegriffen werden („Jetzt wollen wir mal versuchen, ob wir nicht eine Lösung für das Problem finden, wo wir jetzt beide etwas abgekühlt sind!"). Gegen manche Vorwürfe wird sich die Fachperson auch energisch verwahren wollen („Nein, das stimmt nicht!"; „Das kann ich nicht auf mir sitzen lassen. So war das absolut nicht!"). Lässt sich der Streit nicht beilegen, kann sie vielleicht einen unparteiischen Dritten als Schiedsrichter hinzuziehen.

Stellt eine Fachperson also fest, dass es für sie schwierig ist, Gefühlsausbrüche anderer auszuhalten, darf sie sich zu dieser Erkenntnis beglückwünschen. Damit hat sie eine persönliche Schwierigkeit erkannt und kann daran arbeiten. Sie sollte mit Kolleginnen herausfinden, woran es liegt, und Verhaltensvarianten im Rollenspiel üben. Vielleicht helfen auch Gespräche mit einer Psychotherapeutin weiter.

3.2 Komplizierte Beziehungen

Alltägliche, mehr oder weniger abgegrenzte und vorübergehende heikle Anlässe sind relativ rasch anzusprechen. Im Unterschied dazu ist es schwieriger, Gespräche zu führen, wenn die Beziehung prinzipiell kompliziert ist. Dies kann an gewissen persönlichen Eigenarten oder Reaktionsweisen liegen, oft ist aber auch durch kontinuierliche Kontakte und Gewöhnung eine Struktur zwischen Eltern und Fachperson gewachsen. Sie funktioniert anscheinend im Sinne des Arbeitsauftrages einigermaßen, wird im Grunde aber von der Fachperson als irgendwie prekär oder anstrengend erlebt. Vielleicht wurden viele kleine Anlässe unzureichend oder gar nicht besprochen und haben sich so zu einem störenden Ballast angesammelt. Vielleicht hat zunehmende Vertrautheit im Laufe der Zeit die professionelle Abgrenzung immer schwieriger werden lassen, einseitige Annäherungen treten auf, enge Bindungen entstehen, weil Signale falsch gedeutet wurden. Oder es entwickeln sich Beziehungen voller Missverständnisse, mit latentem Misstrauen und Vorwürfen oder solche, in denen Resignation, Machtkämpfe und Idealisierungen zu einem Stillstand führen.

Oft kann die Fachperson zunächst noch nicht einmal beschreiben, was genau sie an der Beziehung stört. Sie hat das Gefühl, nicht von der Stelle zu kommen und nichts mehr zu bewegen, gleich was sie sagt und welche Mühe sie sich gibt. Oder sie fühlt sich unwohl, verunsichert, passiv, erschöpft, irgendwie ungenügend, überfordert, als Versager. Sie darf sich Zeit geben, ihr Empfinden in Worte zu kleiden und zu erkennen, welche Struktur sich zwischen ihr und den Eltern eingespielt hat. Dabei wird sie sich auch fragen, mit welchen Signalen sie selbst die Beziehung erschwert haben könnte. Komplizierte Beziehungen lassen sich als kommunikative Zirkel, als Teufelskreise beschreiben, zu denen beide Mitspieler beitragen. Professionelle Gesprächsführung bedeutet hier, den eigenen Anteil zu erkennen und zu berücksichtigen, dass die Reaktionen der Eltern nicht unbedingt auf ihre Person zielen, sondern Ausdruck ihrer insgesamt schwierigen und unglücklichen Lebenslage sind. Ihre Antworten wird sie deshalb auch hier nach dem Vorsatz formulieren, zu stärken, zu stützen und nicht zu beschämen oder zu verurteilen.

Theorie 9: Komplizierte Beziehungen
Beziehungen werden dann kompliziert, wenn Rollenerwartungen nicht zusammenpassen, persönliche Eigenschaften stören oder man sich gegenseitig in immer tieferes Missverstehen hineinmanövriert (Pawlowski 2005).

■ **Inkompatible Rollenerwartungen:** Auch Eltern und Fachpersonen in Frühförderung und Kindergarten erwarten ein bestimmtes Rollenverhalten voneinander. Eltern erhoffen rasche Lösungen, während die Fachperson Probleme mit den Eltern gemeinsam anpacken will. Oder die Fachperson erwartet, dass Eltern ausführen, was sie ihnen vorgibt, während diese mitbestimmen möchten. Oder beide Parteien warten darauf, dass die andere die Initiative ergreift.

■ **Eigenarten des Gesprächspartners:** Die Fachperson erfährt Lebensumstände und Äußerlichkeiten, die vom Erscheinungsbild bis zum sozialen Umfeld reichen. Die Leidensgeschichte der Familie ist ein zentrales Thema, aus der sie sich ein Bild macht, wie diese Eltern ihr Schicksal bewältigen. Sie beobachtet, wie sich Eltern zu ihrem Kind verhalten, wie sie es fördern, versorgen und erziehen, und bekommt so einen Eindruck von deren Interaktion mit dem Kind. Schließlich wird sie mit den Persönlichkeitsmerkmalen der Eltern konfrontiert und erlebt, wie diese sich verhalten. Wird sie durch bestimmte Eigenarten ihrer Gesprächspartner eingeschüchtert, abgestoßen oder gereizt, so schlägt sich dies in der Beziehung nieder. Vielleicht wird auch besonderes Mitleid oder große Bewunderung erregt – oder sie findet alles am Umgang mit dem Kind einfach falsch.

■ **Eigenarten der Fachperson:** Auch Äußerlichkeiten, Umgangsformen und Persönlichkeitsmerkmale der Fachperson werden registriert und wirken sich aus. Besondere Bedeutung hat die professionelle Aktivität, also ob sie sich engagiert oder abwartet, Ideen hat, geduldig oder fordernd, dominant und gesprächsbereit ist.

■ **Wechselwirkung zwischen den Gesprächspartnern:** Auch wenn anfänglich alle bislang genannten Attribute von Fachperson und Eltern gut zusammenpassen, kommt es vor, dass sich in den Begegnungen allmählich Komplikationen einstellen (Schulz von Thun 1998). So kann das eingangs stark vorhandene Engagement der Fachperson auf die große Bedürftigkeit der Eltern treffen (Abb. 3.1) und für eine Weile zu einer ausgeglichenen Beziehung führen.

Abb. 3.1: Beziehungskonstellation zum Thema „Nähe"

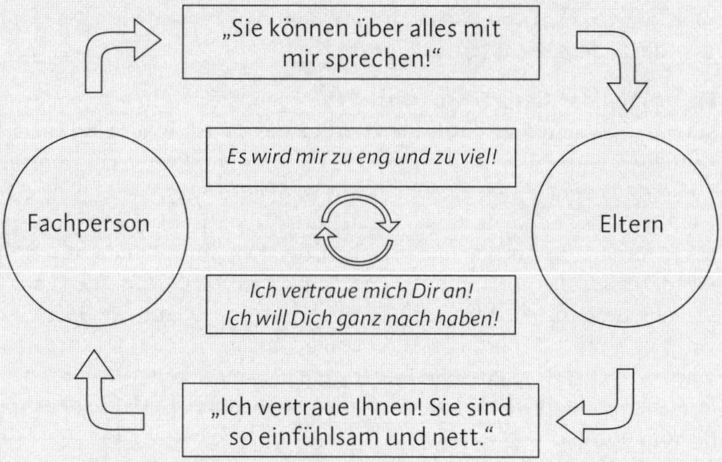

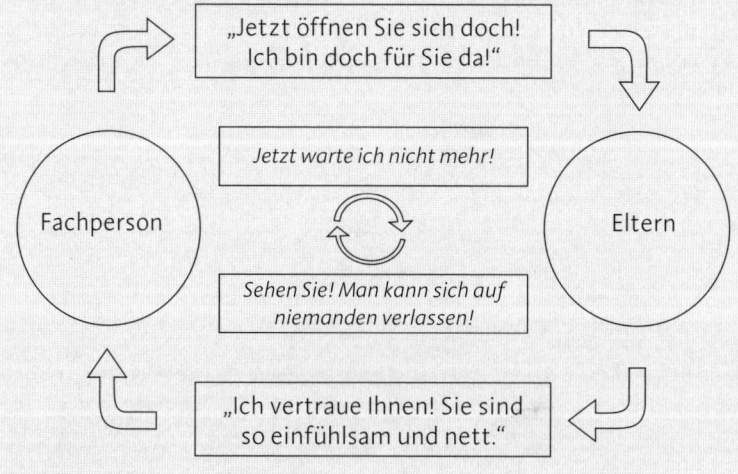

Diese Harmonie schwindet, wenn der Fachperson die Kontakte zu intensiv werden. Die Beziehung wird ebenfalls auf die Probe gestellt, wenn Eltern selbstständiger werden und die umsorgende Fachperson nicht mehr brauchen.

Abb. 3.2: Beziehungskonstellation zum Thema „Distanz"

Abbildung 3.2 zeigt, wie sich Eltern und Fachperson gegenseitig immer mehr unter Druck setzen. Die Eltern werden sich wahrscheinlich erst dann öffnen, wenn die Fachperson aufhört zu drängen und die Distanz akzeptiert. Bricht sie allerdings irgendwann resigniert und gekränkt den Kontakt ab, hat sich das Misstrauen dieser Eltern bestätigt.

Wunsch nach Nähe

Meistens regulieren sich Nähe und Distanz automatisch auf ein Niveau, das für die Beteiligten optimal ist. Bisweilen kann es allerdings passieren, dass Eltern mehr Kontakt suchen, als der Fachperson lieb ist, und sie sich überschüttet und eingeengt fühlt. Vielleicht soll eine als angenehm erlebte Beziehung vonseiten der Eltern noch positiver werden. Vielleicht empfinden sich Eltern als besonders bedürftig, oder die Fachperson hat eine überdimensionale Bedeutung für die Familie bekommen, so dass sie quasi als Familienmitglied adoptiert wird. Die Fachperson wird sich in dieser Situation irgendwann abgrenzen wollen, aber Angst davor haben, die Eltern zu verletzen. Nun steckt sie in dem Dilemma, sich entweder einverleiben zu lassen oder die andererseits so warmherzige Beziehung zurückzuweisen. Wenn sie über ihren Beitrag zur Zuspitzung der Situation nachsinnt, merkt sie vielleicht, dass sie selbst diese Familie so überaus liebenswürdig erlebt, dass man fast zu Freunden wurde und dazugehören möchte, die Kinder so reizend oder so empfänglich, dass man sie fast gerne als eigene hätte.

Eltern duzen die Fachperson. Duzen ermöglicht einen vertraulicheren, persönlicheren Umgang als das formelle „Sie". Der Wunsch, jemanden duzen zu wollen, drückt deshalb eine Annäherung aus, die ganz unterschiedlich motiviert sein kann. Beweggründe können etwa Sympathie und Wunsch nach Vertraulichkeit, aber auch Unterordnung, Kontrolle, Machtausübung oder Gleichrangigkeit sein. Deshalb sind diese Angebote oft verunsichernd. Die Fachperson muss selbst entscheiden, ob sie sich darauf einlassen will – auf alle Fälle unterstreicht das kühlere „Sie" die professionelle Distanz und damit den Aspekt, dass der Kontakt mit den Eltern eine zielorientierte und befristete Arbeitsbeziehung ist.

6.1 „Es ist sehr nett, dass Sie mir das „Du" anbieten, und ich fühle mich wirklich geehrt, dass Sie mich so familiär behandeln wollen. Ich finde Sie wirklich auch ganz sympathisch – aber ich möchte doch lieber beim „Sie" bleiben, weil ich gerne alle Familien gleich behandeln möchte."

6.2 „Es fällt mir leichter, mit den Familien zu arbeiten, wenn ich beim „Sie" bleibe."

Mit 6.1 bestätigt die Fachperson das entgegengebrachte Vertrauen der Eltern positiv. Sie zeigt, dass sie den Wunsch versteht, als Teil der Familie behandelt zu werden. Sie verweist auf ihre professionelle Einstellung, niemanden ihrer Klienten bevorzugen zu wollen. Auch mit 6.2 distanziert sie sich, indem sie ihre persönliche Präferenz ins Spiel bringt, aber das elterliche Anliegen nicht kritisiert. Gewiss wird eine Fachperson Angst haben, die ihr so freundlich entgegentretenden Eltern zu verletzen, zumal Nähe herzustellen doch das Markenzeichen guter Pädagogen oder Therapeuten ist. Wenn sie das „Du" nicht annehmen will, wird sie deshalb das Angebot als sehr schmeichelhaft und ehrenvoll bezeichnen und auf ihre Weise ihre Sympathie für die Familie, aber auch ihren persönlichen Standpunkt klarstellen. Vor allem wird sie deutlich machen, dass sich auch mit dem etwas distanzierteren „Sie" die gegenseitige positive Beziehung nicht ändern wird. Um das Verständnis für die Familie zu vertiefen, kann es von Bedeutung sein herauszufinden, warum das „Du" zu diesem Zeitpunkt angeboten wird: Welche psychosoziale Situation der Eltern oder des Kindes steht dahinter? Was bedeutet dieser Schritt für die elterliche Bewältigung der Entwicklungsverzögerung oder Behinderung? Wollen die Eltern einem Konflikt ausweichen? Brauchen sie besonderen Beistand oder einen Bundesgenossen?

Eltern laden zu Familienfesten ein. Einladungen sind Gesten, die zwischenmenschliche Kontakte vertiefen. Der Fachperson wird damit noch mehr Einblick in das Familienleben gewährt, sie darf in die Privatsphäre der Familie eintreten. Für eine Frühfördertherapeutin ist der Schritt aufs Familienfest kleiner als für die Kindergartenpädagogin oder eine Therapeutin, da sie ja längst innerhalb der Familie arbeitet.

6.3 „Ich fühle mich geehrt und komme gerne."

6.4 „Ich freue mich darüber, dass ich Ihnen so wichtig bin, aber es tut mir sehr leid: Ich trenne immer Arbeit und Persönliches, damit ich mich ganz auf die Arbeit konzentrieren kann. Bitte seien Sie mir nicht böse!"

Auch hier wird die Fachperson nach ihrer Neigung verfahren. Will sie ablehnen, kann sie auf ihren Arbeitsauftrag verweisen (6.4). Sie sollte keinesfalls unterlassen, die Einladung als Vertrauens- und Gunstbeweis zu würdigen. Zudem lohnt es sich, sich Gedanken zu machen, was das Kontaktangebot für den derzeitigen Stand der Beziehung zu den Eltern bedeutet, was die Eltern damit ausdrücken wollen, welches Thema mit dieser Initiative schwieriger anzusprechen sein wird und welche Position sie eigentlich selbst in dieser Familie haben will.

Väter machen charmante Komplimente. Eine spezielle Form von Kontaktangeboten sind Annäherungsversuche von Vätern gegenüber weiblichen Fachpersonen. Hier sind ambulant arbeitende Frühförderinnen häufiger betroffen als Erzieherinnen oder in ihrer Praxis tätige Therapeutinnen. Das Thema scheint weitgehend tabuisiert, aus Scham möchte man eigene Unsicherheiten nicht preisgeben und darüber sprechen. In Seminaren zur Gesprächsführung taucht es immer wieder auf. Eine vergleichsweise harmlose Vertraulichkeit ist das charmante Kompliment. Es ist zwar noch nicht als Grenzüberschreitung anzusehen, kann im Einzelfall aber reichlich beunruhigen und in der Schwankungsbreite von galant bis frech reichen. Es akzentuiert in der bislang professionellen Beziehung unstrittig den neuen Aspekt der sexuellen Attraktion und versetzt die Fachperson in das Dilemma, es zu übergehen oder anzusprechen. Vor allem wird sie den Vater nicht vor den Kopf stoßen wollen, da sie sich seine Kooperationsbereitschaft erhalten will und außerdem annimmt, dass sein Verhalten etwas über seine psychische Situation aussagt.

6.5 „Danke für das Kompliment! Ich habe heute folgende Übungen für X mitgebracht …"

6.6 „Das ist nett von Ihnen, mir zu sagen, dass Ihnen mein … gefällt. Aber ich möchte unsere Beziehung ganz auf die Zusammenarbeit beschränken!"

6.7 „Das verunsichert mich ja jetzt sehr, wenn Sie das so sagen. Das möchte ich nicht."

6.8 „Sie machen mich ganz verlegen – Sie wollen mich doch nicht in Verlegenheit bringen!?"

6.9 „Mir ist aufgefallen, dass … Ich fühle mich dadurch sehr unter Druck gesetzt. Mein Arbeitsauftrag hier in dieser Familie ist damit gefährdet. Ich möchte gerne, dass Sie sich zurückhalten und mir Komplimente nur noch im Hinblick auf die Förderung von X machen – wenn es da etwas zu loben gibt. Darüber würde ich mich sehr freuen!"

Schweigen, Ignorieren und Übergehenkönnen müssen aber nicht geeignete Antworten sein, um das Thema aus der Welt zu schaffen, weil sie die Aktivitäten mitunter verstärken. Es ist einen Versuch wert, sich für das Kompliment zu bedanken und dann zur Tagesordnung überzugehen (6.5). Damit hat man die Kommunikation zur Kenntnis genommen und das Selbstgefühl des Sprechers gewürdigt. Weitere Erklärungen sind eigentlich überflüssig (6.6), es sei denn, man will ausdrücklich einen Riegel vor alle weiteren Versuche schieben. Das lässt einen allerdings wiederum überempfindlich erscheinen und ist deshalb nur bei deutlich kontaktsuchendem Verhalten angebracht. Die eigene Gefühlsreaktion anzusprechen (6.7) passt auch hier – die Gefahr ist, dabei kokett zu wirken und indirekt zu noch zweideutigeren Bemerkungen aufzufordern (6.8).

Sollten sich die Komplimente häufen und in einseitiges Flirten münden, dann wäre es freilich an der Zeit, das Geschehen zu kommentieren und dabei den eigenen Standpunkt unmissverständlich klarzustellen (6.9). Gleichzeitig sollte man sich fragen, welchen Zusammenhang die Kontaktsuche des Vaters mit der aktuellen Lebenssituation der Familie hat: Wird man als Koalitionspartner gebraucht? Soll die Ehefrau gekränkt werden? Sucht der Vater Bestätigung im Kontext seines Bewältigungsprozesses? Oder will er vielleicht neue Komplikationen schaffen, um anderen, etwa die Behinderung oder die Verhaltensstörung betreffenden Fragen aus dem Weg zu gehen? Die Fachperson muss sich fragen, mit welchem Verhalten sie selbst den Impulsen des Vaters Vorschub geleistet hat. Vielleicht hat sie sich auf der Flirtebene nicht klar genug abgegrenzt, um eine vermeintlich angenehmere Atmosphäre für bedrohliche Themen zu schaffen. Oder sie war für die Angebote des Vaters unterschwellig empfänglich, weil diese als einzige Anerkennung bei der Förderung eines sehr schwierigen Kindes verfügbar waren.

Ein Vater erzählt einen anzüglichen Witz. Einen sexualisierten Witz im Kontext einer Fördersituation zu erzählen ist als Übergriff im Sinne einer sexuell provozierenden Avance oder aber auch Aggression zu werten. Vielleicht soll die Fachperson erschreckt und aus der Familie vertrieben werden – vielleicht als eine Art Rache für etwas, was sie nach Meinung des Vaters der Familie angetan hat, als sie das Kind als behindert beschrieb.

6.10 „Viele Männer finden das toll, die Frauen nicht, aber sie sagen nichts. Ich mag solche Witze jedenfalls nicht."

6.11 „Ich merke, dass es Ihnen viel Spaß macht mit solchen Witzen – aber ich finde sie geschmacklos."

6.12 „Ich möchte Ihnen gerne sagen, dass ich nichts dagegen habe, wenn Männer sich untereinander obszöne Witze erzählen, aber ich möchte das nicht hören – sind Sie mir böse, dass ich so deutlich werde?"

6.13 „Sie wollen mich wohl mit so einem Witz provozieren – ich frage mich, was ich Ihnen getan habe, dass Sie mich so ärgern (erschrecken, verunsichern) wollen?"

Indirekte Anzüglichkeiten wie einen Witz kann man sehr gut kommentarlos übergehen und sich der inhaltlichen Arbeit zuwenden. Sarkastische Anmerkungen („Toller Witz!!") zeigen vielleicht doch eher die Betroffenheit der Angesprochenen und garantieren nicht unbedingt ein Ende der Aufdringlichkeit, ähnlich wie wenn man den Redefluss unterbricht oder ablenkt („Ach, entschuldigen Sie, dass ich Sie unterbreche ..."; „Ehe ich's vergesse, ich wollte Ihnen noch ..."; „Ich wollte Sie noch fragen, ob ..."). Im wiederholten Falle muss sich die Fachperson klar distanzieren, um ihr Selbstwertgefühl zu schützen und möglichen Eskalationen vorzubeugen. Sie sollte jedoch nicht übertrieben heftig reagieren und den Vater auch nicht ihrerseits beschämen oder beleidigen (6.10, 6.11). Mit 6.12 versichert sie sich darüber hinaus der kooperativen, einvernehmlichen Basis der Beziehung, indem sie quasi Zustimmung sucht, sich behaupten zu dürfen – eine Bitte, die man kaum abschlagen kann.

Die Fachperson wird sich aber auch dafür interessieren, wie das Geschehen wohl in den Gesamtzusammenhang dieser Familie einzuordnen ist und welche der oben erwähnten Motive für diese spezielle Familie zutreffen (6.13). Sie wird sich selbst fragen, welche ihrer Äußerungen oder Interventionen über das Kind, seinen Entwicklungsstand, seine Chancen oder die Familie zu dieser Attacke provoziert haben.

Anzügliche Bemerkungen. Direkten, also persönlichen Anzüglichkeiten ist im Unterschied etwa zu Handgreiflichkeiten schwerer entgegenzutreten, weil sie gewissen Deutungsspielraum lassen und leicht abgestritten werden. Dennoch wird man sich aus bereits erwähnten Gründen ganz eindeutig abgrenzen müssen, um Einvernehmen definitiv auszuschließen. Wiederum ist wichtig, dies in einer Form zu tun, die dem übergriffigen Vater einen Rückzug ohne Gesichtsverlust oder Beschämung erlaubt. Wenn ein Vater angesichts des von der Frühförderpädagogin aufgebauten Kinderzeltes zwinkernd mitteilt: „Wie wär's mit uns beiden? … da im Zelt – da könnten wir uns vergnügen!", wird sie das kaum überhören können und möglicherweise erst einmal perplex sein.

6.14 „Diese Unverschämtheiten lasse ich mir von Ihnen nicht bieten!"

6.15 „Was würde Ihre Frau zu Ihren Angeboten sagen?"

6.16 „Ich glaube, Sie haben da etwas über meine Arbeit missverstanden, oder?"

6.17 „Wie immer zu einem kleinen Scherz aufgelegt! Wie war denn der Tag mit X bislang so?"

Es ist gut zu verstehen, wenn dann aus Fassungslosigkeit überzogen reagiert wird und man sich rabiat zur Wehr setzt (6.14). Resultieren wird beim Gesprächspartner gekränkte Eitelkeit oder Schadenfreude, kombiniert mit dem Hinweis auf ein Missverständnis und pikierter Zurückweisung des Vorwurfs. Auf die Ehebeziehung zu verweisen (6.15) ist etwas gewagt. Hier würde man die in der Anzüglichkeit mitschwingende Aggression gegen den Sprecher umkehren und ihn seinerseits angehen. Ein saloppes Aufgreifen hilft manchmal, der Angelegenheit die Brisanz zu nehmen (6.16, 6.17), indem man etwa das Ganze in den Bereich der Irrealität schiebt und danach souverän das Programm fortführt (6.17). Beendet die eindeutige Klarstellung der Fachperson die Annäherungsversuche nicht, so dass sich die weitere Arbeit nur in einer Atmosphäre von Misstrauen und Vorsicht oder gar einem Gefühl ständiger Bedrohung weiterführen lässt, muss die deplatzierte Umgangsform erneut thematisiert und auf eventuelle Konsequenzen hingewiesen werden – durchaus auch in einem Gespräch mit beiden Eltern.

Dialog 17: Anzügliche Bemerkungen

FP: „Ich möchte heute etwas ansprechen, was mir schon seit einiger Zeit auf den Nägeln brennt. Ich fühle mich nämlich zunehmend von Ihren Bemerkungen verunsichert, Herr X. Sie sagen Sachen, die ich nur so verstehen kann, als wollten Sie mich anmachen, mit mir anbändeln."

Vater: „Um Himmels willen, das ist doch nicht so gemeint!"

FP: „Dann ist ja gut. Ich habe vielleicht alles missverstanden. Ich möchte diese Bemerkungen jedenfalls nicht mehr hören, Sie behindern mich bei meiner Arbeit mit Ihrem Kind und Ihnen als Eltern. Ich kann nicht mehr bei Ihnen arbeiten, wenn das nicht aufhört. Ich habe das auch so mit der Leitung abgesprochen."

Vater: „Sie haben mich da wirklich ganz falsch verstanden!!"

FP: „Dann bin ich ja beruhigt. Das ist ja schön, dass wir das klären konnten. Mein nächstes Thema ist ..."

In dieser Sequenz macht die Fachperson (FP) ihre Konsequenzen kategorisch klar. Dabei lässt sie sich auf keinen Interpretationsstreit ein, nimmt die Verteidigungshaltung des Vaters an und den ganzen Vorfall als Missverständnis auf ihre Schultern. Die von ihr vorgenommene Enttabuisierung durch Einbeziehung der Dienststelle wird sich vermutlich als abschreckend auswirken. Schließlich macht sie klar, dass für sie der Zwischenfall aus der Welt und sie zu weiterer Zusammenarbeit bereit ist. Vielleicht kann sie später bei stabilisierter Kooperation noch einmal auf die Vorfälle zurückkommen, um sie in den Kontext der Familienentwicklung besser einzuordnen („Was mich immer noch interessiert, wenn ich so zurückdenke: Wie konnte damals nur diese Krise in unserer Zusammenarbeit passieren? Ich hätte gerne verstanden, was Sie damals bewegt hat ...").

Körperliche Nähe und Körperberührungen. Je nach soziokulturellem Hintergrund gelten andere Regeln, was an nonverbalem Verhalten gestattet ist. Insofern wird man bei Familien mit Immigrationshintergrund von mitteleuropäischem Standard abweichende Verhaltensweisen zwar verstehen können – eine andere Frage ist, ob man sich mit Berührungen, Handküssen und Umarmungen unwohl fühlt und eigene Maßstäbe bedroht sieht. Dann wird man nicht umhinkommen, auf diesen Umstand hinzuweisen, dabei Respekt für andere Gebräuche ausdrücken, aber genauso unumwunden klarstellen, dass man selbst mit diesem Stil nicht zu Rande kommt. Man wird also das eigene Unbehagen verbalisieren und darum bitten, auf dieses Verhalten zu verzichten.

Wird körperliche Nähe gesucht, etwa wenn sich der Vater sehr nah neben die Fachperson setzt, ihr demonstrativ den noch verbleibenden engen Platz neben sich auf dem Sofa anbietet oder sich fast schon an sie anlehnt, wird sich die Fachperson in ihrer persönlichen Freiheit eingeschränkt fühlen. Sie sollte deshalb sofort Abhilfe schaffen. Optimal ist es, schon im Vorfeld einer derartigen Situation auszuweichen und gleich einen Satz parat zu haben („Nein, danke. Ich sitze immer gerne auf einem Stuhl"; „Dieser Platz ist mir zu eng – ich brauch immer etwas mehr Spielraum um mich herum!" oder „Ich sitze Eltern immer gerne beim Gespräch gegenüber – setzen Sie sich doch bitte beide auf das Sofa, und ich nehme den Stuhl hier"). Wird einem zu spät bewusst, wie eingeengt und unbehaglich man sich fühlt, kann man sich immer noch mit den erwähnten Äußerungen entziehen.

Das Entscheidende ist, das eigene Unbehagen ernst zu nehmen und die Situation beherzt zu verändern. Nicht nur, dass man sich selbst etwas Gutes damit tut – eine innerlich blockierte Fachperson wird auch kein besonders effektives Gespräch führen können. Auch im Nachhinein kann man noch intervenieren, etwa wenn man vorgibt, die Beengtheit erst jetzt wahrzunehmen („Entschuldigung! Ich merke gerade, es passt mir gar nicht, so eingequetscht hier auf dem Sofa zu sitzen. Ich brauche mehr Luft. Ich möchte mich lieber dorthin setzen – und Sie setzen sich dahin!"). Je konkreter der Vorschlag zur Änderung der Sitzordnung, je entschlossener er als persönlicher Wunsch vorgetragen wird, desto größer seine Erfolgsaussichten. Will man sich aus einer unangenehmen Situation befreien, kann man als Notbremse nach der Toilette fragen, diese aufsuchen und sich anschließend woanders hinsetzen.

Übrigens geraten auch männliche Fachpersonen in Verführungssituationen. Eine Möglichkeit, körperlicher Nähe auszuweichen, wäre dann, den Ort des Geschehens vom Boden an den Tisch zu verlagern. Wenn man sich körperlich eingeengt fühlt, sollte man dies ansprechen („Liebe Frau X, ich kann mich heute gar nicht bewegen. Sie müssen mir schon etwas Platz lassen, sonst komm ich an den X doch gar nicht so richtig ran!"). Entsteht die Irritation durch provozierende Kleidung, lässt sich das ebenfalls in nicht verletzender Weise angehen („Frau Y, Sie haben sich heute so schön gemacht – aber ich bin so abgelenkt und kann so nicht arbeiten. Mir wär's recht, wenn Sie sich was überziehen würden").

Eltern machen die Fachperson zu ihrem seelischen Beistand. Der in der Frühförderung entstehende intensive Kontakt zu den Eltern führt bei großer Bedürftigkeit dazu, dass Fachpersonen in private und familiäre Probleme eingeweiht werden. Manchmal will man sich dabei nur etwas von der Seele reden, manchmal wird Rat erwartet, in jedem Fall aber Solidarität und Verständnis gesucht. Die Fachperson befindet sich hier auf einer Gratwanderung: Sie will einerseits familienzentriert arbeiten und deshalb die gesamte psychosoziale Familiensituation kennenlernen, sich aber auch nicht überfordern und der Familie externe fachliche Hilfe vorenthalten.

Dialog 18: Von Frau zu Frau

Mutter: „Darf ich Ihnen auch – was Persönliches erzählen – so von Frau zu Frau?"

FP: „Aber natürlich!"

Mutter: „Ich habe – wie soll ich das sagen – Probleme mit – äh – meinem Mann –"

FP: „Oh, das tut mir leid."

Mutter: „Ich meine – wir haben viel Streit, weil – es geht um – hm – Sex – ich meine, also, wir streiten uns – weil ich keine Lust mehr habe, mit meinem Mann zu schlafen –"

FP: „Da haben Sie viel Stress miteinander ..."

Mutter: „Ja. Und jetzt ist Folgendes passiert: ..."

FP: „Ich bin wirklich berührt, dass Sie mich so ins Vertrauen gezogen haben. Ich verstehe nun besser, unter welcher Anspannung Sie und Ihr Mann stehen. Ich persönlich kann Ihnen nicht helfen. Vielmehr würde ich ..."

Mutter: „– Aber Sie helfen mir ja schon! Wenn Sie nur zuhören, dann tut das schon gut, und es geht mir sofort besser!"

FP: „Das freut mich, dass Ihnen das guttut. Ich bekomme nur ein Problem, weil ich nicht dafür ausgebildet bin und außerdem hier einen ganz anderen Auftrag habe."

Mutter: „Sie sind eine so nette Frau und können das so gut verstehen, was ich für Probleme habe!"

FP: „Danke! Ich rede auch wirklich gerne mit Ihnen. Aber ich kann das nicht so oft, wie Sie es eigentlich bräuchten. Ich verstehe jetzt viel besser, wie Ihnen zumute ist mit diesem Eheproblem, und kann Ihnen nur raten, damit zu einem Fachmann zu gehen. Würden Sie denn lieber mit einem Mann oder einer Frau darüber sprechen?"

Mutter: „Am liebsten würde ich ja doch mit Ihnen sprechen!"

FP: „Ich freue mich, dass Sie so viel Vertrauen zu mir haben – aber Sie brauchen einen Experten. Ich helfe Ihnen aber gerne mit Informationen, wie Sie zu einem kommen. Soll es lieber ein Mann oder eine Frau sein?"

In diesem Dialog hält sich die Fachperson (FP) zunächst zurück und verbalisiert einfühlsam und vorsichtig, wie es bei sehr heiklen Themen wie Ehekonflikten ratsam ist. Sie wird von sich aus weniger aktiv explorieren, sondern abwarten, wohin die Gesprächspartnerin steuert. Konkretisierendes Nachfragen ist allerdings unbedingt erforderlich, wenn es sich um Gewalt, Vernachlässigung oder andere bedrohliche Verhaltensweisen handelt oder soziale Konflikte zur Debatte stehen, die Kind oder Familienleben gefährden. Nachdem die Fachperson das Problem als Ehekonflikt identifiziert hat, kann sie Stellung beziehen. Sie erkennt, für dieses Thema nicht zuständig zu sein, und verweist deshalb auf geeignetere Hilfen. Sie würdigt immer wieder das entgegengebrachte Vertrauen, unterstreicht aber ebenso deutlich, dass sie einen anderen Arbeitsauftrag verfolgt. Diese Haltung behält sie bei, ohne zu brüskieren, auch als die Mutter sie umzustimmen versucht.

Dialog 19: Partnerkonflikt

Mutter: „Ich könnt mich ja so aufregen! Mein Mann!! Jetzt hat er schon wieder … und ich hab ihm schon hundertmal gesagt, er soll damit aufhören! Aber man redet gegen die Wand, und dann ist er einfach weg! Verschwunden!"

FP: „So sauer hab ich Sie ja noch nie gesehen! Was genau ist denn passiert?"

Mutter: „… Aber am meisten stinkt mir, dass man sich nicht auf ihn verlassen kann!"

FP: „– dass Sie dann alleine dastehen – ?"

Mutter: „Ja! Und ich hab die ganze Arbeit am Hals und die Kinder, und er geht in die Kneipe!"

FP: „– Und am liebsten würden Sie – ?"

Mutter: „– ihn rausschmeißen! Aber das mach ich nicht – manchmal ist er ja auch ganz nett."

FP: „Also er hat auch gute Seiten, aber Sie wünschen sich von ihm mehr Unterstützung?"

Mutter: „Genau!"

FP: „Haben Sie ihm das mal so gesagt, dass er's verstehen konnte?"

Mutter: „– Wieso? Ich red doch die ganze Zeit auf ihn ein!"

FP: „– und kriegen dann gleich Krach miteinander."

Mutter: „Stimmt! Der kapiert's einfach nicht!"

FP: „Sie bemühen sich nach Kräften, aber es kommt nicht so rüber, wie Sie's meinen. Was halten Sie denn von der Idee, dass wir mal zu dritt über Ihren Wunsch sprechen?"

Hier exploriert die Fachperson (FP) aktiver und folgt mit Verbalisierungen den Äußerungen der Mutter, bis sie das Problem verstanden hat. Sie fokussiert auf den Wunsch und erfährt, dass das Paar nicht gut miteinander diskutieren kann, so dass sie ein gemeinsames Gespräch anregt. Sie ist hier direktiver vorgegangen, weil sie den Eindruck hatte, dass der Partnerschaftskonflikt vor allem auch das Kind belastet.

Eltern überschütten die Fachperson mit persönlichen Problemen. Mit dem Arbeitsauftrag einer familienorientierten Frühförderung ist es durchaus vereinbar, einer Mutter in emotionaler Notlage Zeit zur Aussprache einzuräumen. Das kann als Extrastunde oder jeweils zehn Minuten zu Beginn jeder Fördereinheit stattfinden. Falls jedoch eine Beziehung entsteht, in der die Mutter jede Gelegenheit nutzt, der Fachperson persönliche Probleme mitzuteilen, und sie damit immer mehr vereinnamt, muss diese Schieflage angesprochen werden. In diesem Gespräch sollte die Fachperson das Redebedürfnis akzeptieren und Hilfestellung geben, wo fachliche Unterstützung zu bekommen ist. Unverzichtbar ist, dass die Fachperson ihre Grenzen deutlich macht (6.18–6.19). Sie sollte auch überlegen, wie sie diese Anhänglichkeit selbst gefördert hat.

6.18 „Ich würde heute gerne mal über unsere Beziehung reden. Ich habe verstanden, dass es Ihnen sehr wichtig ist, mir viel von Ihrem persönlichen Kummer zu erzählen. Ich finde das einerseits ganz richtig so, andererseits fühle ich mich mehr und mehr unter Druck, weil ich Ihnen nicht richtig helfen kann und ich das Gefühl habe, Sie brauchen jemanden, der nur für Sie da ist – ich kann das nicht leisten!"

6.19 „Sie machen das ganz richtig: Sie sind ziemlich belastet und unglücklich. Sie fressen Ihre Probleme nicht in sich hinein, sondern sprechen darüber – das ist sehr gut! Man muss das ganz ernst nehmen und viel über sich sprechen! Ich bin nicht die Richtige dafür, dafür gibt es Fachleute. Haben Sie schon mal Psychotherapie gemacht?"

Kontaktverweigerung

Zum anderen gibt es Eltern, die sich nur ungern auf Gesprächs- oder sogar Förderangebote einlassen. Manche stehen diesen komplett ablehnend gegenüber, andere sind skeptisch oder ängstlich. Für dieses Verhalten sind unterschiedlichste Gründe verantwortlich. Manche Eltern sehen keinen Handlungsbedarf, weil sie ihr Kind sowieso anders einschätzen als die Fachpersonen. Andere wollen nichts über ihre Familiensituation oder Erziehung verraten. Andere wiederum sind so belastet, dass sie sich nicht zu öffnen wagen. Distanzieren sich Eltern im Laufe eines Förderkontaktes, so muss sich die Fachperson als Erstes fragen, ob sie sich etwas hat zuschulden kommen lassen. Dann wäre zu überlegen, ob sich eine Beziehungsdynamik eingespielt haben könnte, die sich nun auf Elternseite als Verweigerung äußert. Vielleicht haben sich diese Eltern immer weniger verstanden und ernst genommen gefühlt, oder die Fachperson ist ihnen zu sehr nahegekommen. Vielleicht ist sie zu fordernd aufgetreten und hat die Eltern immer mehr in Passivität gedrängt. Oder die Eltern fühlen sich vernachlässigt, weil man sich ihrer Meinung nach zu wenig um sie bemüht, während die Fachperson davon ausgeht, die Eltern bräuchten mehr Abstand.

Ablehnung der Förderung. Manche Eltern werden „geschickt" und sehen selbst keinen Förderbedarf. Üblicherweise beginnt man sofort, diese Eltern vom Sinn der Förderung zu überzeugen. „Ich kann kein Kind gehen lassen – gerade von Eltern, die vom Jugendamt geschickt wurden und die ihr Kind vernachlässigen", beschreibt eine Therapeutin ihr Dilemma während eines

Seminars. Je mehr Überredung nun einsetzt, desto mehr fühlen sich diese Eltern unter Druck gesetzt, so dass sie sich immer mehr verweigern.

6.20 „Soll ich mir das Kind jetzt mal ansehen und dann meine Meinung dazu sagen?"

6.21 „Soll ich Ihnen etwas über Ergotherapie erklären?"

6.22 „Wir fangen jetzt einfach mal an und dann sehen wir weiter! Ich werde mit ihr spielen und dann seh ich schon, was sie gut kann und was noch nicht, und das übe ich dann mit ihr!"

6.23 „Es ist wichtig für seine Entwicklung, dass wir das hier machen! Wenn wir damit aufhören, wird ihm das später nur umso schwererfallen, es zu lernen!"

6.24 „Ich fühle, dass Sie das hier ablehnen, gar nicht hier sein wollen?!"

6.25 „Was wollen *Sie* denn hier? Was sind Ihre Ziele?"

6.26 „Was wollen *wir* denn jetzt hier machen?"

Eine Option wäre, initiativ zu werden und die Eltern einzubeziehen, indem man quasi ihre Erlaubnis dazu einholt (6.20, 6.21). Damit ließe sich eine erste Stunde bestreiten und vielleicht sogar Zugang zu den Eltern finden. Ihre kontinuierliche Mitarbeit ist damit jedoch noch nicht gesichert. Anderen Familien passt es durchaus, geführt zu werden (6.22). Hier übernimmt die Fachperson die Regie, erklärt ihr Vorgehen und beginnt. Manchmal lassen sich Eltern eher durch ihr Tun als mit Worten von der Notwendigkeit der Förderung überzeugen. Druck auszuüben führt üblicherweise zu Gegendruck, hier also zu mehr Verweigerung (6.23). Andererseits ist durchaus möglich, dass manche Eltern auf entschiedenes Auftreten reagieren und sich so erst einmal zur Mitarbeit verpflichten lassen.

6.24 verbalisiert die im Raum stehende Ablehnung. Die Eltern werden sich verstanden, aber auch ein bisschen bloßgestellt fühlen. Auf jeden Fall erhalten sie Gelegenheit, die Gründe ihrer Verweigerung näher zu beschreiben oder sich überhaupt erst einmal damit auseinanderzusetzen. Vielleicht ergibt sich dann doch ein Arbeitsauftrag. Möglicherweise braucht die Familie trotzdem eine Weile, sich einzulassen. Sie kommt dann aber nach einem halben Jahr, dafür aus eigenem Antrieb, weil sie diese Fachfrau nicht als autoritär erlebt hat. An ihre Entscheidungsfähigkeit zu appellieren, wird bei ablehnenden Eltern zumindest zu Gesprächsbeginn wenig Nutzen bringen (6.25, 6.26). Als konfrontatives Gesprächselement lässt sich der Appell jedoch gut verwenden, um zu verdeutlichen, dass sie als gleichberechtigt angesehen werden (6.26). Außerdem ist es wichtig, ihre Begründung zu hören, warum sie der Förderempfehlung nicht Folge leisten wollen.

Dialog 20: Ablehnung der Förderung

FP: „Wie würden Sie Ihr Kind denn beschreiben?"

Vater: „Er ist ganz normal."

FP: „Haben Sie denn Fragen an mich?"

Vater: „Nein!"

FP: „Welche Hilfen brauchen Sie denn für Ihren Sohn?"

Vater: „Eigentlich keine."

FP: „,Eigentlich'?"

Vater: „Keine."

FP: „Sie wissen also gar nicht, was Sie hier sollen?"

Vater: „Genau!"

FP: „Was wollen wir denn jetzt machen?"

Vater: „Weiß auch nicht – "

FP: „Wir können also mit der Situation gar nichts anfangen?"

Vater: „Nö!"

FP: „Dann gehen wir jetzt nach Hause, lassen das alles hier sein und sind weiter ganz glücklich und zufrieden?"

Vater: „Ja – hm – nein, also, so ganz mein ich – also mit der Schule – "

FP: „– mit der Einschulung – da machen Sie sich Sorgen?"

Vater: „Ja, weil der Arzt gesagt hat, X – soll in die Förderschule."

FP: „– Das passt Ihnen nicht?!"

Vater: „Der ist doch nicht blöd!"

FP: „Ich könnte ihn mir ja mal angucken und schauen, was man machen kann – ?"

Die Fachperson (FP) bemüht sich nach Kräften, Zugang zu dem widerstrebenden Vater zu bekommen. Erst als sie aufgibt und ihn gehen lassen will – allerdings nicht ohne eine letzte Provokation in ihre Akzeptanz einzubauen und die vorwurfsvoll klingende Anrede („Sie ...") durch das die gemeinsame Resignation betonende „Wir" zu ersetzen. Als sich der Vater mit seinem Widerstreben angenommen fühlt, kann er seine Sorge zugeben. Ansonsten wäre der Kontakt wohl nicht zustande gekommen. Hat allerdings das Jugendamt den Förderauftrag gegeben, ist dies nun klarzustellen („Ich habe vom Jugendamt den Auftrag erhalten ...") und das weitere Vorgehen zu erläutern („Ich werde Sie also zu einigen Stunden einladen, um X kennenzulernen, dann werde ich Ihnen meine Beobachtungen mitteilen und Ihnen sagen, was ich mit ihm machen möchte. Das Jugendamt zwingt uns beide. Da sitzen wir jetzt im gleichen Boot und müssen das machen, was es sagt"). Mit dieser Formulierung versucht sie dem Gefühl des Vaters vorzubauen, dass der Zwang von ihr ausgehe.

Mutter kooperiert nicht. Eltern halten sich in laufenden Förderungen oder Behandlungen manchmal nicht an Behandlungs-, Förderungsvorschläge oder Absprachen, sind unerreichbar, halten Termine nicht ein oder kommen ohne Krankenschein. Vielleicht haben Eltern nicht genau verstanden oder ihnen wurde nicht genug erklärt, was von ihnen erwartet wird. Eine Krankengymnastin war etwa enttäuscht, weil ihre Anregungen zu Hause nicht umgesetzt wurden. Sie hatte aber nicht deutlich genug darauf hingewiesen, dass nicht die Übungen, sondern die spielerische Kontaktaufnahme zum Kind imitiert werden sollte. Das war den Eltern so nicht klar und konnte korrigiert werden. Hier soll es mehr um fehlende Kooperation als Ausdruck einer schwierigen Beziehung zwischen Eltern und Fachperson gehen.

6.27 „Mir ist aufgefallen, dass Sie jetzt schon verschiedene Male nicht pünktlich da waren / die ‚Hausaufgaben‘ nicht gemacht haben. Woran liegt das wohl?"

6.28 „Kann es sein, dass es Ihnen zu viel ist, so häufig zu kommen oder die Übungen zu Hause zu machen? Sollen wir etwas ändern?"

6.29 „Wir haben jetzt schon einige Male darüber gesprochen, dass Sie so wenig Zeit finden, mit Y zu Hause zu üben. Ich frage mich, was das bedeutet. Lehnen Sie diese Übungen ab?"

6.30 „Ich habe das Gefühl, unsere Zusammenarbeit klappt nicht mehr so wie früher. Sind Sie unzufrieden mit mir?"

Veränderungen im Verhalten der Eltern sollten angesprochen werden. Die Fachperson signalisiert damit Aufmerksamkeit und Sorge für die Familie (6.27). Hat man bereits selbst eine Vermutung, so kann man diese in das Gespräch einfließen lassen (6.28, 6.29). Mangelnde Kooperation kann auf Unzufriedenheit mit der Förderung und Trennungswünsche hindeuten, die man direkt ansprechen kann (6.30).

6.31 „Erzählen Sie mir doch mehr darüber, was Ihnen an meiner Förderung / meinem Umgang mit dem Kind / meinen Ratschlägen nicht gefällt!"

6.32 „Sind Sie enttäuscht, dass so wenig Fortschritte kommen?"

6.33 „Möchten Sie lieber etwas anderes ausprobieren?"

6.34 „Manchmal tut eine Pause auch sehr gut!"

6.35 „Ich sehe zwar durchaus kleine Fortschritte, aber wenn Sie als Mutter, die X ja viel länger sieht, meinen, es gehe nicht weiter, steht Ihnen völlig frei, etwas anderes zu suchen!"

Mutter will die Förderung oder Behandlung abbrechen. Oft wird man einfach vor vollendete Tatsachen gestellt und hat keine Gelegenheit mehr, mit den Eltern über ihren Wunsch zu reden, die Förderung abzubrechen. Signalisieren sie aber rechtzeitig ihre Ambivalenz, erhält die Fachperson eine Chance, die direkten oder indirekten Hinweise auf einen Beendigungswunsch anzusprechen und zu erfahren, was die Eltern stört. Sind die Hinweise offener, kann sie den Eltern vermitteln, wie sehr sie ihren Willen zur Auseinandersetzung mit der Fachperson und der Förderung begrüßt. Die Gelegenheit, über einen Behandlungsabbruch zu sprechen, wird man also auf jeden Fall nutzen, um mehr über die zugrunde liegenden Ursachen zu erfahren (6.31). Dabei kann man etwaige eigene Hypothesen durchaus auch selbst einbringen (6.32, 6.33). Vorschläge, den Ablauf zu variieren (6.34), kann man ebenso platzieren wie eine persönliche Stellungnahme zur Absicht der Eltern (6.35), ohne diese abzuwerten.

Akzeptiert man den Wunsch der Eltern, die Förderung oder Therapie zu beenden, entlastet man sie, weil ihre Entscheidung geachtet wird. Manchmal kommt es dann gar nicht zum Abbruch, weil die Eltern Wünsche ausdrücken, wie sie sich den Fortgang der Förderung besser vorstellen können, etwa eine Pause zu machen oder einen neuen Schwerpunkt zu setzen. Wenn man auf den Wunsch eingeht, hat man ihr Selbstwertgefühl gestärkt, denn die neue Idee ist ihr Produkt. Kämpft man gegen ihn an, gerät man in einen aussichtslosen Machtkampf. Manche Eltern wollen allerdings auch etwas umworben werden, so dass man fachliche Argumente für die Fortsetzung der Förderung in jedem Fall nennen sollte.

Eltern sind desinteressiert und vernachlässigen ihr Kind. Erzieherinnen, Frühförderpädagoginnen und Therapeutinnen bekommen in ihren Arbeitsbereichen mitunter überdeutliche Einblicke in extrem entwicklungsgefährdende Familienbedingungen. Wenn Eltern zudem Förderaktivitäten ausweichen und sich so den für die Kindesentwicklung positiven Interventionen entziehen, darf die Fachperson ihr Wissen nicht für sich behalten. Kindergartenpersonal wird den Träger, dieser ggf. das Jugendamt verständigen; Therapeutinnen werden ihre Beobachtungen an den überweisenden Arzt mitteilen; die Frühförderpädagogin wird über ihr Team ebenfalls Träger und Jugendamt einschalten. Hält man noch Kontakt zur betroffenen Familie, wird man sich einen Anforderungskatalog überlegen. Seine Nichteinhaltung führt zur Weiterleitung von Informationen über die Familie, da akute Kindeswohlgefährdung in der Inobhutnahme des Kindes resultiert. Der Maßnahmenplan kann auch die Begleitung durch eine Sozialpädagogische Familienhilfe enthalten. Darüber hinaus werden entsprechende Unterstützungsmaßnahmen bekannt gegeben (Erziehungshilfe, Schulbegleitung, Verhinderungspflege).

Diese Schritte stellen eine heftige Konfrontation der Familie dar. Sie sollten deshalb in Absprache mit den Fachkolleginnen formuliert sein und den Eltern vorzugsweise im Teamgespräch vermittelt werden, um eventuelle Aggressionen besser verteilen und auffangen zu können. In einem derartigen Gespräch wird man die Veränderungsvorschläge einerseits konsequent kommunizieren, andererseits alle bekannten Ressourcen der Familie gebührend betonen, positives Engagement loben und herausstellen.

Eltern lehnen die Fachperson ab. Eine stetig wachsende Ablehnung wird der Fachperson hoffentlich nicht verborgen bleiben, so dass sie den Stimmungswandel beizeiten ansprechen kann. Unentschuldigtes Fehlen, häufiges Kritisieren oder anhaltendes Fragen nach fachlichen oder persönlichen Themen können eine ablehnende Haltung andeuten. Die oben aufgeführten Äußerungen (6.27 bis 6.30) stellen auch hier gute Gesprächseinstiege dar.

Dialog 21: Ablehnung der Fachperson

FP: „Ich habe das Gefühl, dass sich in letzter Zeit irgendetwas zwischen uns verändert hat – vorher haben Sie immer so viel erzählt, und jetzt kommen Sie mir so still und zurückhaltend vor!?"

Mutter: „Hmm, ich weiß gar nicht so recht – "

FP: „Vielleicht gefällt Ihnen nicht so richtig, wie ich mit X umgehe – ?"

Mutter: „Doch, schon – "

FP: „Irgendwie wollen Sie nicht so richtig mit der Sprache heraus!?"

Mutter: „– Wie soll ich das sagen – es ist ein bisschen schwierig – "

FP: „Versuchen Sie doch einfach mal! Ich würde schon gerne wissen, was Ihnen zu schaffen macht!"

Mutter: „Also, da ist wirklich was – neulich haben Sie so beiläufig von ‚Behinderung' gesprochen – ‚Manche behinderte Kinder können auch so schwer soziale Regeln lernen' – Ich finde nicht, dass X so behindert ist! Ich finde es schlimm, dass Sie ihn so einschätzen!"

FP: „Ich hatte bestimmt gesagt: ‚Entwicklungsverzögerte und behinderte Kinder …', aber das hat Ihnen so zugesetzt, dass ich ‚behinderte Kinder' gesagt habe?"

Mutter: „Ja. Das hat so einen Riss in mir gegeben. Ich hab gedacht: Dass sie das von X denkt! Das ist ja unglaublich! Und sie hat mir noch nie gesagt, dass sie X für behindert hält!"

FP: „Und jetzt sind Sie böse mit mir und trauen mir nicht mehr."

Mutter: „Ja, so ungefähr – irgendwie sperrt sich alles in mir im Moment. Ich will gar nicht mehr, dass Sie kommen."

FP: „Hm, das tut mir leid, dass ich so was ausgelöst habe. Jetzt sind Sie erst mal sauer auf mich!"

In dem Beispiel geht die Fachperson (FP) explorierend ihrer Irritation über eine Verhaltensänderung der Mutter nach. Sie spricht ihren Eindruck direkt an, scheut sich nicht, ihre Hypothesen einzubringen, und lässt sich nicht abschütteln. Als die Mutter schließlich ihre Betroffenheit über eine frühere Äußerung der Fachperson zugibt, rechtfertigt sie sich kurz, ohne aber ihre Empathie für die Mutter zu verlieren. Sie nimmt das Gefühl der Mutter an und signalisiert ihr Verständnis. Vielleicht kann sie auf diese Weise eine einvernehmliche Trennung erreichen und der Mutter damit eine spätere Rückkehr ermöglichen.

Dialog 22: Kontaktabbruch

Mutter: „Ich möchte nicht mehr mit Ihnen zusammenarbeiten!"

ET: „Wie bitte?? Was ist denn passiert?"

Mutter: „Ich finde, die Therapie bringt nichts. Immer nur dieses Spielen. Ich finde, X müsste viel mehr Übungen machen, richtig trainiert werden. So wird das doch nie was!"

ET: „Geht es Ihnen zu langsam?"

Mutter: „Ja! Ich würde gerne jemanden anderes aufsuchen und schauen, ob sich da mehr bewegt."

ET: „Na ja – das kommt für mich jetzt schon etwas überraschend – wieso haben Sie das nicht schon früher gesagt?"

Mutter: „Das ist mir auch erst so nach und nach klar geworden. Und dann wusste ich nicht, wie ich das ansprechen soll."

ET: „Okay. Sie klingen so entschieden, dass ich es mir wohl sparen kann, noch etwas aus meiner Perspektive zu sagen?"

Mutter: „Ja, ich habe mich wirklich schon entschieden. Aber sagen Sie ruhig Ihren Eindruck."

ET: „Also – ich habe X gerne behandelt. Ich finde, er ist ein sehr nettes und aufmerksames Kind. Ich fand es schön, wie er auf meine Spielvorschläge eingegangen ist. Meiner Ansicht nach hat er einige Fortschritte in … gemacht, aber Sie haben recht, der große Sprung ist bislang ausgeblieben. Das sehe ich genauso wie Sie und deshalb kann ich auch verstehen, dass Sie enttäuscht sind und wechseln wollen. Vielleicht findet ja eine andere Ergotherapeutin einen besseren Dreh, wie …!"

Mutter: „Das – hat mir bei Ihnen auch immer wirklich gut gefallen, dass Sie ihn so positiv beschreiben. Aber – Sie sind mir nicht böse, wenn ich – ?"

ET: „Na ja – ein bisschen schade finde ich es schon, wenn Sie jetzt so abrupt aufhören. Wir könnten ja noch einige Abschiedsstunden vereinbaren. Aber ich will Ihnen und X nicht im Weg stehen. Nein, ich bin Ihnen nicht böse!"

Nach dem ersten Erstaunen über die plötzliche Ankündigung fängt sich die Ergotherapeutin (ET). Sie erfragt die Hintergründe, die zur Entscheidung der Mutter führten und ist auch mit den eigenen Gefühlen aufrichtig. Sie vermeidet es, die Mutter von ihrer Absicht abzubringen. Stattdessen beschreibt sie ihre Sicht des Kindes und seine Entwicklung positiv, hebt Vorzüge und Stärken hervor und gibt damit der Mutter einen aufbauenden Ausblick. Sie äußert Verständnis für ihr Anliegen, ohne die eigene Sicht zu verleugnen. Diese Mutter wird sich mit ihrer schwierigen Entscheidung ernst genommen fühlen und innerlich gestärkt gehen können.

Mutter hält Fachperson für inkompetent. Elterliche Nachfragen, wie man denn ausgebildet sei, wie viel Erfahrung man schon habe, wie viele Kinder mit der spezifischen Behinderung man bereits betreut habe, spiegeln nicht nur Interesse an der beruflichen Qualifikation, sondern mitunter auch Kompetenzzweifel wider. Manche Eltern sind von Natur aus misstrauisch, andere legen höchste Maßstäbe an, dritte sind überhaupt schwer zufriedenzustellen. Die Fachperson wird sich nicht irritieren lassen, zu ihrem Erfahrungsschatz und Kenntnisstand stehen und mit offenen Karten spielen, wenn etwas ihren Wissenshorizont überschreitet.

Auch in diesem Fall wird sie aber überdenken, ob der elterliche Kompetenzzweifel nicht auch aus einem Zusammenspiel entstanden ist, an dem sie nicht ganz unbeteiligt war. Vielleicht hat sie sich öfters zu leicht aus dem Konzept bringen lassen, es versäumt, auf ihre Qualifikation hinzuweisen, ihre Meinung fundiert genug zu begründen, oder sich nicht getraut, ihre Ideen zu verteidigen. Vielleicht hat sie sich zu ängstlich verhalten, kein eigenes Profil gezeigt, wenig eigene Impulse hereingebracht oder ist jedem Konflikt aus dem Weg gegangen. Oder sie hat keine klare Linie verfolgt und damit den Eindruck von Beliebigkeit entstehen lassen. Reagiert sie auf die elterliche Skepsis mit Rechtfertigung, entsteht ein Zirkel von Misstrauen, der zu wechselseitigem Beweisdruck von Kompetenz führt.

6.36 „Versuchen wir's doch einfach mal für fünf Förderstunden! Dann können Sie mich genau beobachten und prüfen, ob Sie mit mir weitermachen wollen."

6.37 „Was bedeutet Kompetenz eigentlich für Sie? Woran machen Sie das fest? Woran erkennen Sie das?"

6.38 „Was genau hat Ihnen missfallen? Wie könnte ich das wieder gutmachen? Trauen Sie mir überhaupt zu, dass ich das aufarbeiten kann?"

6.39 „Ich finde es gut, dass Sie mir klar Ihre Meinung sagen. Das tut nicht jeder! Wie schön, dass Sie so sicher sind und so überzeugt von Ihrer Ansicht!"

Sind die Vorbehalte gegenüber der Fachperson noch nicht so vertieft, kann das Angebot eines Probekontaktes hilfreich sein (6.36). Wenn man sich bereits in ein Gespräch über Kompetenz verwickelt hat, wird man gut daran tun, die persönliche Definition der Eltern darüber genau kennenzulernen (6.37, 6.38). Vielleicht ergibt sich daraus die Möglichkeit einer Annäherung. Natürlich ist interessant, was Eltern auszusetzen haben, also sollte man auch dezidiert nachfragen (6.38). Für die weitere Zusammenarbeit ist entscheidend, ob die Eltern noch hoffen, die Perspektiven anzugleichen – und auch darüber darf man verhandeln (6.38). Ein ganz anderer Zugang zum Kompetenzstreit bietet die Strategie der absoluten Akzeptanz der von den Eltern ausgehenden Kritik (6.39). Diese wird man als elterliche Kompetenzsicherheit und damit als Ressource sehen, zu der man die Eltern beglückwünscht. Auch die Frage, ob die Fachperson Kinder habe, kann Vorurteile beinhalten.

Mutter: „Haben Sie auch Kinder?"

6.40 „Leider nein! Leider keine! Noch nicht!"

6.41 „Was würde es für Sie bedeuten, wenn ich welche hätte?"

6.42 „Nein. Wäre es für Sie angenehmer, wenn ich welche hätte?"

6.43 „Was bedeutet es für Sie, von einer kinderlosen Fachfrau beraten zu werden? … dass Ihr Kind von jemandem gefördert wird, der gar keine eigenen Kinder hat?"

6.44 „Es ist für Sie eigentlich undenkbar, dass jemand Kinderloses sich überhaupt mit Kindern, so wie sie wirklich sind, auskennt?!"

6.45 „– Wir könnten es ja trotzdem einmal miteinander versuchen. Beobachten Sie mich einfach ganz genau, was ich so mache und wie ich mit dem Kind umgehe – und dann entscheiden wir, ob wir weiter zusammenarbeiten oder nicht. Was halten Sie davon?"

6.46 „Ja! Ich bin stolzer Vater von vier Kindern!"

6.47 „Ja – und es ist manchmal auch nicht so leicht mit ihnen!"

Die Frage sollte natürlich ehrlich beantwortet werden (6.40). Die Nachfrage, was dieses Thema für den Fragenden denn bedeute (6.41 bis 6.43), kann ein wichtiger Schritt zur Vertiefung der Beziehung zur Mutter sein. So könnte sich herausstellen, dass etwa tatsächlich Misstrauen und Zweifel an der persönlichen Kompetenz bestehen. Diese Bedenken sollten ernst genommen werden, da Elternschaft offenbar einen wichtigen Bestandteil des Selbstwertgefühls dieser Mutter ausmacht. Die vermutete gefühlsmäßige Einstellung kann man pointiert formulieren (6.44), um den eventuellen Hinderungsgrund für das Entstehen einer guten Arbeitsbeziehung exakt zu benennen und sich vielleicht gerade dadurch anzunähern (6.45).

Die Fachperson darf die Frage jedenfalls nicht allzu sensibel und persönlich nehmen und ihr in jedem Fall Kompetenzzweifel unterstellen. Dann bringt sie ein Misstrauen in die Beziehung, das die Mutter vielleicht selbst gar nicht hatte. Auf der anderen Seite kann sich die erleichterte und begeisterte Bejahung dieser Frage durchaus negativ auf die Beziehung auswirken (6.46), wenn die Schilderung gesunden und wohlgeratenen Nachwuchses bei den Eltern des behinderten Kindes Neidgefühle erzeugt. Eine Erkundigung nach eigenen Kindern kann schließlich auch ein Versuch der Kontaktaufnahme sein, mit dem man das Privatleben der Fachperson ein wenig erforscht oder in Erfahrung bringen will, wie sie mit ihren Kindern umgeht (6.47). Das könnte dann als durchaus positiver Schritt zu einer kooperativen Beziehung gewertet werden, vielleicht aber auch als Ablenkung von aktuellen brenzligen Themen.

Kind will nicht mehr zur Therapie oder Förderung kommen, es verweigert. Kinder werden nicht in jeder Therapie- oder Förderstunde hoch motiviert sein. Mitunter missfällt ihnen das ein oder andere Angebot, und sie sträuben sich. Fachperson und Eltern sollten jetzt an einem Strang ziehen. Im gemeinsamen Gespräch wird man sicherlich etwas finden, womit die momentane Verweigerungshaltung des Kindes aufzulösen ist.

Dialog 23: Kind verweigert die Förderung

Mutter: „Ich glaube, es hat gar keinen Zweck mehr mit der Förderung, Y will ja nicht mehr, sie macht nicht mit, weint, sie verweigert ja alles!"

FP: „Ja, Sie haben recht. Ich glaube, wir müssen unser Vorgehen ganz umstellen. Aber zuerst eine Frage: Wie macht sie sich denn zu Hause?"

Mutter: „Zu Hause ist sie das liebste Kind der Welt! Gar keine Probleme! Alles prima! Wir kommen gut miteinander aus!"

FP: „Es liegt also irgendwie genau an der Förderung!?"

Mutter: „Ja, genau! Den Eindruck hab ich auch."

FP: „Haben Sie eine Idee, was Y uns damit sagen will?"

Mutter: „Hm, na ja, vielleicht gefällt ihr das Spielen nicht mehr – sie will etwas anderes."

FP: „Haben Sie eine Idee, was das sein könnte?"

Mutter: „Nein."

FP: „Vielleicht liegt es irgendwie an mir, könnte das sein? Was meinen Sie?"

Mutter: „Hm, kann ich mir eigentlich nicht vorstellen."

FP: „Ja, dann – hm – was spielt sie denn zurzeit am liebsten?"

Mutter: „Eigentlich mit der Kugelbahn – und manchmal auch mit diesen Rasseldingern –"

FP: „Gut – dann können wir ja die nächste Zeit versuchen, in der Stunde einfach das zu machen, was sie zurzeit gerne macht, damit sie Spaß hat und wieder Lust kriegt, hierherzukommen!"

Mutter: „Ich glaub nicht, dass das was nützt – ich hab das Gefühl, sie will wirklich überhaupt nicht mehr!"

FP: „– und Sie glauben auch nicht mehr, dass es hier – etwas nützt?"

Mutter: „– eigentlich ja, so ein Gefühl hab ich –"

FP: „Dann sind Sie beide sich ja ganz einig! Mutter und Tochter haben das gleiche Gefühl, dass eine Veränderung her muss!"

Mutter: „Ja, so könnte man es sagen –"

In diesem Dialog beschreitet die Therapeutin (FP) genau diesen Weg. In mehreren Anläufen versucht sie mit der Mutter etwas zu finden, um das Kind mehr für die Förderstunde zu begeistern. Allerdings erweist sich die Mutter als nicht sehr kooperativ, so dass man den Eindruck bekommt, sie stimmt im Grunde mit dem Kind überein und will die Förderung beenden. Möglicherweise agiert das Kind etwas aus, was von der Mutter kommt –

nämlich mit der Behandlung unzufrieden zu sein. Das hätte man noch erfragen können („– und beide sind mit der Förderung unzufrieden! Was sollte ich denn anders machen?").

Dialog 24: Aneinander vorbei

Mutter: „Wir kommen so gerne zu Ihnen: Was können Sie heute für uns tun?"

FP: „Ich möchte heute mit Ihnen über Ys Behinderung sprechen."

Mutter: „Gerne können wir reden – aber da ist doch alles klar! Was machen Sie denn heute mit ihr?"

Ein Sonderfall von Kontaktverweigerung liegt vor, wenn die Beziehung zu den Fachpersonen aufrechterhalten wird, ohne diese inhaltlich näher an sich herankommen zu lassen. Manche Eltern hören sogar zu und diskutieren mit, die Inhalte scheinen sich aber sofort wieder zu verlieren. Wie sie es auch anstellt, prallt die Fachperson ab, und selbst wenn es ihr gelingt, sich dem heiklen Thema zu nähern, scheint beim nächsten Treffen schon wieder alles vergessen. Je mehr man sich sensiblen Themen nähert, desto bedrohlicher wird den Eltern zumute und desto mehr weichen sie aus. Für die einen ist ihr Erziehungsverhalten so ein sensibles Thema, für andere das Familienleben oder der Entwicklungsstand des Kindes. Manchmal sind Verständigungsprobleme die Ursache, etwa dass über die Bedeutung von Begriffen („geistige Behinderung", „Autismus", „Förderschule") keine Einigkeit besteht. Hier müsste versucht werden, die Vorstellungswelten kennenzulernen und einander anzunähern. Andere Eltern haben tiefe Ängste, kritisiert oder beschuldigt zu werden, und setzen deshalb alles daran, das gefährliche Thema nicht zu berühren.

6.48 „Ich sehe, Sie wollen gar nicht über seinen Entwicklungsstand / seine Verhaltensprobleme / Ihre Erziehungsfragen sprechen."

6.49 „Was ist denn Ihre Meinung zu seinem Verhalten? Wie schätzen Sie ihn denn ein?"

6.50 „Wir müssen uns heute endlich mal einigen, wie wir seinen Entwicklungsstand einschätzen!"

6.51 „Ich bin unzufrieden, wie es mit uns in der Förderung läuft."

Einfaches Paraphrasieren der elterlichen Vermeidungsstrategie wird wahrscheinlich nicht weiterhelfen (6.48), da die entsprechende Abwehr prompt erfolgen wird (Mutter: „Doch, unbedingt! Wir können sofort anfangen!"). Auch der Weg, an die Reflexionsfähigkeit zu appellieren und so einen Dialog herzustellen (6.49), scheitert: Das Festhalten an einem bestimmten Bild vom Kind oder der Familie hat keine kognitiven, sondern emotionale

Gründe (Mutter: „Ich find ihn toll! Er ist so eifrig und bemüht – gut, er kann noch nicht alles, aber das wird schon noch kommen!"). Die konfrontative Version ist für diese Eltern absolut angsterregend (6.50). Hier würde man versuchen, sie zur Aufgabe ihrer Sicherung zu zwingen – ein Vorhaben, das gut überlegt sein will, weil Vertrauensverlust und Behandlungsabbruch drohen. Wenn man sich zu diesem Vorgehen entschließt, sollte man einige Zeit einplanen, um nach der Konfrontation weiter im Gespräch bleiben zu können. Mit ihrer Selbsteinbringung (6.51) spricht die Fachperson ihr aktuelles Gefühl in der Beziehung zu den Eltern an – sehr abwehrende Eltern werden sich damit überfordert fühlen.

Eine gute Möglichkeit ist andererseits, das eigene Dilemma, ein Kind zu fördern, ohne dass dessen Eltern die ganze Tragweite der Störung anerkennen, so lange wie möglich auszuhalten. Damit respektiert man die innere Notlage der Eltern, lässt ihnen den gewünschten Schutz und wird dem Kind gerecht. Man geht mit dem Widerstand und vertraut darauf, dass sich mit der Zeit und der gemeinsamen Arbeit ein besseres Verständnis für die Defizite des Kindes oder den Einfluss des elterlichen Umgangs mit ihm einstellt. Während dieser Phase wird man immer wieder Anstöße zum Nachdenken geben (6.49) und eigene Beobachtungen mitteilen, es aber vermeiden nachzuhaken, um eine Einstellungsänderung zu erzwingen (6.48, 6.50, 6.51).

Die Methode des Abwartens fällt schwerer, je unangemessener das Erziehungsverhalten ist oder wenn bereits Interaktionsstörungen bestehen. Trotzdem ist es in vielen Fällen besser, sich zurückzunehmen, um den Kontakt zu erhalten, als ihn durch vehemente Änderungsvorschläge zu verlieren. Das abwartende Vorgehen ist dagegen gänzlich ungeeignet, wenn das elterliche Verhalten gegen das Kindeswohl verstößt (Dialog 11, 20). In diesem Fall kann die Förderung nicht ohne konfrontative Interventionen (6.50, 6.51) weitergehen.

Dialog 25: Fachperson ist unzufrieden

FP: „Es tut mir leid, das so sagen zu müssen, aber ich bin unzufrieden, wie es mit uns in der Förderung läuft – "

Mutter: „Oh – aber was ist denn los? Was haben Sie denn?"

FP: „Ich komme an einen Punkt, wo es nicht mehr so weitergeht. Ich habe das Gefühl, wir haben ganz unterschiedliche Ansichten über Y, und manchmal denke ich, die vertragen sich nicht."

Mutter: „Was meinen Sie damit? Ich hatte immer das Gefühl, wir vertragen uns gut!"

FP: „Daran liegt es auch nicht, ich mag Y und ich mag Sie. Das Problem ist eher, dass wir uns nicht über Ys Entwicklungsstörung unterhalten können. Jedes Mal, wenn ich darauf zu sprechen komme, habe ich das Gefühl, sie zucken zusammen und weichen mir ganz schnell aus."

Mutter: „Hmm."

> **FP:** „Das ist natürlich ein heikler Punkt für Sie, das tut weh – "
>
> **Mutter:** „Aber sie macht sich doch prima – so schlimm ist es doch gar nicht!"
>
> **FP:** „Sie ist überhaupt nicht schlimm, im Gegenteil, sie ist ein nettes Mädchen. Aber sie hat eine schwere Entwicklungsstörung …"
>
> **Mutter:** „Ja, das weiß ich!"
>
> **FP:** „Ich weiß, dass Sie über Ys Entwicklungsrückstand im Bilde sind, aber wie genau würden Sie ihn denn beschreiben?"
>
> **Mutter:** „Also – sie kann vieles noch nicht, was andere Vierjährige können – und sie muss viel üben, damit sie aufholt!"
>
> **FP:** „Gut dass Sie es sagen: An genau dieser Stelle gehen unsere Meinungen etwas auseinander."
>
> **Mutter:** „Wie meinen Sie das?"
>
> **FP:** „Ich meine, dass man nicht so oft mit ihr üben sollte, weil man sie überfordert. Sie sollte mehr spielen, wie ihr zumute ist!"
>
> **Mutter:** „Sie meinen, weniger üben? Wie soll sie denn da ihren Rückstand aufholen?"
>
> **FP:** „Genau das ist der Punkt: Sie entwickelt sich so, wie es ihrem Entwicklungsstand entspricht. Sie braucht länger als andere Kinder."
>
> **Mutter:** „Aber – dann geht ja alles viel langsamer!!"
>
> **FP:** „Ja. Das ist das Problem: Sie entwickelt sich langsamer. Es ist wie in dem afrikanischen Sprichwort: Man kann das Gras nicht dazu bringen, schneller zu wachsen, indem man daran zieht!"
>
> **Mutter:** „Aber – ich mach doch nicht zu viel mit ihr. Gerade so viel, wie es für sie gut ist."
>
> **FP:** „Wäre es ganz schlimm für Sie, wenn Sie noch langsamer mit ihr gehen würden?"
>
> **Mutter:** „– "
>
> **FP:** „Frau X?? – Wo sind Sie in Ihren Gedanken?"
>
> **Mutter:** „Ich – äh – was haben Sie gerade gesagt?"
>
> **FP:** „Sie wirkten gerade so abwesend – wollen Sie sagen, was Sie so stark beschäftigt hat?"
>
> **Mutter:** „Ich – hab nur so gedacht, dass Sie sagten, sie würde sich noch viel langsamer entwickeln."

Die Fachperson (FP) hat sich entschieden, ihre Unzufriedenheit mit dem Verlauf der Förderung anzusprechen. Wie erwartet, stellt sich die Situation für die Mutter ganz anders dar. Die Pädagogin muss den Grund ihres Unmuts näher erklären, und das Gespräch gelangt rasch zu dem prekären Punkt der Entwicklungseinschätzung. An dieser Stelle entsteht die Gefahr des Machtkampfs, wenn die Fachperson jetzt versucht, ihre Meinung der Mutter überzustülpen. Stattdessen tut sie ihre Ansicht kund und lässt die Mutter dazu Stellung nehmen, indem sie exploriert, wie diese das sieht („wie genau würden Sie ihn beschreiben?"). Sie tut gut daran, kurze Sätze zu bilden, um Spannung zu erzeugen und damit eine intensivere Dialogstruktur zu ermöglichen. Mit dem Stichwort der „langsameren Entwicklung" hat sie die Mutter dann sehr nachdenklich gemacht. Als sie dies merkt, fragt sie konkret nach, um der Mutter eine Chance zu geben, über ihren Schatten zu springen und sich etwas zu öffnen.

Obwohl die Mutter dies nur in einer sehr gefühlsdistanzierten Weise tut, merkt man ihr an, wie sie sich innerlich mit dem Thema auseinandersetzt, und darf sie jetzt nicht drängen. Vielleicht gelingt es der Fachperson mit vorsichtigen Verbalisierungen, die Mutter dazu zu bewegen, ihren Kummer deutlicher zu äußern, und beide können ihre Sicht der Behinderung einander annähern. Vielleicht kommt es aber auch nicht dazu – dann war das Gespräch trotzdem als erster Schritt wichtig, die Unterschiedlichkeit der Sichtweisen in den Raum zu stellen, so dass später erneut darauf Bezug genommen werden kann. Auf jeden Fall wird die Fachperson die Mutter zu Gesprächsende dafür loben, dass sie sich auf die anstrengende Aussprache eingelassen hat, und einen positiven Ausblick geben („Frau X, ich finde es ganz toll, dass Sie sich auf das schwierige Gespräch eingelassen haben. Vielen Eltern fällt das ganz schwer! Jetzt haben wir klargestellt, wie unterschiedlich unsere Ansichten über Ys Entwicklung sind, und wir werden uns im Weiteren schon irgendwie arrangieren").

Eltern sind ängstlich, sagen nichts. Es liegt bestimmt nicht immer an einer Verweigerungshaltung, wenn sich Eltern wenig beteiligen. Manche sind von Haus aus gehemmt, unsicher, oder sie fühlen sich durch die Institution Frühförderung oder Kindergarten mit ihren für sie undurchschaubaren Spielregeln eingeschüchtert. Hier würde man sich natürlich Zeit für Erklärungen und Hinweise nehmen. Die elterliche Haltung kann auch im Laufe der Beziehungsentwicklung zur Fachperson entstanden sein. Wenn diese sich etwa ausgesprochen direktiv und dominant verhält – vielleicht weil sie meint, sie müsse die etwas hilflosen Eltern anleiten –, kann sie damit durchaus zur weiteren Verunselbstständigung beigetragen haben.

6.52 „Sie sind immer so still – Sie dürfen auch was sagen! Ihre Meinung ist mir sehr wichtig!"

6.53 „Was hat er denn gestern gespielt? Wie hat er geschlafen? Wie geht es Ihrem Mann? Wie meinen Sie denn, wie es weitergehen sollte? Was wollen wir als Nächstes üben?"

6.54 „Woher kommen Sie denn genau? Wie feiert man da Hochzeit? Was isst und trinkt man denn da? Wie geht es den Menschen da?"

6.55 „Kann es sein, dass ich Sie etwas einschüchtere mit dem allen, was ich Ihnen erzähle?"

Bei unsicheren, zurückhaltenden Eltern darf man ermunternd nachfragen, auf den Wert ihrer Mitarbeit hinweisen und sollte natürlich Druck vermeiden (6.52). Direkte Fragen nach konkreten Einzelheiten fordern eher zu Antworten heraus (6.53) als allgemein gehaltene Anregungen, die ein breites Spektrum thematisieren („Wie würden Sie denn seine aktuelle Entwicklung beschreiben?"). Sieht man die kommunikative Zurückhaltung der Eltern als Ausdruck von Verunsicherung in der Beziehung zur Fachperson, könnte deren Interesse an Lebensalltag und Lebensweise der Familie vielleicht das Eis brechen (6.54). Schließlich kann man die Beziehung ansprechen (6.55), was aber auch nicht allen Gesprächspartnern liegt und vielleicht noch mehr verunsichert.

Vorwürfe und Aggression

Fachpersonen bekommen im Elterngespräch manchmal heftige Vorwürfe zu hören, seltener werden sie allerdings physische Aggressionen erleben. Außer bei tätlichen Angriffen wird es aber nicht darum gehen, sich zu schützen, sondern die vorgebrachten Angriffe in einer für Arbeitsauftrag oder Arbeitsbeziehung sinnvollen Weise aufzugreifen und konstruktiv zu nutzen. Entscheidend ist also zu verstehen, welcher Zusammenhang zwischen Unmut einerseits und gemeinsamem aktuellen Arbeitsthema (Entwicklungsfortschritte, Diagnosemitteilungen, Rückfälle, Krisen) besteht, aber auch zu spüren, welche Botschaft auf der Beziehungsebene an die Fachperson gerichtet wird. Wiederum ist zu berücksichtigen, dass eine Attacke das Endglied einer allmählich eskalierten Beziehungsdynamik sein kann. Vorstellbar ist dann, dass unterschwellige Machtkämpfe ausgetragen wurden und bei den Eltern das Gefühl entstand, sich gegen als Übergriffe empfundene Maßnahmen wehren zu müssen. Vielleicht muss die Fachperson aber auch als Zielscheibe für eine Aggression herhalten, deren wirklicher Anlass nicht greifbar ist: Verzweiflung und Verbitterung über das Schicksal, sich mit einem schwierigen Kind oder einer Behinderung auseinandersetzen zu müssen.

Dialog 26: Kritik an der Fachperson

Mutter: „Sie haben mir geraten, nach Florida zu fahren: Und es hat nichts gebracht!"

FP: „Ich habe Ihnen die Delfintherapie bestimmt nicht ‚empfohlen'!"

Mutter: „Doch! Sie haben gesagt, Sie könnten sich vorstellen, dass es vielleicht hilft! – Aber es hat überhaupt nichts geholfen!!"

FP: „Ich hätte es Ihnen wirklich gewünscht! Ich hätte es so gut gefunden, wenn es was genützt hätte – leider hat es offenbar nichts gebracht!"

Mutter: „Jetzt haben wir das ganze Geld ausgegeben und fangen wieder von vorne an."

FP: „Das tut mir leid. Und dann haben Sie auch noch das Gefühl, ich hätte Sie falsch beraten – "

Mutter: „Genau! Ich habe mir wirklich so große Hoffnungen gemacht!"

FP: „Sie sind wirklich sehr enttäuscht!"

Mutter: „Ja."

FP: „Sie hatten so große Hoffnungen, dass Y einen großen Sprung vorwärts macht."

Mutter: „Ja."

FP: „Es ist wirklich schade – auch durch diese Therapie hat sich nichts bewegt."

Mutter: „– Aber ich bin auch enttäuscht von Ihnen. Warum haben Sie mir das nicht ausgeredet? Warum haben Sie mich nicht davon abgehalten?"

FP: „Es tut mir leid. Aber Sie – waren damals so begeistert – es war so beeindruckend, wie wichtig Ihnen das Projekt wurde, sie waren so aktiv, so glücklich – Sie hatten ein Ziel!"

Mutter: „Ja, das stimmt!"

FP: „Da habe ich gedacht, es ist so wichtig für Sie – das will ich Ihnen nicht kaputt machen – und ich dachte, vielleicht hilft es ja irgendwas, manchmal profitieren die Kinder auch davon, vielleicht dass sie einfach die schönen Ferien genießen können – man kann das nie so recht voraussagen."

Mutter: „Na ja – sollten Sie nicht immer Ihre ehrliche Meinung sagen, als Fachfrau?"

FP: „Da haben Sie recht. Ich habe mich vielleicht nicht deutlich genug ausgedrückt. Manchmal will man dem anderen nicht auf einmal zu viel zumuten, ihm Hoffnung nehmen – soll ich ab heute immer ganz knallhart, klipp und klar meine Meinung sagen?"

Mutter: „Ich weiß nicht – ja – schon."

FP: „Ich werde in Zukunft meine Meinung deutlicher äußern – einverstanden?"

Der Vorwurf, nicht ausreichend vor der alternativen Therapie gewarnt zu haben, trifft die Fachperson. Sie (FP) beginnt sich sofort zu verteidigen und relativiert ihre damalige Äußerung. Dann fängt sie sich, konzentriert sich auf die Mutter und verbalisiert deren Ärger über den geringen Nutzen. Dabei versucht sie, über die enttäuschte Hoffnung zum Thema der Bewältigung überzuleiten. Hier stellt sie die Ressourcen schön heraus, die in der Familie mobilisiert wurden. Aber die Mutter lässt sich von ihrem Unmut über die Therapeutin nicht abbringen und bewegt diese jetzt dazu, Einschätzung und Motive zu offenbaren, ihr Mitgefühl auszudrücken, sich verständlicher zu machen und ihr entgegenzukommen.

Die an die Fachperson gerichtete Botschaft auf der Beziehungsebene war offenbar, dass die Mutter Mitgefühl für ihre Enttäuschung spüren, darüber hinaus aber auch eine Klarstellung der Motive erhalten wollte, die damals zum Kommentar der Fachperson führten. Deren Erklärung, dass ein Missverständnis vorliege und sie sich von ihren Wunschvorstellungen habe leiten lassen, ist zwar nicht von der Hand zu weisen, trägt aber zum aktuellen

Zeitpunkt nicht zum Vertrauensaufbau bei. Das beherrschende Thema ist die Enttäuschung der Mutter über alle, die vorgeben, ihrem Kind zu helfen, und es doch nicht schaffen. Sie ist wütend, dass niemand ihr Kind gesund machen kann. Das hätte man noch verbalisieren können („Und in alledem spüre ich, wie verzweifelt Sie sind, dass nichts Ihrem Kind so richtig weiterhelfen kann!").

Dialog 27: Ablehnung von Vorschlägen

Vater: „Mein Kind geht nicht zur Förderschule! Das kommt nicht in Frage! Da hat die einen Test gemacht, aber der ist falsch! Das glaube ich nicht, das ist unmöglich! Die spinnt!"

FP: „Sie sind ja ganz außer sich vor Wut!"

Vater: „Soll man nicht wütend sein? Diese blöde Kuh! Der ist doch nicht behindert! Der schreie ich ins Gesicht, die will ihn behindert machen!!"

FP: „Jetzt beruhigen Sie sich mal – ich versteh ja Ihren Ärger –"

Vater: „Wie soll man sich da beruhigen? Wenn Ihr Kind bekloppt gemacht wird? Da muss man doch reinschlagen!!"

FP: „Ja. Ich verstehe, dass Sie ganz aufgebracht und voller Wut auf die Psychologin sind. Und dass Sie den X ungerecht behandelt sehen."

Vater: „Natürlich!! Er war bei dem Test zu müde! Er hat zwar das Falsche gesagt, aber das Richtige gemeint, und zu Hause kann er alles!"

FP: „Was hat die Psychologin denn genau gesagt?"

Vater: „– Man kann das heute doch noch gar nicht so genau sagen! Mein Cousin war genauso und heute ist er Arzt."

FP: „Da haben Sie recht, dass man vieles nicht so voraussagen kann, gerade bei so jungen Kindern."

Vater: „Ja, was meinen Sie denn? Sie haben noch nie genau gesagt, was Sie über ihn denken! Was denken Sie denn?"

FP: „Ich – äh – ich habe doch immer gesagt, dass er zurück ist und vieles noch nicht kann!?"

Vater: „Sie haben gesagt, dass er das kann und jenes kann – immer nur, was er kann – und verzögert, verzögert – aber was ist das: ‚verzögert'? Doch nicht ‚behindert'!!!"

FP: „Jetzt sind Sie auch sauer auf mich, wie ich das gesagt hab. Und wollen jetzt meine persönliche Meinung über X hören?"

Vater: „Genau! Sie sollen auch mal sagen, was er hat und ob er behindert ist."

FP: „Also, wenn Sie mich so direkt fragen, ich glaube, dass das stimmt, was die Psychologin herausgefunden hat. Er ist so weit verzögert, dass man eine schwere Lernbehinderung erkennen kann. Damit ist noch nicht gesagt, wie er sich weiterentwickelt – aber im Moment hat er tatsächlich eine deutliche Lernbehinderung und wird wahrscheinlich die Schule nicht schaffen."

Vater: „So!! – Und warum haben Sie mir das nicht schon früher gesagt! Jetzt machen auch Sie mein Kind schlecht! Und ich habe immer geglaubt, Sie finden ihn toll!"

> **FP:** „Ich finde ihn nach wie vor gut, und es tut mir leid, dass Sie so getroffen sind. Wir Pädagogen wissen auch nicht alles und brauchen dann auch mal das Urteil von anderen Fachkollegen. Jetzt passt alles zusammen, und wir müssen davon ausgehen, dass X eine Lernbehinderung hat."

Der über die psychologische Begutachtung seines Sohnes empörte Vater muss erst einmal Dampf ablassen, so dass der Versuch zwangsläufig scheitert, ihn zu beruhigen. Die weiteren Verbalisierungen signalisieren ihm deshalb, dass er seinen Ärger loswerden darf und dass das Inhaltliche warten kann. Da es um die zentrale Frage der Behinderungsdiagnose geht, ist es gar nicht verwunderlich, dass nun auch von der Fachperson eine konkrete Stellungnahme gefordert wird. Hier wird nun deutlich, dass sie sich bislang nicht festlegen konnte, so dass auch sie einen Teil des Ärgers abbekommt. Nichtsdestotrotz verbalisiert sie weiterhin ihr Mitgefühl für die Reaktion des Vaters und stellt die Zusammenhänge aus ihrer Sicht dar. Das Gespräch wird sich weiterhin um die Behinderungsfrage drehen, wobei sie die Gefühle des Vaters annehmen und die eigene vorsichtige und abwartende Haltung im Diagnose- bzw. Vermittlungsprozess transparent machen wird. Die Fachperson wird sich noch viele Male mit dem Vater auseinandersetzen müssen, da sein Bewältigungsprozess nun erst begonnen hat.

Stillstand

Manche Beziehungen haben einen Punkt erreicht, an dem man sich müht, arbeitet und auch miteinander ringt, aber trotzdem kein Fortkommen spürt. Ein solcher Stillstand kann damit zu tun haben, dass man resigniert oder mehr oder weniger offen gegeneinander kämpft, dass man sich misstraut oder sich idealisiert. Beide Gesprächsteilnehmer sind aufeinander eingespielt, und ohne es bewusst zu wollen, führt jede Initiative tiefer in die Sackgasse. Solche Verstrickungen sind oft nicht auf Anhieb zu erkennen, Müdigkeits- und Erschöpfungsgefühle weisen auf sie hin. Es geht darum, das Thema zu erkennen, das den Stillstand scheinbar notwendig macht, und darüber mit den Eltern ins Gespräch zu kommen. Im Folgenden werden verschiedene Konstellationen eines Beziehungsstillstandes als Vignetten in verkürzten, aber prägnanten Kernsätzen vorgestellt. In ihnen kommen Haltungen zum Ausdruck, die für jeweils eine besondere Art von Stillstand typisch sind und sich in ständig neuer Variation durch sämtliche Interaktionen zwischen Eltern und Fachperson hindurchziehen.

Dialogvignette 28: Resignation

> **Mutter:** „Ich hab schon alles probiert – nichts hilft!!"
> **FP:** „Versuchen Sie es doch mal mit …!"
> **Mutter:** „Hab ich auch schon probiert – hilft alles nichts!!"

Hier ist ein System beschrieben, in dem die Fachperson (FP) immer dann von den Eltern abgewiesen wird, wenn sie initiativ wird, einen Impuls gibt oder etwas Neues hineinbringen will. Für die Interaktion zwischen Fachperson und Eltern eines Kindes mit Entwicklungsstörung könnte diese Struktur Folgendes bedeuten:

a) Die fachlichen Ideen sind irrelevant, sie verfehlen das Thema,
b) die Vorschläge der Fachperson sind für die Eltern tatsächlich nichts Neues, oder es liegen bereits genügend Erfahrungen über deren Unzweckmäßigkeit vor,
c) die Eltern resignieren,
d) die Eltern sind überfordert, weil FP immerzu neue Vorschläge macht,
e) die Eltern opponieren, weil sie sich bevormundet fühlen,
f) die FP fühlt sich von den Eltern zurückgewiesen,
g) sie fühlt sich von den Eltern zu ständig neuen Anregungen gedrängt,
h) sie ist verärgert und resigniert.

Die beiden ersten Gründe (a, b) könnte man mit folgenden Äußerungen aufgreifen:

> **FP:** „Ich habe in letzter Zeit einige Vorschläge gemacht, was wir mit X tun könnten, aber ich hatte da offensichtlich keine glückliche Hand und lauter Ideen gehabt, die Sie schon längst kannten. Was scheint *Ihnen* denn am zweckmäßigsten?"
>
> **Mutter:** „Aber Sie müssen doch wissen, was getan werden muss! Sie sind doch die Fachfrau!"

Die Mutter ist enttäuscht und ärgerlich. Anscheinend hatte sie sich vorgestellt, die Fachperson könne ihr ganz ungeahnte und durchschlagende Förderideen anbieten, was nun offensichtlich nicht der Fall ist.

> **FP:** „Das stimmt zwar, aber jetzt sind mir tatsächlich die Ideen ausgegangen. Sie haben einfach schon so viel gemacht! Ich sehe nur die Chance, dass wir uns zusammensetzen und zusammentragen, womit wir aus unser beider Sicht weitermachen."
>
> **Mutter:** „Ich habe mir das anders vorgestellt. Ich dachte, ich bekäme neue Anregungen und es ginge dann voran!"
>
> **FP:** „Im Moment sehe ich nur den Weg, dass wir gemeinsam festlegen, wie wir weitermachen wollen – aber ich höre auch, dass Sie traurig darüber sind, wie wenig es mit X weitergeht, wie langsam er sich entwickelt – ?"

Die Fachperson bringt keine neuen Ideen mehr ein, weil sie eine gemeinsame Ausgangsbasis mit der Mutter schaffen will. Die Mutter soll mitentscheiden und damit auch Verantwortung für das Vorgehen übernehmen. Darüber hinaus verbalisiert sie die Enttäuschung der Mutter über die geringen Entwicklungsfortschritte des Sohnes. Entweder ergibt sich jetzt ein Gespräch darüber, wie sehr die Mutter unter der Entwicklungsverzögerung leidet und trauert, oder es kommt auch ohne diesen Exkurs in das persönliche Erleben zu einer Verabredung über den weiteren Verlauf. Allerdings kann es auch sein, dass der Ärger der Mutter doch überhandnimmt und die Kommunikation auf einen Konflikt hinsteuert, der unterschwellig längst rumort. Vielleicht äußert sie ihre Unzufriedenheit und wirft der Fachperson mangelnde Kompetenz vor. Oder sie will nicht mehr mit ihr zusammenarbeiten, und man kann eine andere Fachperson einwechseln lassen.

Es kann nun auch sein, dass die Fachperson die Eltern als zunehmend resignativ erlebt und darin den Grund für die kontinuierliche Ablehnung ihrer Vorschläge sieht (c). Neue Ideen oder vielleicht Aktivität überhaupt werden zurückgewiesen, weil die Eltern keinen Sinn in deren Durchführung sehen. Diese Haltung ruft sofort Ermunterung, Motivierung und Unterstützung vonseiten der Fachperson hervor. Sie werden aber wegen der passiven Grundstimmung nicht aufgegriffen, was wiederum die seelische Verfassung der betroffenen Eltern verschlimmert. Diese Gefühlslage anzusprechen könnte den Eltern ihre Resignation bewusst machen und sie vielleicht sogar aktivieren – jedenfalls mehr als ständig neue Behandlungsvorschläge.

Dialog 29: Zweifel an der Förderung

> **FP:** „Es ist wirklich traurig, dass gar nichts weiterhilft! Nichts von alledem, was wir ausprobiert haben, hat wirklich etwas gebracht."
>
> **Mutter:** „Ja, genau!"
>
> **FP:** „So, wie es läuft, denke ich sogar manchmal, Sie haben die Hoffnung bereits aufgegeben?!"
>
> **Mutter:** „Ja – hm – eigentlich – ja!"
>
> **FP:** „Sie zweifeln dann auch, was die ganze Förderung dann noch bringen soll?"
>
> **Mutter:** „Ja."
>
> **FP:** „Was ist es denn, was Sie in der letzten Zeit am Schlimmsten getroffen, so niedergemacht hat?"
>
> **Mutter:** „Ja – also, ich glaube, das war … "
>
> **FP:** „… Ja, Sie haben wirklich recht: Es wird immer deutlicher, wie weit X zurück ist, und damit auch, wie schwer seine Behinderung ist. Deshalb lernt er viel langsamer als andere Kinder, und der Abstand zu ihnen wird auch immer größer."
>
> **Mutter:** „Das heißt, er bleibt für immer zurück, also für immer behindert?"
>
> **FP:** „Ja, das ist wahr. Wir können seine Behinderung durch nichts heilen."
>
> **Mutter:** „Also hat alles gar keinen Zweck!"
>
> **FP:** „Sie haben recht: Nichts kann die Behinderung wegmachen. Aber er soll doch so viel lernen, wie er kann, er soll sich freuen und Spaß haben – wir gehen in der Förderung jetzt einfach mal ganz langsam weiter."

Vom eigenen Empfinden ausgehend verbalisiert die Fachperson (FP) das, was sie von der Gefühlslage der Mutter erkennt. Sie spricht deren Zweifel am Fördererfolg und ihre Niedergeschlagenheit an. Sie gibt ihr Raum, noch mehr von ihrer Einschätzung des Kindes und ihrem Befinden mitzuteilen. Eine andere Möglichkeit läge darin, Ausmaß und Tragweite der Behinderung zu thematisieren und damit die Endlichkeit von Förderung klarzustellen. Auch dieses Vorgehen wird für die Mutter schmerzlich sein – aber sie wird sich ernst genommen fühlen, weil sie ja tatsächlich wegen der nur begrenzt möglichen Hilfe so hoffnungslos ist.

Hat man das Gefühl, die Eltern sind überfordert und können deshalb die Fördervorschläge nicht umsetzen (d), wäre dieser Überforderung auf den Grund zu gehen. Dazu kann man mit den Eltern über ihre Zufriedenheit mit der Förderung sprechen und sie erklären lassen, was sie gut finden und was ihnen weniger passt. Dann könnte man mit ihnen vereinbaren, mit welchen Interventionen die Förderung fortgesetzt wird. Eine andere Möglichkeit bestünde darin, zu fragen, wie die Eltern denn zum gegebenen Zeitpunkt mit der Förderung weitermachen würden, und genau das zum neuen Ausgangspunkt zu nehmen. In gleicher Weise wird man verfahren, wenn man meint, die Eltern fühlen sich dominiert und würden deshalb die Zusammenarbeit sabotieren (e). Man wird sich ihrem Unmut zuwenden und sie ausdrücklich an der weiteren Planung beteiligen.

Bei der Analyse des oben beschriebenen kommunikativen Zirkels kann man ebenso gut auch von der Fachperson selbst ausgehen, da sich die Gesprächspartner gegenseitig beeinflussen. Fühlt sich die Fachperson von den Eltern abgewiesen (f), kann sie auf die unter a) bis e) aufgeführten Ursachen stoßen. Sie kann sich aber auch fragen, ob sie wirklich alles darangesetzt hat, sich auf diese spezielle Familie gut einzustellen. Vielleicht hat sie sich zu sehr von eigenen Ideen leiten lassen und das von der Familie in diesem Moment Versteh- und Machbare aus dem Blick verloren. Fühlt sie sich zu immer größeren Anstrengungen angetrieben (g), kann sie etwas von einem Machtkampf spüren, in dem sie mit den Eltern um Kompetenz konkurriert. Hier muss sich die Fachperson dann nach den eigenen Beweggründen fragen, die sie in diesen Wettkampf treiben. Vielleicht kompensiert sie eigene Unsicherheit oder sie sieht in ihrem Gegenüber eine Autoritätsperson, gegen die sie sich behaupten, oder eine unreife, unselbstständige Person, die bemuttert und geführt werden muss.

Dass die Fachperson verärgert ist und nahe daran aufzugeben (h), ist bei ständiger Zurückweisung gut nachvollziehbar. Manchmal hilft es, sich vorzustellen, dass diese Enttäuschung auch auf der Gegenseite besteht. Sie kann also aus der eigenen Entmutigung auf ganz ähnliche Stimmungen beim Gesprächspartner schließen. Vielleicht wird sie auch ähnlich despektierlich über die Forderungen der Eltern denken wie diese über ihre (a, b). Wenn sie sich ärgert, spürt sie vielleicht darin die Wut der Eltern über die

Behinderung, die ihrem passiven Widerstand gegen die Mitarbeit zugrunde liegt, sich als solche nicht artikulieren kann und sich stattdessen auf die Zusammenarbeit richtet. Wie oben ausgeführt (c), könnte die Fachperson also über ihr Ärgerempfinden zum Thema der Behinderungsbewältigung überleiten, um den Stillstand zu überwinden.

Dialogvignette 30: Machtkampf

> **Mutter:** „Ich weiß genau, was für mein Kind das Beste ist!"
> **FP:** „Heute können wir mal … probieren!"
> **Mutter:** „Nein, das taugt nichts! Wir machen … das ist viel besser für mein Kind!"

Machtkonflikte. Konstellationen, die sich mit dem obigen Textbeispiel beschreiben lassen, liegt vermutlich ein Machtkonflikt zugrunde. Hier streiten zwei darum, wer besser Bescheid weiß und deshalb das Sagen haben soll. Auch ein Streit dieser Art führt zu Stillstand, weil jeder Vorschlag der einen Seite sofort von der anderen negiert wird. Die Fachperson wird sich fragen müssen, welches Selbstverständnis sie hat und wie ihr Konzept von elterlicher Kompetenz aussieht. Es kann gut sein, dass sie vor lauter Übereifer übersieht, dass manche Eltern Erziehung und Förderung ihres Kindes mitbestimmen wollen. Diese fühlen sich dann von engagierten und forschen Fachleuten an die Wand gedrängt und wehren sich. Manche Eltern tun sich prinzipiell schwer, die höhere Kompetenz anderer gelten zu lassen. In beiden Fällen hilft das klärende Gespräch kaum weiter, da nun die Gefahr besteht, darüber zu streiten, wessen Klärung die Richtige ist. Es wird also der Fachperson wenig anderes übrig bleiben, als über ihren Schatten zu springen und auf die Eltern zuzugehen. Wenn allerdings die elterliche Einschätzung vollkommen kontrovers zur eigenen liegt oder das Kind schädigende Verhaltensweisen befürwortet werden, muss sie ein Ultimatum stellen.

Dialog 31: Unterschiedliche Meinungen

> **FP:** „Ich sehe, wir können uns da nicht einigen. Sie wollen, dass ich mit X Männchen male – aber ich sehe sein Problem erst einmal in seiner Ängstlichkeit. Da muss ich etwas tun!"
> **Mutter:** „Aber er kriegt noch keinen geraden Strich hin! Wie soll das denn in der Schule werden? Er muss dieses Malen üben, und deswegen sind wir ja hier!"
> **FP:** „Das kommt schon. Was mir Sorgen macht, ist, dass er sich nicht traut. Wenn er sich nicht traut, versucht er auch nichts, dann macht er keine Erfahrungen und lernt auch nichts!"
> **Mutter:** „Ich glaube eher, dass er so unsicher ist, weil er Verschiedenes noch nicht richtig kann. Deshalb möchte ich gerne, dass Sie mit ihm üben!"

> **FP:** „Na gut! Die nächsten vier Wochen setze ich die Fein- und Graphomoto-
> rik ganz oben auf die Übungsliste. Und wir beobachten mal, wie er davon
> profitiert!"

Die Fachperson (FP) löst den Konflikt, indem sie einlenkt. Sie schwenkt für
einen festgelegten Zeitraum auf das Anliegen der Mutter ein. Mit ihrer
Nachgiebigkeit signalisiert sie der Mutter, dass sie deren Blickwinkel
akzeptiert und sich auf ihn einlässt. Für die Mutter besteht kein Grund
mehr, den Machtkampf fortzuführen. Je nach Förderergebnis wird man
nach einem Monat die Absprache ändern.

> **FP:** „Wir müssen diese Übungen machen, damit er in Bewegung bleibt und
> sich sein Gewicht stabilisiert. Er sollte wirklich nicht mehr zunehmen!"
> **Mutter:** „Es wird schon werden. Wir sind doch alle ein bisschen rund. Das hat
> noch niemandem geschadet!"
> **FP:** „Doch! Sein Übergewicht ist sehr ungesund – der Kinderarzt sagt das
> auch. Es muss dringend etwas geschehen. Auch eine Ernährungsberatung
> müssen Sie machen. Da hilft alles nichts."
> **Mutter:** „Ich weiß doch wohl, wie man kocht und was für ein Kind gut ist!
> Nee, nee, lassen Sie das mal meine Sorge sein. Der Kleine ist gesund und
> wird es auch bleiben!"
> **FP:** „Jetzt streiten wir uns schon wieder über dieses Thema. Ich finde ja auch,
> dass Sie mit vielem recht – und ihn richtig lieb haben. Aber mit der Ernäh-
> rung kann es nicht so weitergehen – das Übergewicht hindert ihn jetzt
> schon in seinem Bewegungsradius, und er lernt nichts dazu! Ich gebe Ih-
> nen die Adresse von der Ernährungsberaterin, und da gehen Sie mal hin."
> **Mutter:** „Daraus wird nichts! Ich lasse mir von niemandem sagen, was ich
> meinem Kind zu essen gebe oder nicht!!"
> **FP:** „Gut! Ich respektiere das, dass Sie Ihren eigenen Willen zu diesem Thema
> haben – aber ich kann dann auch nicht mehr mit Ihnen zusammenarbei-
> ten. Unsere Ansichten passen dann einfach nicht zusammen. Es tut mir
> sehr leid für X, ich hätte gerne mit ihm weitergemacht. Sie müssen sich
> dann jemand Neues suchen, der die Förderung weitermacht. Wenn Sie
> sich anders entscheiden, können Sie mich jederzeit anrufen."

Ein schon mehrfach wiederholter Streit um familiäre Ernährungsgewohn-
heiten führt zu dieser Szene. Die Fachperson versucht, die Mutter zu überzeugen, und macht dabei auch Druck mit dem Kinderarzt. Abermals findet
sie in dem für sie wichtigen Punkt kein Gehör und zieht die Konsequenzen.
Dabei äußert sie weder Ablehnung noch Vorwürfe, sondern gibt ein positives Feedback. Sie hält auch der Mutter den Kontakt offen, falls sie ihre Meinung ändert.

Dialogvignette 32: Misstrauen

> **Mutter:** „Ich traue Ihnen nicht über den Weg!"
> **FP:** „Wir können ganz vorsichtig versuchen, uns einander anzunähern."
> **Mutter:** „Ich weiß gar nicht, was Sie von mir wollen! Ich traue Ihnen nicht über den Weg!"

Misstrauen. Vorsicht und eine gewisse Portion Misstrauen wird sich insbesondere zu Beginn in jeder Beziehung zwischen Eltern und einem professionellen Helfer finden, wenn man sich noch nicht einschätzen kann. Manchmal allerdings löst sich die anfängliche Skepsis nicht in einer kooperativen Arbeitsbeziehung auf, sondern dauert fort, gleich was die Fachperson (FP) unternimmt.

> **FP:** „Ich würde ab heute gerne mit Übungen zur Wahrnehmung einen neuen Schwerpunkt setzen und gerne mit … anfangen."
> **Mutter:** „Wieso muss das denn jetzt geändert werden? Meinen Sie, was Sie die letzten Wochen gemacht haben, ist nicht mehr nötig?"
> **FP:** „Doch, schon, aber sie hat auch in anderen Bereichen Förderbedarf, und deshalb will ich mich nicht nur auf eine Sache konzentrieren."
> **Mutter:** „Ich weiß nicht so recht – meinen Sie, Y kann den plötzlichen Wechsel verkraften, jetzt wo sie sich an die Aufgaben gewöhnt hat? Wird sie das nicht durcheinanderbringen?"
> **FP:** „Nein, ich glaube nicht. Sie wird schon damit fertig."
> **Mutter:** „Ich weiß nicht so recht. Mir kommt das jetzt ein bisschen abrupt. Ich kann mir gar nicht vorstellen, wie das für sie sein wird."
> **FP:** „Wie würden Sie es denn machen? Wie könnte es denn für Y am besten sein?"
> **Mutter:** „Ja – also – ich meine – wir sollten ganz langsam wechseln. Vielleicht könnte man …"

Auch in diesem Fall wird es wenig helfen, die Beziehungskonstellation mit der Mutter zu thematisieren („Ich erlebe Sie immer so skeptisch –?"; „Ich würde gerne verstehen, warum Sie immer so vorsichtig sind und sich so schwertun, wenn ich mit neuen Ideen komme?"). Die Mutter würde eher noch misstrauischer, weil sie sich nun exponiert, hinterfragt oder kritisiert fühlt. Für eine solche Aussprache sollten Eltern und Fachperson noch etwas vertrauter miteinander werden. Im obigen Gesprächsausschnitt hat sich die Fachperson entschieden, die Mutter mehr in Entscheidungen einzubeziehen. Um dem nachzukommen, wird die Fachperson ihr Behandlungstempo drosseln müssen, hat dafür aber die Mitarbeitsbereitschaft der Mutter gewonnen. Wenn sich die Mutter mit dem Angebot der Fachperson nicht zufriedengibt und nach kurzer Zeit die Fachperson erneut bremst, könnte das darauf hinweisen, dass ihr Misstrauen eher Ausdruck von Ablehnung oder eines Kompetenzstreites ist.

Lösen sich elterliche Bedenken nicht auf, wird sich die Fachperson selbst fragen müssen, ob sie vielleicht durch widersprüchliche Vorschläge Anlass dazu gegeben hat. Wenn Eltern alles in Frage stellen, kann dies auf persönlicher Unsicherheit, aber auch einem starken Kontrollbedürfnis beruhen. Hier würde man versuchen, ihnen das Kind so wenig wie möglich aus der Hand zu nehmen und nur die Interventionen durchzuführen, die ausgiebig diskutiert und von ihnen gebilligt wurden. Wenn die Fachperson eine positive Beziehung zu Eltern mit stark kontrollierendem Verhalten aufbauen möchte, wird sie nicht umhinkönnen, sich auf diese Eigenheiten einzustellen. Sie wird dann mehr Zeit für Erklärungen, Diskussionen und Organisation einplanen als mit anderen Eltern.

Im Bereich der Frühförderung kann ausgeprägte elterliche Unsicherheit immer auch von unklaren Diagnosen des Kindes, Ungewissheit über das Ausmaß der Beeinträchtigung oder Abwehr der Behinderung herrühren. In diesem Fall sollte die Einschätzung des Kindes zum Gesprächsthema gemacht werden, um eine gemeinsame Basis zu finden („Ich würde gerne mal mit Ihnen darüber sprechen, wie Sie Ihr Kind überhaupt so einschätzen: Was es kann, was es nicht so gut kann, wo seine Stärken und Schwächen liegen. Was meinen Sie?"). Vielleicht liegt auch übermäßige Ängstlichkeit der Eltern um ihr Kind bei durchaus angemessener Bewertung seiner Entwicklung vor. Dann wird man diese Überängstlichkeit empathisch ansprechen und versuchen, die Eltern zu motivieren, dem Kind mehr zuzutrauen („Mir gefällt es gut, dass Sie so vorsichtig mit X sind. Er fühlt sich bestimmt gut beschützt und sicher bei Ihnen. Aber manchmal denke ich, Sie könnten ihm ein bisschen – wirklich nur ein bisschen – mehr Freiraum lassen, damit er auch einmal eine neue Erfahrung machen kann"; „Ich erlebe Sie immer in so großer Sorge um Ihr Kind. Sie kommen da gar nicht zur Ruhe, nicht wahr? Was macht Ihnen denn so viele Sorgen?").

Dialogvignette 33: Idealisierung

> **Mutter:** „Sie haben immer so tolle Ideen! Die von neulich hat richtig gut geholfen!"
> **FP:** „Das freut mich. Heute könnten wir mal … versuchen."
> **Mutter:** „Das klingt ja sehr interessant. Ich bin schon gespannt, wie das wirkt!"

Idealisierung. Eine auf den ersten Blick viel angenehmere Beziehungsstruktur ist im obigen Textausschnitt dargestellt. Hier arbeiten offenbar zwei Personen bestens zusammen. Insbesondere für die Fachperson scheint die Zusammenarbeit erfreulich, da man ihre Interventionen bereitwillig akzeptiert und sie als Person äußerst wohlwollend aufnimmt. Zunächst also geschmeichelt und bestärkt, wird sie sich mit der Zeit allerdings fragen, ob denn in dieser Familie unterschiedslos alles beifällig aufgenommen wird, was sie anbietet. Sie wird allmählich das Gefühl bekommen, in dieser Familie werde alles in Watte gepackt, um auch nur den Anflug von Disharmonie zu verhindern. Durch Lob und an Verehrung grenzende Bewunderung wächst ihr Verantwortungsgefühl ins Unermessliche, bis sie sich schließlich ganz erdrückt und gelähmt fühlt. Spätestens dann merkt sie, dass sich die Familie völlig von ihrem Engagement und ihrer Expertise abhängig gemacht hat, sich auf sie verlässt und im Grunde genommen keine eigene Kompetenz ausbildet.

Auch in diesem Fall kann eine tiefe innere Verunsicherung der Eltern Ursache dafür sein, sich nichts zuzutrauen, keine eigene Ansichten, Erziehungs- oder Förderideen zu entwickeln – vielleicht auch weil man vor Ausmaß und Konsequenzen der Behinderung, Entwicklungs- oder Verhaltensstörung die Augen verschließt. Die Eltern fühlen sich vollkommen untauglich und machtlos, so dass sie sich an jeden Beistand klammern und ihre ganze Hoffnung auf externe Hilfe setzen. Diese Person wird als Retter und Heiler idealisiert, die komplementäre Herabsetzung eigenen Vermögens nimmt man gerne in Kauf. Die Verantwortungsübergabe hat darüber hinaus den Vorteil, die Schuld im Falle eines Scheiterns der Förderung auf die Schultern der Fachperson laden zu können, womit man sich selbst von seinen Versagensängsten entlastet hätte.

Ziel wäre deshalb, elterliche Selbstverantwortlichkeit zu stärken, eigene Aktivitäten und eigene Entscheidungen zu ermutigen und den Eltern damit ihre eigene Kompetenz zu verdeutlichen. Diese Absicht wird man keineswegs von Anfang an umsetzen, da dies die Eltern überlasten würde. Stattdessen wird man sie kontinuierlich am Prozess beteiligen, ihnen erläutern, was man plant und wofür es dienen soll, und ihre Meinung immer wieder einholen („Was meinen Sie denn dazu?"; „Wie würden Sie das denn sehen?") oder sie bitten, zwischen zwei Vorgehensweisen zu entscheiden („Wie sollen wir uns entscheiden? Was wäre Ihnen denn lieber? Worin würden Sie den meisten Nutzen sehen?"). Schließlich fühlen sich auch Eltern durch Lob ermutigt und werden selbstbewusster („Mit gefällt es sehr gut, wie Sie heute mit ihr gespielt haben!"; „Das war ausgezeichnet, dass Sie stur geblieben sind und klargestellt haben, dass er das nicht darf!").

Alternativ könnte die Fachperson auf die von den Eltern angebotene Beziehungsdefinition reagieren, indem sie die Idealisierung zunehmend zurückweist und die einvernehmende Bewunderung relativiert. Dabei sollte sie darauf achten, dies in einer nicht bloßstellenden Weise zu tun („Ich freue mich sehr, dass Sie mit meiner Arbeit zufrieden sind – aber ich weiß auch nicht alles, und manchmal klappt das auch nicht, was mir einfällt!"; „Jetzt denken Sie wahrscheinlich wieder, ich sei ein Wunderheiler – aber ich glaube, wir haben einfach Glück gehabt, dass X das so schnell gelernt hat: Vielleicht war er jetzt einfach so weit!"). Es wird also für einen behutsamen

Übergang von der Idealisierung zur Verantwortungsübernahme plädiert, solange die Eltern diese Beziehungsstruktur nötig haben und sich dadurch stabilisieren.

Eltern unter besonderer seelischer Belastung

In Frühförderung oder Kindergarten lernen wir auch Eltern kennen, die stärkeren psychischen Belastungen ausgesetzt sind. Manche reagieren nur temporär aufgrund außergewöhnlicher Krisenereignisse mit seelischen Auffälligkeiten. Einige verarbeiten die in der Auseinandersetzung mit der Behinderung des Kindes entstehenden traumatisierenden Erfahrungen mit seelischen Störungen, und ein gewisser Anteil leidet unter anhaltenden psychischen Erkrankungen. Anders als eine körperliche Erkrankung berührt die seelische Verstimmung oder Erkrankung unmittelbar die Kommunikation. Nonverbale Signale lassen die jeweilige Gemütsverfassung erkennen, besondere Verhaltensweisen, Sprachstil und Denkweise verwirren die Gesprächspartner. Prinzipiell sollte man sich in Interaktionen mit Menschen in seelischen Belastungssituationen vorsehen, in komplementäre Reaktionen zu geraten – etwa dem Depressiven kontinuierlich Verantwortung abzunehmen, mit dem Zwanghaften zu argumentieren oder den Ängstlichen ermunternd herauszufordern. Bei passenden Gelegenheiten, etwa wenn sich der Betroffene selbst danach erkundigt oder sein Leid klagt, ist zudem immer auf externe fachliche Hilfe hinzuweisen.

Dialog 34: Depressive Reaktionen

Mutter (stöhnt): „Es kommt mir alles so sinnlos vor! Das wird ja doch nichts mehr mit dem Kind, dieses Spielen und Fördern ist alles so umsonst!"

FP 1: „Aber so dürfen Sie das nicht sehen, Frau X! Es geht immer in kleinen Schritten voran!"

Mutter: „Immer wieder das Gleiche muss man üben, da ist so wenig Abwechslung drin. Es ist so anstrengend, und dann denk ich immer, es wird ihm ja doch nichts helfen!"

FP 2: „Das wissen wir ja doch gar nicht! Vielleicht profitiert er ja doch gerade davon, dass wir uns jetzt so viel Zeit für ihn nehmen!"

Mutter: „Ach, ich weiß nicht. Es ist so mühsam, und ich fühl mich immer so erschlagen, wenn ich mit ihm dasitze. Am liebsten möchte ich überhaupt nichts tun – aber das ist ganz verkehrt, ich weiß das wohl." (weint)

FP 3: „Auch wenn Sie sich so erschöpft fühlen – es ist richtig, dass Sie sich mit Ihrem Sohn beschäftigen. Er braucht Sie, was soll er denn ohne Sie tun?"

Mutter: „Sehen Sie: So schlecht bin ich! Ich bin nicht imstande, mich richtig um meinen Sohn zu kümmern. Manchmal fühle ich mich so schuldig, dass mir ganz unheimlich wird. Dann denke ich: So eine Rabenmutter müsste man in die Klapsmühle stecken und nie wieder rauslassen!"

FP 4: „Aber das kann ja immer mal wieder passieren, dass man nicht gut aufgelegt ist und keine Lust hat. Das dürfen Sie nicht so schwernehmen! Da kämpfen andere Mütter auch mit."

Mutter: „Aber ich komme mir dann immer so unnütz vor. Ich versage auf der ganzen Linie!"

FP 5: „Ich kann wirklich sehen, wie schwer Ihnen im Moment alles fällt. Was, meinen Sie denn, könnten Sie bis zum nächsten Mal mit X üben – oder wollen wir gar nichts festlegen?"

Depressive Reaktionsweisen. Begegnet man Menschen in depressiver seelischer Verfassung, spürt man deren Niedergeschlagenheit, Entmutigung und Resignation. Sie scheinen Schutz, Nähe und Kontakt zu suchen, wollen an die Hand genommen werden und präsentieren sich als unterlegen, schwach und unterwürfig. Man ist vom Unglück dieses Menschen tief berührt und fühlt sich zum Eingreifen und Helfen, zur Verantwortungsübernahme aufgerufen. Meistens vergrößert man allerdings mit diesen gut gemeinten Aktivitäten das Unzulänglichkeitsgefühl des Betroffenen, dem nun alles aus der Hand genommen wird. Über längere Zeit entsteht so ein Zyklus von Hilfsbedürftigkeit und Hilfsangebot, der den Betroffenen weiter entmündigt. Die Helferin registriert, sein Selbstwertgefühl mit ihren Unterstützungen nicht wirklich zu stärken, reagiert gereizt und beginnt ihn zu fordern. Jetzt fühlt er sich noch minderwertiger und depressiver.

Im obigen Dialog stemmt sich die Fachperson tapfer dem Sog von Mutlosigkeit und Selbstherabsetzung entgegen. Sie will positiv sein, aufmuntern und Hoffnung geben (FP 1, FP 2), stärken (FP 3), sie versucht zu trösten und zu relativieren (FP 4). Eine substanzielle Besserung erreicht sie damit nicht, jede Ermutigung scheint die depressive Gemütslage nur noch weiter zu vertiefen. Auch ihr Appell an das mütterliche Verantwortungsgefühl (FP 3) führt sofort zu Gewissensbissen und Selbstbeschuldigung.

Die Verbalisierung emotionaler Erlebnisinhalte ist in erster Linie eine psychotherapeutische Intervention und muss gerade bei Personen mit offensichtlichen seelischen Problemen auch Fachleuten überlassen werden („Sie finden Ihr Leben gar nicht mehr lebenswert und fragen sich, wofür es überhaupt noch gut ist?"). Auch explorative Fragen („Was ist denn so schwer daran?"; „Was genau macht Ihnen denn so zu schaffen, wenn Sie sich das … vornehmen?") regen zur intensiveren Beschäftigung mit dem eigenen Innenleben an und wollen bei hochvulnerablen Personen gut überlegt sein. Dieser Mutter sollte allerdings kein umfangreiches Übungsprogramm aufgeladen werden. Sie wird es zwar wahrscheinlich ohne Widerrede auf sich nehmen, aber nicht ausführen können, so dass ihre Versagensgefühle weiter zunehmen. FP 5 zeigt Verständnis für ihre aktuelle seelische Situation und überlässt ihr die Entscheidung über das zu leistende Pensum. Damit bekommt sie Gelegenheit, sich einen derzeit gerade noch von ihr zu bewälti genden Einsatz für das Kind auszusuchen, ohne sich zu überanstrengen.

Als Leitlinie für die Gesprächsführung mit Eltern, die eine depressive Lebenskrise durchleben, kann gelten, sie vonseiten der Frühförderung oder des Kindergartens nicht auch noch zu überfordern. Kleine Schritte, die die Eltern mit ihren Kindern vollbringen, sind anzuerkennen, um auf diese Weise ihr Selbstwertgefühl zu stärken. Zur Entlastung kann auch verabredet werden, mit Trainings- oder Förderprogrammen zu pausieren. Schließlich sollte man auf entsprechende psychotherapeutische oder psychiatrische Hilfen hinweisen oder sich vergewissern, dass sie kontinuierlich in Anspruch genommen werden.

Zwanghafte Verhaltensweisen. Personen mit starken zwanghaften Verhaltensweisen zeichnen sich durch übertriebene Gewissenhaftigkeit, Perfektionismus, Skrupel, ständige Kontrollen, Halsstarrigkeit, Vorsicht und Starrheit sowie Gefühle von Zweifel aus (DIMDI 2008). Im folgenden Beispiel hat sich die Fachperson vorgenommen, mit der Mutter Beobachtungen über die immer wieder auftretende Aggressivität ihres Sohnes zu besprechen.

Dialog 35: Zwanghafte Reaktionen

Mutter: „Ich habe das nicht verstanden, was Sie sagten – über das angeblich aggressive Verhalten von Y beim Stuhlkreis. Können Sie mir das noch mal erklären?"

FP 1: „Ja, gerne. Ich habe beobachtet, dass Y immer dann, wenn er vormittags mit den anderen Kindern …"

Mutter: „Ich würde das jetzt noch gar nicht mal als so aggressiv ansehen, wenn er sich da doch nur gewehrt hat! Vielleicht ist er vormittags immer noch etwas angespannter, und man müsste sich genau anschauen, was die anderen Kinder machen!"

FP 2: „Sicher. Aber er ist auch in anderen Situationen aggressiv, nicht nur beim Stuhlkreis, z. B. …"

Mutter: „Was ist denn überhaupt ‚aggressiv'? Wie können Sie denn behaupten, es sei aggressiv, wenn es doch vielleicht gar nicht so aggressiv gemeint ist?"

FP 3: „Also ich meine, wenn er häufiger mal zuschlägt und auch keine andere Form hat, sich mit den Kindern auseinanderzusetzen, dann – "

Mutter: „Da sehen Sie's wieder! Sie gehen einfach davon aus, dass ‚zuschlagen' etwas mit ‚Aggression' zu tun hat! Vielleicht will er sich ja nur wehren, oder er ist schlechter Laune oder gereizt! Wenn ‚Aggression' etwas sein soll, was man macht, um sich zu verteidigen, dann kann es ja nichts so Schlechtes sein, was man einem Kind dann anhängen muss."

FP 4: „Ich habe gar nicht behauptet, dass Aggression etwas mit Verteidigung zu tun hat, und ich will Ihrem Sohn auch nichts anhängen. Ich meine nur, er geht ziemlich schnell körperlich an die anderen Kinder heran und – "

> **Mutter:** „Sehen Sie, da haben Sie jetzt schon wieder etwas ganz anderes gesagt! Das Körperliche, das machen doch alle Kinder in dem Alter, da kann man doch nicht sagen, dass da etwas Böses dahinter wäre!"
>
> **FP 5:** „Ich habe auch nicht gesagt, dass Ihr Sohn böse wäre. Im Gegenteil, ich halte ihn für sehr lieb, nur etwas unglücklich."
>
> **Mutter:** „Aha! Jetzt soll er also unglücklich sein, eben war er noch aggressiv! Was soll ich denn jetzt glauben??"
>
> **FP 6:** „Mir kommt er in letzter Zeit eher etwas unglücklich vor."
>
> **Mutter:** „Also, das müssen Sie mir erst mal erklären! Was verstehen Sie denn unter ‚unglücklich'?"

Die Mutter fühlt sich angegriffen und bemüht sich, nichts Schlechtes auf ihren Sohn kommen zu lassen. Beharrlich zerpflückt sie alle vorgebrachten Argumente und versucht, die Fachperson zu widerlegen. Gegenüber der vehement disputierenden Mutter gerät die Fachperson rasch in die Defensive (FP 2). Je mehr sie jedoch ihre Sicht verteidigt, desto mehr fordert sie ihre Gesprächspartnerin heraus, die desto sturer auf ihrem Standpunkt beharrt. Als die Fachperson dann die Perspektive ändert (FP 5) und auf das Unglücklichsein des Kindes, nicht mehr auf dessen Aggressivität fokussiert, kommt das der Mutter gerade recht. Sogleich beginnt sich der Teufelkreis erneut um die Definition dessen zu drehen, was „unglücklich" eigentlich sei, und die Fachperson ist keinen Schritt vorangekommen.

> **FP 7:** „Sie meinen also, es geht ihm zurzeit gut und er fühlt sich prima?"
>
> **Mutter:** „Wie meinen Sie das?"
>
> **FP 8:** „Nun, einfach so: Dass es ihm gut geht, er sich wohlfühlt und Sie mit ihm zufrieden sind."
>
> **Mutter:** „Jetzt sind das schon wieder drei verschiedene Sachen, die Sie ansprechen! Ich glaube nicht, dass man alle drei über den gleichen Kamm scheren kann! Was soll ich denn jetzt beantworten?"
>
> **FP 9:** „Da haben Sie recht, das war zu viel! Sie meinen also, es geht ihm zurzeit gut?"
>
> **Mutter:** „Nun ja – ich glaube – es ist gar nicht so einfach zu beantworten!"
>
> **FP 10:** „– das ist gar nicht so einfach."
>
> **Mutter:** „Nun ja – manchmal glaube ich, er ist doch ein bisschen überdreht."
>
> **FP 11:** „Das macht Ihnen dann schon Sorgen, wenn er so überdreht ist?"
>
> **Mutter:** „Ja. Dann denke ich ..."

Mit FP 7 hat sich die Fachperson darauf besonnen, von Überzeugungsversuchen Abstand zu nehmen. Sie konzentriert sich auf die Einschätzungen der Mutter, um nicht gleich wieder in Gefahr zu geraten, sich in Dispute zu verwickeln (FP 8). Diesmal gibt sie der Mutter recht, beschränkt sich auf das ihr Wesentliche (FP 9) und erreicht damit zum ersten Mal, dass die

Mutter zögert und nachdenklich wird. Jetzt drosselt sie ihr Tempo, spiegelt die Aussage, um zu zeigen, auf dem Laufenden zu sein und alles verstanden zu haben, und lässt der Mutter Zeit (FP 10). Auf dieses Gesprächsangebot kann sich die Mutter nun einlassen und beginnt, ihre Sorgen mitzuteilen. Die Fachperson folgt mit behutsamen Verbalisierungen und gelegentlichem Spiegeln (FP 11), wobei sie dieselben Worte wie die Mutter verwendet.

Sobald man also in Gefahr gerät, sich in zwanghaftes Argumentieren zu verstricken, scheint es am besten, in kleinen Etappen vorzugehen und zu jedem Schritt die Zustimmung des Gesprächspartners einzuholen. Wenn man ihre Aussagen eher spiegelnd als paraphrasierend zusammenfasst, vermittelt man diesen Eltern, sie sozusagen wortwörtlich ernst zu nehmen. Man ermutigt sie zugleich, die eigene Ansicht zu überprüfen. Da zwanghafte Verhaltensweisen dazu dienen, Gefühle zu kontrollieren, sind Verbalisierungen von Erlebnisinhalten sehr behutsam einzusetzen. So wird man sich auch bei sehr stark rationalisierenden Menschen – also Personen, die sich intellektuell distanzieren – nüchtern-sachlich ausdrücken und wenig Gefühle ansprechen. Pädagogische Anregungen sollten in kleinen Portionen und vor allem gut begründet einfließen. Besser wäre es, die Eltern dies im Gespräch selbst herausbekommen zu lassen.

Überängstlichkeit. Ängstliche Persönlichkeiten sehen in unvertrauten Situationen überwiegend bedrohliche Aspekte und neigen dazu, sie möglichst zu vermeiden. Von ihren Kindern wollen sie eventuell mögliche oder vermutete Gefahren fernhalten, wobei sie häufig überbehütend wirken, wie der folgende Gesprächsausschnitt über eine psychomotorische Übungseinheit zeigt.

Dialog 36: Überbehütung

Mutter: „Aber vielleicht könnte es doch ein bisschen riskant sein, wenn sie jetzt auf diesen Blöcken herumturnen soll? Ich hätte es, glaube ich, lieber, wenn sie noch mal ihre Feinmotorik üben würde?!"

FP 1: „Da kann doch überhaupt nichts passieren! Der Kleinen macht das Spaß, und die braucht jetzt auch ein bisschen Bewegung!"

Mutter (aufgeregt): „Aber sie ist doch noch so ungeschickt und – es wäre ja gar nicht auszudenken, wenn sie da abstürzt und sich was bricht."

FP 2: „Sie müssen ihr auch mal was zutrauen! Sonst wird sie ja nur verängstigt und traut sich an gar nichts mehr ran!"

Mutter: „Schauen Sie, ich werde schon ganz unruhig, wenn ich sie da so herumhüpfen sehe. Sie kann doch noch gar nicht richtig aufpassen und schon fällt sie hin!"

FP 3: „Es schadet überhaupt nichts, wenn sie mal fällt. Sie muss das auch lernen. Das Kind muss doch Erfahrungen sammeln. Es hilft nichts, alles von ihr fernzuhalten!"

Mutter: „Um Himmels willen! Hinfallen soll sie nun überhaupt nicht lernen! Wie können Sie nur so etwas sagen? Diese Übungen sind mir viel zu gefährlich!"

FP 4: „Okay. Wir können den Parcours auch einmal gemeinsam abgehen."

Mutter: „Hm. Aber ich seh ja schon alles, was Sie da aufgebaut haben. Es beruhigt mich nicht viel mehr, wenn ich das jetzt auch noch aus der Nähe angucke."

Der Anblick des aus Sicht der Pädagogin harmlosen Parcours aktiviert bei der Mutter sofort Ängste und Überprotektivität. Prompt beginnt die Fachperson daraufhin zu beschwichtigen und zu beruhigen (FP 1). Darüber hinaus begründet sie, aus welchem Grund die vorgesehenen Übungen für das Mädchen sinnvoll seien. Da sie die Mutter damit nicht erreicht, appelliert sie stärker an deren elterliche Verantwortung, dem Kind Entfaltungsmöglichkeiten bereitzustellen (FP 2). Die Mutter hingegen fühlt sich in die Enge getrieben und ängstigt sich nur noch mehr. Wohl in der Meinung, es bedürfe noch eines kleinen ermunternden Ansporns, um die Angst der Mutter zu überwinden, erhöht die Fachperson den Druck (FP 3) – ohne Erfolg. Daraufhin ändert sie ihr Vorgehen, lässt von ihrem bisherigen Gesprächsstil ermunternder Forderung ab und geht auf die Besorgnis der Mutter ein (FP 4). Aber immer noch fühlt sich die Mutter bedrängt, ihre Angst wächst.

FP 5: „Na, dann fangen wir ganz klein an, auf dem Boden, da kann nichts passieren."

Mutter: „Ja, das ist schon besser. Da kann ja eigentlich wirklich nicht viel passieren."

FP 6: „Super! Sehen Sie, da haben wir ja einen guten Kompromiss gefunden!"

Mutter: „Ja, aber alles andere ist noch zu früh für sie: Auf diese Hindernisse kann sie wirklich noch nicht klettern und balancieren schon gar nicht!"

FP 7: „Für das nächste Mal mache ich Ihnen ein Angebot: Wir schauen uns die Turnhalle gemeinsam an, ich zeige Ihnen die Sicherheitsmaßnahmen, die ich bei jedem Hindernis aufgebaut habe. Dann erkläre ich Ihnen, was ich vorhabe, und Sie sagen mir Ihre Meinung dazu! Wir entscheiden dann zusammen, welche Übung wir machen oder was wir verändern. Wäre Ihnen das recht?"

Erst als die Fachperson sich ganz auf sie einstellt und einen Kompromissvorschlag unterbreitet (FP 5), löst sich die Angst etwas. An diesem Punkt darf sich die Therapeutin aber nicht grämen, wieder ganz von vorn anfangen zu müssen, weil die Mutter ihre Unzufriedenheit bestimmt spüren und sich dafür verantwortlich machen wird. Wenn die gefundene Kompromisslösung auch nicht die optimale Förderaktivität aus Expertensicht bedeutet, so hat sie doch den erheblichen Vorzug, nun die Mutter mit im Boot zu haben. Die Tatsache der Einigung wird noch einmal unterstrichen und positiv hervorgehoben (FP 6). Die Mutter fühlt sich mit ihrer Sorge um das Kind beachtet und in ihrer Verantwortlichkeit gestärkt, ohne dadurch natürlich ihre allgemeine Ängstlichkeit zu verlieren. Die Fachperson nutzt den Erfolg ihrer neuen Strategie aus, indem sie noch einen Schritt weitergeht und gleich ein Arrangement für zukünftige Absprachen hinzufügt (FP 7). Entscheidend ist hierbei, dass sich die Mutter ernst genommen fühlt und ihr Entscheidungsspielräume zugestanden werden. Damit fühlt sie sich der bedrohlichen Situation eher gewachsen und sicherer.

Beruhigend und ermunternd mit ängstlichen Personen zu reden ist sinnvoll. Manchmal kann auch ein Appell oder die Erlaubnis, etwas Gutes für sich oder die Angehörigen zu tun, entlasten („Sie dürfen es sich gönnen, die Stunde ausfallen zu lassen. Ich bin Ihnen nicht böse!"). Konfrontationen erhöhen dagegen den inneren Druck („Sie bringen mich in Konflikt – ich muss mit dem Jungen doch etwas üben, was er noch nicht kann!"). Angemessener ist dann schon, sich die mit der Förderung zusammenhängenden Ängste genau beschreiben zu lassen, ihre Begründungen nicht wertend anzunehmen und nichtängstigende Alternativen zu finden. Damit wird man die Arbeitsbeziehung ausreichend stabilisieren. Nach Ursachen zu fragen und Umgangsregeln zu geben ist Aufgabe von Spezialisten.

Impulsive, instabile und Borderline-Persönlichkeiten. Es gibt Menschen mit Persönlichkeitsstörungen, die mit tief verwurzelten, anhaltenden und starren Verhaltensmustern auf ganz unterschiedliche persönliche und soziale Lebenslagen reagieren. Als emotional instabile Persönlichkeiten werden solche bezeichnet, die unvorhersehbar Stimmungen ändern, zu emotionalen Ausbrüchen und streitsüchtigem Verhalten neigen. Kommen Störungen des Selbstbildes, von Zielen und Präferenzen, chronisches Leeregefühl und unbeständige Beziehungen hinzu, spricht man von einer Borderline-Persönlichkeit (DIMDI 2008).

Dialog 37: Impulsive Persönlichkeiten

FP 1: „Ja, gerne. Was genau haben Sie denn nicht verstanden?"

Mutter: „Nein! Ich möchte nicht gefragt werden! Ich möchte, dass Sie jetzt einmal eine Antwort geben, das darf man doch mal verlangen, oder?"

FP 2: „Die kriegen Sie ja auch! Aber da braucht man doch nicht gleich so in die Luft gehen!"

Mutter (laut): „Jetzt kommen Sie mir bloß nicht mit so was! Ihre Art, mich zu belehren, passt mir überhaupt nicht! Wenn Sie nicht damit aufhören, werde ich mich bei Ihrem Chef beschweren!"

FP 3: „Ich will Ihnen ja gar nichts. Sie haben mich doch gebeten, Ihnen etwas zu erklären, und das würde ich jetzt gerne machen, wenn es Ihnen recht ist."

Mutter: „Und mir gefällt Ihr Ton nicht, in dem Sie mit mir reden. Da ist immer so ein Vorwurf drin – das verbitte ich mir!"

FP 4: „Aber wo haben Sie denn den Vorwurf gehört? Ich meine, ich will Ihnen doch gar nichts! Das ist doch wirklich ein Missverständnis!"

Mutter: „Sehen Sie, da ist es schon wieder!! Jetzt zweifeln Sie schon wieder an dem, was ich gesagt habe! Sie nehmen mich einfach nicht ernst! Jetzt reicht's mir!!"

FP 5: „Es tut mir leid, dass ich offenbar etwas gesagt habe, was Sie in den völlig falschen Hals gekriegt haben."

Mutter (empört): „– und beschimpfen lass ich mich schon gar nicht! Nicht von so einer wie Ihnen!! Ich hab jetzt genug! Ich gehe! Und verlassen Sie sich drauf: Sie werden noch von mir hören!"

FP 6: „Äh – ich wollte doch nur – "

Die Sequenz verdeutlicht eine unvorhersehbare Eskalation in einem Elterngespräch, in dem sich die Mutter unerwartet angegriffen fühlt und übergangslos zurückschlägt. Impulsive Persönlichkeiten lassen sich mit beschwichtigenden, erklärenden Bemerkungen (FP 2) kaum erreichen. Wahrscheinlicher ist, dass diese Antworten auch nur wieder als erneute Vorhaltungen verstanden werden. Untertöne werden sensibel wahrgenommen – die in FP 3 mitschwingende Gereiztheit führt sofort zu einem heftigen Gegenangriff. Als die Fachperson dann versucht, die Wogen zu glätten, jede böse Ansicht von sich weist und die ganze Entwicklung als Missverstehen entschuldigen will (FP 4), scheint es schon zu spät: Alles, was nun gesagt wird, wird als Kränkungs- und Beleidigungsversuch wahrgenommen. Gerade das Wort „Missverständnis" erscheint dann als geradezu auftrumpfender, neuerlicher Vorwurf, sich nicht gut genug auszudrücken. Viel zu spät beginnt die Fachperson mit einer Entschuldigung dann den Rückzug, nicht ohne jedoch leider im Nachsatz deutlich darauf hinzuweisen, worin sie die Ursache der Missstimmigkeit sieht (FP 5). Jetzt fühlt sich die Mutter natürlich in ihrer Wahrnehmung vollends bestätigt, für irgendwie abnorm gehalten zu werden, und geht aus dem Kontakt.

Typisch für derartige eskalierende Konversationen ist, dass Versuche, über die Kommunikation zu sprechen, meistens scheitern („Lassen Sie uns mal schauen, was jetzt eigentlich passiert ist. Ich habe … gesagt, und dann haben Sie … gesagt, und das hat dann zu … geführt. Wollen wir jetzt nicht einfach mal mit … weitermachen?"). Zu groß ist das Misstrauen, durch den Exkurs auf die Metaebene nicht doch auf raffinierte Weise ausgetrickst, beleidigt oder lächerlich gemacht zu werden. Ist dieser Eindruck einmal bei dafür prädisponierten Personen entstanden, kann er nur schwer neutralisiert werden. Noch ungeeigneter ist es, in dieser Situation Gefühle zu verbalisieren („Sie fühlen sich jetzt von mir irgendwie überrannt oder angegriffen?"; „Sie haben das Gefühl, ich verstehe Sie nicht richtig?"). Voller

Skepsis würde der Gesprächspartner Manipulationsversuche wittern und sich bei treffenden Verbalisierungen bloßgestellt fühlen. Mit einer Konfrontation schließlich („Ich kann nicht mit Ihnen sprechen, wenn Sie mich dauernd angreifen und mir Vorwürfe machen!") kommt das Gespräch wahrscheinlich am schnellsten zu einem Ende.

Am besten deeskaliert man, indem man auch verzerrte Wahrnehmungen erst einmal ernst nimmt, Rückzieher macht, sich entschuldigt und auf der Sachebene bleibt („Es tut mir leid, wenn ich Sie jetzt so aufgebracht habe – das wollte ich nicht! Es geht also um das Essverhalten. Meine Meinung dazu ist …"). Mit einer Entschuldigung die Verantwortung für die Zuspitzung zu übernehmen ist wohl die stärkste Methode, eine verfahrene Gesprächssituation zu normalisieren. Zweitens sollte man im Auge behalten, den Gesprächsfokus möglichst von der gemeinsamen Beziehung fernzuhalten. Drittens kann der Hinweis auf die realen Rahmenbedingungen der Unterredung, auf freundliche Art vorgebracht, beruhigen („Ich verstehe ja, dass ich Sie jetzt verärgert habe – aber wir haben noch zehn Minuten Zeit. Wollen wir jetzt noch mal über die Sprachförderung sprechen?"). Inhalte und Formulierungen, die eine Bewertung der Person erahnen lassen, sollten vermieden werden. Dennoch wird es immer wieder passieren, dass die Spannung nicht aus dem Kontakt herausgehalten und das eigentliche Gesprächsthema nicht bearbeitet werden kann. Dies sollte sich die Fachperson nicht vorwerfen. Vielmehr darf sie sich zugutehalten, die Unterredung mit einem ausgesprochen komplizierten Gesprächspartner so weit durchgehalten zu haben – und einfach neugierig auf die nächste Begegnung sein.

Wahnhafte und paranoide Persönlichkeiten. Noch seltener werden Fachpersonen aus Frühförderung und Kindergarten wahrscheinlich mit Elternpersonen konfrontiert, die die Wirklichkeit komplett verkennen und Wahnideen entwickeln.

Mutter: „Sie glauben mir nicht, dass ich verfolgt werde – dass meine Feinde das geschrieben haben!?" (hält einen Zettel mit ihrer Handschrift in der Hand / spielt auf ihrem Handy Stimmen vor, die man nicht hört).

6.56 „Es tut mir leid, ich kann das nicht sehen, was Sie sehen. Ich hör da nichts!"

6.57 „Ich sehe nicht so, wie Sie – ich höre nicht so, wie Sie – jeder sieht und hört etwas anders – jeder ist ja anders. Ich bin ein anderer Mensch, aber ich sehe, dass es Ihnen nicht gut geht."

6.58 „Ich merke, wie wichtig es Ihnen ist, dass ich Ihnen glaube."

6.59 „Ich merke, wie sehr Sie das mit den ‚Stimmen', den ‚Feinden' ängstigt. Wenn man so eine Angst hat, braucht man Hilfe, Ärzte oder Psychologen sind da zuständig. Ich würde Ihnen raten, sich Hilfe zu suchen, Sie sollten mit Ihrem Arzt darüber sprechen!"

Die Konfrontation mit einer Wahnvorstellung beunruhigt und erschreckt, insbesondere wenn man auch noch gedrängt wird, sie zu bestätigen. Manchmal beginnt man an der eigenen Wahrnehmung zu zweifeln, man bekommt Angst oder versucht, sich so schnell wie möglich zu distanzieren. Mit einer Abgrenzung (6.56), sachlich und emotional neutral vorgebracht, bringt man die Realität ein und wird den Betroffenen kaum brüskieren. Überzeugungsversuche allerdings, die den Betroffenen zur Korrektur seiner Wahrnehmung überreden wollen, werden eher zur Verteidigung dieser Ideen führen. Weitere Erklärungen über die Verschiedenartigkeit von Menschen (6.57) werden nur in Ausnahmefällen ihren Adressaten erreichen und die Situation kaum entspannen. Erlebnisinhalte („Wie geht es Ihnen gefühlsmäßig damit, wenn Y Ihnen nicht gehorcht?"; „Was kommt Ihnen denn alles so in den Sinn, wenn X nachts schreiend aufwacht?") sollten nicht verbalisiert werden, um den Betroffenen nicht weiter zu destabilisieren. Wird etwa der Beziehungsaspekt angesprochen (6.58), sollte auf alle Fälle auch eine Abgrenzung (6.56) folgen, um das Irreale nicht ungewollt zu bestätigen. Äußert der Betroffene selbst den Wunsch nach Hilfe, kann man in klaren, sachlichen Worten auf entsprechende Möglichkeiten hinweisen (6.59). Ebenso pragmatisch und realitätsnah sollten die Vorschläge sein, die eventuell als Anregung für das elterliche Erziehungsverhalten gegeben werden.

Kämpfende Eltern. Aktiven und engagierten Eltern begegnet wohl jede Fachperson erst einmal lobend und wohlwollend. Manche Eltern allerdings übernehmen bis zur Erschöpfung therapeutische Funktionen, arbeiten sich exzessiv in Informationen und Methoden über Therapiemöglichkeiten hinein und ordnen alles der Förderung unter. Langsam erkennt die Fachperson, welch immensen Druck sich diese Eltern auferlegen. Sie spürt, wie sehr ihre Unterstützung, Solidarität und Mitarbeit erwartet werden und sie Kampfgenossin gegen das Familienschicksal sein soll. Für sie kann dies zweierlei Konsequenzen haben. Entweder wird sie vom Aktivitätsdrang angesteckt, unterwirft sich dem geforderten Leistungs- und Erfolgsdruck und stößt irgendwann erschöpft an ihre Grenzen. Dann beginnt sie dagegenzuhalten, Entspannung zu verordnen („Sie brauchen unbedingt eine Pause!") oder sich zu verweigern. Nun ist der Konflikt mit den Eltern vorprogrammiert, die sich nicht mehr verstanden oder sogar verraten fühlen.

6.60 „Wir haben uns jetzt schon eine ganze Weile ganz extrem bemüht, und besonders Sie haben sich extrem engagiert, X hat auch ganz kleine Fortschritte gemacht – aber manchmal frage ich mich, wie es Ihnen eigentlich geht? Wann finden Sie denn überhaupt Ruhe oder etwas Entspannung?"

6.61 „Ich habe heute so ein trauriges Lächeln in Ihren Augen gesehen und mir dabei gedacht, wie müde und enttäuscht Sie bei Ihrem vielen Kämpfen für Y geworden sind."

6.62 „Wir haben bis jetzt den Schwerpunkt ausschließlich auf Xs Förderung gelegt, und es hat wenig gebracht. Ich möchte vorschlagen, dass wir nun etwas ganz anderes in den Mittelpunkt stellen: Seine Familie! Wenn es der gut geht, geht es auch X gut!"

6.63 „Ich finde, Y geht es sehr gut, und sie hat sich gut weiterentwickelt. Aber ihre Eltern setzen sich unter totalen Stress, und ihr Brüderchen kommt mir so unglücklich vor."

6.64 „Ich habe den Eindruck, wir machen zu viel und brauchen erst mal eine Pause."

6.65 „Ich habe große Angst, dass Sie jetzt denken, ich würde Ihnen in den Rücken fallen mit dem, was ich sage. Aber …"

6.66 „Wie ist das denn für Sie, wenn ich immer wieder auf ein langsames Tempo poche und Sie sich vielleicht irgendwie – zurückgehalten fühlen?"

6.67 „In der letzten Zeit habe ich wohl immer wieder gebremst, wenn ich versucht habe, Sie ein bisschen zum Ausspannen zu motivieren. Irgendwie habe ich da immer Bauchlandungen gemacht. Wie sehen Sie denn unser Verhältnis zurzeit?"

6.68 „Wir müssen noch mal über Xs Entwicklungsstand sprechen und wie seine Prognose aussieht."

6.69 „Wir haben mittlerweile ganz unterschiedliche Konzepte über die Förderung entwickelt: Sie wollen am liebsten noch mehr mit X machen – ich denke in letzter Zeit immer mehr an seine Familie. Wir müssen mal das weitere Vorgehen besprechen!"

Wenn sich Eltern schonungslos für ihr Kind einsetzen und dabei andere Bedürfnisse in der Familie übersehen, zeigen sie damit, wie sehr sie sich um dieses Kind sorgen. Die Fachperson wird diese Struktur nicht mit einem Gespräch verändern können. Immer mal wieder werden Hinweise wie etwa 6.60 bis 6.63 notwendig sein, um den Eltern andere Perspektiven aufzuzeigen und sie anzuregen, über ihre persönliche Situation nachzudenken. Dabei kann die Fachperson ihre Sorge um die Stabilität und Gesundheit der Eltern (6.60, 6.61) oder die Familie zum Ausdruck bringen (6.62, 6.63). Diese Impulse kann sie je nach Vertrautheit mit den Eltern mehr als Beobachtung oder als Konfrontation (6.63) formulieren. Sie kann auch das eigene Erleben als Aufhänger nehmen (6.64) und hoffen, die Eltern damit auf andere, bislang übersehene Bedürfnisse aufmerksam zu machen.

Hat die Fachperson eine therapeutische Kehrtwendung vollzogen, wird sie das aufrichtig und einfühlsam ansprechen (6.65 bis 6.67) und sachlich diskutieren (6.69). Dabei sollte sie auch anmerken, dass ihr bewusst ist, nun im Gegensatz zu den Eltern zu stehen (6.65). Sie wird ferner das sich nun verändernde Verhältnis ansprechen (6.66, 6.67), um zu erfahren, wie tragfähig ihre Beziehung zu den Eltern noch ist und was die Eltern von ihr halten. Intensives elterliches Förderverhalten gibt auch immer wieder einen Anlass, die grundsätzliche Einstellung und Einschätzung des Kindes zu thematisieren (6.68). Nur so können Ängste vor der weiteren Prognose ausgesprochen und erörtert werden.

Verzweifelte Eltern. Mitunter bekommen Fachpersonen aus Frühförderung und Kindergarten elterliche Verzweiflung über ausbleibende Entwicklungsfortschritte oder Verhaltensstörungen zu spüren. Gemeint sind damit vorübergehende Episoden oder anhaltende Phasen, in denen sich die Betroffenen hoffnungslos, tief unglücklich oder unabwendbar festgefahren fühlen. Manchmal wechseln sie von einer resignativ-depressiven Stimmung in einen aufbegehrenden Aktivitätsschub. Verständnis für die Notlage, manchmal auch Trost können helfen. Gelegentlich wird auch guttun, in einer geschützten Umgebung aus der Haut fahren zu dürfen, ohne deswegen gleich mit Sanktionen rechnen zu müssen. Aufmunternde Ratschläge oder Patentlösungen werden dagegen sicher nicht erwartet.

Dialog 38: Verzweiflung
> **Mutter:** „Ich wünschte, mein Kind wäre tot!"
> **FP 1:** „– Um Himmels willen! Wie können Sie so etwas sagen?!"
> **Mutter** (weint): „–"
> **FP 2:** „Sie sind ja ganz aufgelöst."
> **Mutter** (weint): „–"
> **FP 3** (leise): „Sie sind ganz verzweifelt wegen X."
> **Mutter** (nickt, weint): „–"
> **FP 4:** „Sie möchten ihn gar nicht mehr haben –!?"
> **Mutter** (weint noch heftiger): „–"
> **FP 5:** „Es wird Ihnen alles zu viel mit seiner Behinderung – Sie sehen überhaupt kein Licht mehr."
> **Mutter** (weint): „Ja."
> **FP 6:** „Es gehen Ihnen so viele Gedanken im Kopf herum, die Ihnen Ihr Leben mit X so leer und sinnlos machen."
> **Mutter:** „Ja. – Ich kann das nicht – das ganze Leben mit einem behinderten Kind – ich kann das nicht aushalten –" (weint)
> **FP 7:** „Die Vorstellungen, die dann kommen, sind so schlimm – das wollen Sie nicht."
> **Mutter:** „Ja. Ich sehe mich dann mit einem Kind, das nicht so ist wie die anderen, nichts begreift – und die anderen machen einen Bogen um ihn!"
> **FP 8:** „Dann – fühlen Sie sich so – ausgestoßen!?"
> **Mutter:** „Er tut mir so leid – er wird keine Freunde haben – die Leute wollen nichts mit ihm zu tun haben –"

> **FP 9:** „Im Moment bricht das alles über Sie herein und nimmt Ihnen allen Mut. Und natürlich denkt man, man kann das nie schaffen."
> **Mutter:** „Kann man das denn?"

In extremer Weise gegen das Kind gerichtete Äußerungen bringen die Fachperson schnell in einen Loyalitätskonflikt und verführen sie dazu, das Kind vor der Mutter schützen. Sie ist dann nahe daran, ihre Unparteilichkeit zu verlieren und obendrein noch die Schuldgefühle der Mutter zu verstärken. Im Elterngespräch sollte sie vielmehr versuchen, nicht vorschnell Position zu beziehen. Dafür wird sie sich kontrollieren müssen und sich nicht ausschließlich von der eigenen Sorge um das Kind leiten lassen. Auch Angst um das Wohlergehen der Mutter wird kein guter Ratgeber für die Gesprächsführung sein. Dann nämlich setzt sie sich unter Druck, den Grund der Verzweiflung etwa mit Trösten, Ablenken, Beruhigen, Mutzusprechen, Ausweichen oder Rationalisieren so rasch wie möglich aus der Welt zu schaffen. Die Betroffene wird empfinden, dass sie diese Gefühle nicht zeigen darf, und sich nicht verstanden fühlen.

Im Gesprächsbeispiel erschrickt die Fachperson, die Äußerung rutscht ihr spontan heraus (FP 1). Ihre Betroffenheit wird damit in authentischer Weise deutlich, die Mutter fühlt sich einmal mehr schuldig und weint. Der Gesprächsverlauf wird nicht negativ beeinflusst, weil die Fachperson sich sehr sensibel auf die Mutter einstellt. Während die Mutter ihrer Verzweiflung freien Lauf lässt, fasst sich die Fachperson, verlagert ihren Fokus von der eigenen Betroffenheit auf die Mutter, fühlt sich ein und bemüht sich um Akzeptanz (FP 2). Sie verbalisiert das vorherrschende Gefühl (FP 3), bleibt beim Erleben der Mutter und nimmt Bezug auf die Eingangsbemerkung (FP 4). Die Reaktionen der Mutter zeigen ihr, dass sie sich aufgehoben und ernst genommen fühlt.

Die Fachperson beginnt nun einfühlsam zu konkretisieren (FP 5). Dabei rückt sie nach eigener Intuition die Behinderung und nicht etwa Verhaltensauffälligkeiten oder Interaktionsschwierigkeiten in den Mittelpunkt. Überhaupt wird sie nachfragen, wenn immer eine ihr unverständliche Reaktion erfolgt („Es ist im Moment gar nicht so sehr die Behinderung … Es ist etwas anderes … was Ihnen so zusetzt?").

Mit FP 6 verbalisiert die Fachperson allerdings nicht das emotionale Erleben, sondern forscht nach den Gedanken, die die Mutter peinigen. Diese Exploration fordert die Mutter auf, sich darauf zu besinnen, was genau sie im Moment quält. Gleichzeitig gewinnt sie damit etwas Distanz zu ihrem Schmerz. Die Fachperson bleibt auf der kognitiven Ebene des Erlebens und unterstützt, sich die unerträglichen Ideen näher zu betrachten (FP 7). Sie hätte sich auch entscheiden können, Gefühle zu verbalisieren („Da bricht innerlich etwas in Ihnen zusammen, und Ihr Leben wird unerträglich"; „In Ihnen wehrt sich alles gegen so eine Zukunft"). Sie bleibt aber bei den quälenden Gedanken, da sie die Gefühle nicht vertiefen will und hier eher wieder eine Möglichkeit sieht, mit der Mutter in Dialog zu kommen. Sobald die Mutter die unangenehmen Vorstellungen näher beschreibt, beginnt die Fachperson, die damit verbundenen Gefühlsinhalte zu verbalisieren (FP 8), um deren Bedeutung zu präzisieren. Die Mutter öffnet sich immer mehr, die sie ängstigenden Inhalte werden deutlicher.

Mit FP 9 formuliert die Fachperson eine erste Zusammenfassung, in der sie einerseits Verständnis für die Notlage ihrer Gesprächspartnerin ausdrückt, andererseits einen Ausblick provoziert, den die Mutter auch prompt aufgreift. Das Gespräch könnte sich nun den vorhandenen Ressourcen dieser Mutter zuwenden.

3.3   Verständigungsprobleme

Milieuspezifische Spracheigentümlichkeiten erschweren die Verständigung bereits mit deutschsprachigen sozialen Randgruppen, sie wird noch schwieriger, wenn mangelnde Deutschkenntnisse wie bei Familien mit Migrationshintergrund vorliegen. Frühförderinnen oder Kindergartenerzieherinnen können Erziehung, Betreuung und Pflege des Kindes durch ihren intensiven und kontinuierlichen Kontakt zur Familie zwar besser beobachten, als dies bei selteneren kinderärztlichen oder auch sozialpädiatrischen Routine- oder Spezialuntersuchungen möglich ist. Interventionsmöglichkeiten wie Anleitung, Beratung, Diskussion oder Exploration sind dagegen sehr eingeschränkt, wenn die sprachliche Kommunikation eingeschränkt ist. Auf keinen Fall wird man niedrigen sozioökonomischen Standard, geringen Bildungsgrad oder ungenügende Ausdrucksfähigkeit mit mangelnder Zuneigung und Bemühen um das Kind gleichsetzen.

Migrationshintergrund

Ist sprachliche Verständigung zumindest rudimentär möglich, lassen sich kurze Fragen stellen und Aufträge geben. Im Rahmen eines Hausbesuches kann sich die Fachperson zeigen lassen, wie die Mutter das Kind füttert, es wäscht oder mit ihm spielt. Will man ein Elterngespräch mit jemandem führen, der wenig deutsch versteht und spricht, so wird man langsam und mit einfachen Worten versuchen, ins Gespräch zu kommen. Dabei wird man häufiger wiederholen und nachfragen, ob das Gemeinte auch richtig verstanden worden ist. Manchmal tendiert man dazu, mehr zu reden, weil man denkt, von vielem Gesprochenen wird wenigstens ein kleiner Teil verstanden. Wenn dazu die Mutter noch überfordert nickt und strahlt, wird die eigene Kommunikationshaltung verstärkt, obwohl der Faden schon längst gerissen ist. Dritte einzuschalten, denen man Aufträge und Anleitungen zur

Übersetzung aufschreibt, ist eine Möglichkeit. Dabei verliert man allerdings aus dem Auge, ob die Mitteilung auch korrekt wiedergegeben und vor allem wie sie verstanden wurde. Besteht überhaupt keine gemeinsame Verständigungsbasis, werden oft Familienangehörige als Übersetzer herangezogen. Dies ist hilfreich, wenn es um Faktenvermittlung geht, wird aber heikler, wenn persönliche Informationen erfragt werden sollen. Wird eine mit der Landessprache vertraute Kollegin eingesetzt, so wird man sich gut absprechen müssen, damit die Inhalte genau wiedergegeben werden und nicht etwa deren pädagogische Mutmaßungen oder Ideen einfließen. Die hinsichtlich der Verlässlichkeit der sprachlichen Übersetzung optimale Option eines Fachdolmetschers ist oft nicht finanzierbar – den Nachteil, dass unbeteiligte Dritte die gemeinsame Unterredung verfremden, wird man wohl in Kauf nehmen müssen. Auch hier empfiehlt es sich, präzise und einfache Fragen und Sätze zu verwenden, um die Reaktionen der Gesprächspartner wenigstens etwas mitverfolgen zu können und auch den Umfang der Antworten überschaubar zu halten. Schließlich ist die Arbeit mit professionellen Übersetzern gewöhnungsbedürftig, weil dieser die Beiträge in Ich-Form überträgt und er dadurch unmittelbar am Gespräch beteiligt scheint.

Eine Frühfördertherapeutin erlebt es in einer kaum deutsch sprechenden Immigrantenfamilie immer wieder, dass ihr das entwicklungsverzögerte Kind zur Förderung in die Hand gedrückt wird und die Mutter nicht an der Förderstunde teilnimmt. So kann sie über ihre Modellfunktion nichts über Erziehung und Förderung vermitteln, Gesprächsversuche scheitern mehrfach wegen Sprachproblemen. Sie erfährt nicht, wie das Kind in seine Familie integriert ist und unter welchen Belastungen die Familie steht. Am liebsten würde sie die Förderung abbrechen, weiß aber nicht, ob sie besser noch abwartet, dass die Eltern mit ihr vertrauter werden und damit auch deren Interesse zunimmt. Das Problem des Vertrauens kann hier ein Dolmetscher auch nicht lösen.

Wenn man eigene Fremdsprachenkenntnisse einsetzen will, muss man sich im Bedeutungsumfeld der gewählten Begriffe sicher sein. Wie im Deutschen sind auch in anderen Sprachen „Entwicklungsverzögerung", „Spätentwickler" oder „Nachzügler" nicht mit „Behinderung" identisch, sondern unterscheiden sich im Grad der Irreversibilität der Störung und ihrer Prognose. Von allgemeinen semantischen Feinheiten abgesehen ist natürlich die individuell verstandene Bedeutung zu ermitteln und ggf. zu thematisieren. Schließlich ist erforderlich, sich auf Besonderheiten der Kontaktaufnahme oder des Temperaments einzustellen. Wenn sich manche Immigranteneltern scheuen, offen über ihre Familienverhältnisse zu berichten, muss dies nicht ein persönliches Misstrauen gegen die Fachperson bedeuten. Dies kann auf einer kulturell bedingten Zurückhaltung beruhen. Vielleicht haben diese Familien aber auch Intention und Arbeitsauftrag noch nicht richtig durchschaut oder einen generellen Argwohn gegen (staatliche) Institutionen.

Eine Immigrantenfamilie bringt ihr körper- und lernbehindertes Kind sehr häufig nicht zum Kindergarten. Eine Erzieherin hält regelmäßig Kontakt und versucht im Gespräch mit dem etwas deutsch sprechenden Vater, die Abneigung gegen die Betreuung zu mildern. Sie vermutet, dass das Thema Behinderung in der Familie verdrängt wird. Der Vater weicht im Gespräch aus, vielleicht versteht er auch nicht alles. Ein Dolmetscher ist nicht verfügbar. Als Erstes sollte die Erzieherin versuchen, sich vom Erfolgsdruck zu befreien, indem sie sich vornimmt, erst einmal keine Veränderung zu erwarten. Sie könnte den Kontakt halten, sich immer wieder nach der Zufriedenheit der Familie und der Entwicklung des Kindes erkundigen, Hilfe bei konkreten Fragen anbieten, aber aufhören, auf den Kindergartenbesuch zu drängen.

Viele Eltern aus Immigrationsfamilien sprechen ausgezeichnet deutsch. Je besser die Kommunikation, desto mehr erfährt man über kulturell bedingte Werte und Einstellungen. Divergenzen treten dann klarer zutage, und man lernt vom eigenen Standpunkt abweichende Ansichten zu tolerieren. Trotzdem darf man auch behutsam intervenieren, wie etwa im Fall perfekt deutsch sprechender arabischer Eltern: Sie mussten ermuntert werden, auch zu Hause mehr deutsch mit ihrem sprachentwicklungsverzögerten Kind zu sprechen, was sie nicht taten wegen ihres mittelfristigen Ziels, in den Nahen Osten auszuwandern. Der Glaube an Wunderheilungen findet sich häufiger bei bestimmten ethnischen Gruppen, lässt sich aber gut nachfühlen, wenn man an die Hoffnungen denkt, die deutsche Eltern alternativen Therapiemethoden entgegenbringen.

Ein Therapeut litt sehr mit einem geistig behinderten, autistischen Jungen, der von seinen afrikanischen Eltern in der Heimat von einem Schamanen behandelt werden sollte. Ohne das Vorgehen genau zu kennen, befürchtete er eine weitere Verstörung des Kindes. Die Eltern ließen nicht mit sich über ihr Vorhaben reden, Nachfragen beim Jugendamt und Kinderarzt verneinten eine rechtliche Handhabe gegen den elterlichen Plan. Der Therapeut musste akzeptieren, dass in dieser Familie andere kulturelle Vorstellungen herrschten als in seiner christlich mitteleuropäisch geprägten Welt.

Sozial unterprivilegierte Familien

Je einfacher das Bildungsniveau, desto einfachere Ausdrucksweisen müssen verwendet werden. Sachverhalte sollten unmissverständlich, konkret und präzise dargestellt sowie beispielhaft veranschaulicht werden. Mitunter wird man sich im Elterngespräch auch etwas redundanter und strukturierter äußern, um sicherzugehen, dass Vorschläge auch verstanden werden. Man wird nachfragen, wie das Besprochene umgesetzt und welche Resultate erzielt wurden. Es ist hier sicherlich besonders empfehlenswert, ein Auge auf die gesamte Lebenslage der Familie zu behalten, um die Familie eventuell auf weitere Unterstützungsangebote hinzuweisen. Die Teilnahme der in den Familien engagierten sozialpädagogischen Familienhelferin am Elterngespräch kann bereichernd, mitunter aber auch störend wirken. Das ist personabhängig und klärt sich schnell im ersten gemeinsamen Gespräch. Ungünstig sind Gespräche der Fachleute in Abwesenheit der Eltern, da diese zu Misstrauen und nicht zur Kooperation führen – es sei denn, die Eltern haben ihr ausdrückliches Einverständnis gegeben.

Dialog 39: Uneindeutige Kooperation

> **FP 1:** „Also, Sie sollten sich nur zehn Minuten, aber wirklich jeden Tag Zeit nehmen und mit Y etwas spielen: Auf dem Boden, draußen – irgendetwas, was Ihnen beiden Spaß macht, und sich dabei unterhalten, auch wenn Sie sie nicht richtig verstehen."
>
> **Vater:** „Okay."
>
> **FP 2:** „Und das können Sie wirklich einrichten?"
>
> **Vater:** „Kein Problem!"
>
> **FP 3:** „Hmm – das finde ich wirklich toll. Nicht immer wollen sich Väter so viel Zeit für ihre kleinen Kinder nehmen."
>
> **Vater:** „Klar machen wir das!"
>
> **FP 4:** „Aber auch nicht so viel Fernseh gucken!"
>
> **Vater:** „Wie??"
>
> **FP 5:** „Ja, ich meine, vom Fernsehen lernt sie nicht sprechen – nur gucken! Das bringt nichts!"
>
> **Vater:** „Aber – die hört doch dann alles."
>
> **FP 6:** „Richtig! Hören tut sie – aber nicht sprechen. Sie wird immer stummer, sie muss ja nichts sagen. Außerdem muss sie auch nicht selbst spielen, die lustigen Figuren im Fernseher machen ja alles schon für sie!"
>
> **Vater:** „Aha. Also nicht so viel fernsehen. Okay."
>
> **FP 7:** „Genau! Höchstens eine halbe Stunde am Tag."
>
> **Vater:** „Was?? Nur eine halbe Stunde? Und was soll ich dann machen?"
>
> **FP 8:** „Also, Sie könnten z. B. … und dann …"

Die Fachperson äußert sich im Gespräch mit dem Vater eines Kindergartenkindes mit Sprachentwicklungsverzögerung kontinuierlich knapp und präzise (FP 1), gebraucht einfache Worte und vergewissert sich, ob sie auch verstanden wird (FP 2). Die Bereitwilligkeit des Vaters erstaunt sie, und sie lobt ihn für sein Engagement (FP 3). Seine demonstrative Kooperation beachtet sie aufmerksam, bis ihr Zweifel kommen. Daraufhin konkretisiert sie ihre Empfehlung (FP 4), stößt auf ein neues Thema, zu dem sie ihre Meinung darstellen kann (FP 5). Einwände des Vaters setzt sie nicht herab, sondern greift sie auf (FP 6), erkennt richtige Aspekte an, ohne jedoch mit ihrer Meinung hinter dem Berg zu halten. Sie präzisiert ihre Aussage, bis sie schließlich unmissverständlich im Raum steht (FP 7). Als sich nun zeigt, wie gering das väterliche Repertoire ist, mit der Tochter zu spielen, gibt sie genaue Handlungsanleitungen (FP 8). Ihr Gesprächston bleibt wohlwollend und unterstützend.

Dialog 40: Drastische Ausdrucksweisen. Im folgenden Beispiel spricht die Fachperson mit einer einfach strukturierten, allein erziehenden Mutter zweier Kinder mit allgemeiner Entwicklungsverzögerung über den häuslichen Alltag.

> **Mutter:** „Wenn ich sie nicht hätte, ich wüsste nicht, was ich gemacht hätte!"
>
> **FP 1:** „Gut, dass Sie die Kinder haben!"
>
> **Mutter:** „Ich wollt ja nicht, dass sie das machen, was ich mitgemacht hab!"
>
> **FP 2:** „Sie sind wirklich eine sehr bemühte Mutter!"
>
> **Mutter:** „Ich reiß mir den Arsch auf für die!"
>
> **FP 3:** „– Ja."
>
> **Mutter:** „Das können Sie mir glauben!"
>
> **FP 4:** „Die Kinder sind Ihnen das Wichtigste im Leben!"
>
> **Mutter:** „Darauf – ich lass mich nicht kleinkriegen. Und die von der Krankenkasse können Sie ja gleich in die Tonne kloppen!"
>
> **FP 5:** „Da sind Sie echt enttäuscht, dass Sie die Hilfe nicht gekriegt haben. Aber mit der Familienhelferin hat es geklappt!"
>
> **Mutter:** „Denen bin ich auch ins Gesicht gesprungen. Ich hab einfach gesagt, was Sache ist, und dann ging's klar."
>
> **FP 6:** „Das haben Sie sehr gut gemacht!"

Die Fachperson darf sich nicht durch drastische Ausdrucksweisen erschrecken und zu falschen Schlüssen verleiten lassen. Wenn sie sich unsicher ist, kann sie durch Bestätigen sichergehen (FP 4), dass sie den gemeinten Sinn richtig versteht. Hinter dem rauen Tonfall steht große Herzlichkeit und Wärme für die Kinder. Die Fachperson tut gut daran, diese Mutter für ihr Engagement zu loben (FP 6).

Familien mit hohem sozioökonomischen Status

Auch Wohlstand, hoher Bildungsstandard oder Eloquenz können verunsichern, da sie Angst und Minderwertigkeitsgefühle auslösen. Hier gehen die Statusunterschiede meist zuungunsten der Fachperson aus. Manche Fachpersonen fühlen sich dadurch eingeschüchtert, bei anderen stellt sich eine aggressive Grundhaltung mit überbetonter Selbstbehauptung, Konfrontationsneigung und auftrumpfender Konfliktlust ein. In beiden Fällen darf sich die Fachperson daran erinnern, die Expertin für ihr Fachgebiet zu sein und außerdem als Dritte und von außen her manche Dinge besser beurteilen zu können als die unmittelbar Beteiligten. Sie darf sich ihre Überlegenheit in einem entscheidenden Punkt vor Augen halten, gleich welcher Qualifikation, welchem Vermögen oder Bildungsniveau sie gegenübersteht: Sie befindet sich nicht in der psychosozialen Notlage, in der sich die Familie abmüht, sich mit ihrem entwicklungsverzögerten oder verhaltensauffälligen Kind zu arrangieren und eine passende Zukunftsperspektive zu finden. Sie darf sich sagen, dass auch diese ihr überlegen erscheinenden Eltern ihr Schicksal tragen und letztlich etwas von ihr „wollen", und nicht umgekehrt.

3.4 Komplikationen im Elternpaargespräch

Mit beiden Elternteilen gemeinsam zu sprechen bietet Vorteile, bringt aber auch besondere Schwierigkeiten mit sich. Um das psychosoziale Milieu abzuschätzen, in dem das Kind aufwächst, ist es viel effizienter, Erziehungseinstellungen, Ansichten über den Entwicklungsstand, Berichte über Lebensgewohnheiten, Belastungen und Kompensationsmöglichkeiten der Familie von beiden Eltern zu hören. Darüber hinaus kann man ihre Interaktion während des Gesprächs beobachten und Eindrücke über ihre Kommunikationsfähigkeit, Konfliktbewältigung und Kooperation, letztlich also über ihre Lebenszufriedenheit und die Stabilität ihrer partnerschaftlichen Beziehung gewinnen.

Gerade deshalb kann ein gemeinsames Gespräch mit beiden Eltern nicht wie zwei parallele Einzelgespräche geführt werden. Es reicht nicht, darauf zu achten, dass jeder im Hinblick auf Themenwahl und Redezeit zu seinem Recht kommt. Vielmehr müssen Aufmerksamkeit und Konzentration zwischen den beiden Beteiligten geteilt werden, um sowohl Beiträge, als auch Reaktionen aufzunehmen. Der Blickkontakt muss zwischen beiden Elternteilen wechseln – manchmal empfiehlt es sich geradezu, den zuhörenden Elternteil anzuschauen, während sein Partner spricht, um die Tragweite dessen, was gesagt wird, hinsichtlich der Beziehung zu erfassen. Um das Verhältnis beider Elternteile zueinander kennenzulernen, kann man beide auch ganz direkt in Kontakt miteinander bringen, etwa indem man den Zuhörer bittet, zu den Ausführungen des anderen Stellung zu nehmen. Manchmal ergibt sich die Situation, beiden Eltern zu einer umgrenzten Fragestellung die Aufgabe zu stellen, im Zwiegespräch eine gemeinsame Lösung zu finden, eine Wunschliste zu formulieren oder eine Pro-und-Kontra-Liste aufzustellen, während man in der Zwischenzeit nur zuhört und beobachtet.

Macht der eine Elternteil dem anderen Vorhaltungen, so ist selbstverständlich, dass dieser auch dazu angehört wird. Ist einer aktiver als der andere, darf der Passive angesprochen und zur Meinungsäußerung ermutigt werden. Zum guten Ton gehört ferner, dass beiden Eltern zu Beginn für das Kommen gedankt wird. Dabei wird hervorgehoben, dass dies eher die Ausnahme darstellt und man daran erkenne, wie sehr sich beide Eltern für das Wohlergehen ihres Kindes einsetzen. Beide Eltern sollten auf den gleichen

Informationsstand gebracht und gefragt werden, welche zusätzlichen Themen sie in dieser besonderen Runde ansprechen wollen. Beide Elternteile sollten zu Gesprächsende um einen abschließenden Kommentar gebeten werden, der ihre Sicht der Dinge verdeutlicht und auch ihre Wünsche für die weitere Zusammenarbeit erkennen lässt. Die Fachperson sollte sich überparteilich verhalten, vor allem aber die eigene Körpersprache im Blick behalten, da sich Sympathie und Antipathie auf diesem Kommunikationskanal am schnellsten mitteilen. Wenn also schon ein Gespräch mit beiden Elternteilen an sich besonders fordert, bereiten manche Konstellationen noch zusätzliche Schwierigkeiten.

8.1 „Ich habe Sie beide eingeladen, weil es für mich wichtig ist, die Ansichten von beiden Eltern zu hören. Y ist ja nicht so einfach in ihrem Verhalten, und vielleicht finden wir zu dritt eher Lösungen als nur zu zweit."

8.2 „Schön, dass Sie beide Zeit hatten und es geschafft haben, die Kinder unterzubringen. Wir wollen über Xs Entwicklung sprechen. Frau X, wie zufrieden sind Sie denn mit ihm?" – „Herr X, und wie zufrieden sind Sie mit Ihrem Sohn?"

8.3 „Was möchten Sie denn von mir wissen? Womit wollen Sie denn anfangen? Was interessiert Sie am meisten? Was denken Sie denn über …?"

8.4 „Erzählen Sie mir doch mal, wie so ein Tag bei Ihnen abläuft!" – „Und wie läuft Ihr Tag ab, Herr Y? – Was müssen Sie denn genau bei Ihrer Arbeit alles machen?"

8.5 „Woran haben Sie denn zum ersten Mal gemerkt, dass etwas an seiner Entwicklung nicht so ganz stimmt?" – „Wie war das denn früher mit X, als er noch kleiner war?"

8.6 „Was macht es Ihnen denn so schwer, sich hier zu äußern?"

8.7 „Kann ich irgendwas tun, dass Sie hier leichter ins Erzählen kommen? Soll ich mehr fragen? Sollen wir erst mal über ein anderes Thema sprechen? Soll ich erst noch ein wenig mehr berichten?"

8.8 „Sie sind beide so still. Was bedrückt Sie denn?"

Eltern trauen sich nicht. Ein gemeinsames Gespräch mit der Fachperson ist für manche Eltern ungewohnt und irritierend. In diesem Fall empfiehlt es sich, den Grund für die Einladung ausführlich klarzustellen und auf die besonderen Vorzüge hinzuweisen, die die Anwesenheit beider Eltern für das konkrete Thema hat (8.1). Da die Teilnahme beider Eltern keine Selbstverständlichkeit ist und oft organisatorische Mühen mit sich bringt, muss sie lobend erwähnt werden (8.2). Dies wird bereits die Spannung etwas lösen, weil die Eltern ihre Motivation gewürdigt sehen. Bei zurückhaltenden Eltern empfiehlt es sich, das Gespräch mehr zu strukturieren, indem man die Eltern abwechselnd befragt (8.2). Gehemmte Eltern werden einbezogen, indem man herauszufinden versucht, woran sie interessiert sind, und sie zu Fragen und Kommentaren anregt (8.3). Als Gesprächseinstieg bieten sich auch Exkurse in möglicherweise weniger angstbesetzte Themen an (8.4).

Mit Fragen nach dem Alltag zeigt die Fachperson ihr Interesse am Leben dieser Familie und ermutigt auf diese Weise zu unbefangenen Stellungnahmen. Fragen zur Entwicklungsgeschichte des Kindes können auch gute Türöffner sein, weil sie die Eltern eben nicht mit aktuellen Problemen, sondern der Vergangenheit beschäftigen (8.5). Allerdings sind sie prekärer, weil sie Gefühle auslösen und möglicherweise bereits schon früh eingetretene partnerschaftliche Belastungen hervortreten lassen. Eine Metakommunikation anzuregen erscheint eher ungünstig, weil über Kommunikation nachzudenken damit Unvertraute noch mehr verunsichert (8.6). Vielleicht treten aber auch Befürchtungen zutage, die man leicht entkräften kann (Eltern: „Erfährt das Jugendamt, worüber wir hier sprechen?"; „Werden wir überprüft, ob wir gute Eltern sind?"; „Wir haben Krach mit dem Kinderarzt – müssen wir deshalb jetzt mit Ihnen reden?"). Schließlich kann man ängstliche Eltern fragen, wie ihnen die Situation erleichtert werden kann (8.7), oder ihre Befindlichkeit direkt ansprechen (8.8).

8.9 „Ihre Meinung ist mir auch sehr wichtig! Was meinen Sie denn zu …?"

8.10 „Sie haben sich ja noch gar nicht geäußert! Stört Sie etwas an dem Gespräch?"

8.11 „Sie überlassen ja Ihrem Mann das ganze Feld. Ich würde auch gern wissen, wie *Sie* die Tochter erleben?"

8.12 „Sollen wir uns doch lieber mal zu zweit unterhalten?"

8.13 „Was kann Ihre Frau denn tun, damit Sie auch mal mit der Sprache rausrücken?"

8.14 „Was meinen Sie, Frau X: Warum sagt Ihr Mann heute so wenig?"

Ein Elternteil hält sich zurück. Unterschiedliche Aktivität der Eltern im Paargespräch muss nicht unbedingt bedeuten, dass der Passive auch der weniger dominierende Partner ist. Die Frage der Dominanz wird man bei einer solchen Elternkonstellation jedoch weiter im Auge behalten. In der konkreten Gesprächssituation empfiehlt es sich, den Reservierten direkt anzusprechen und anzuregen, sich am Gespräch zu beteiligen. Auf die Bedeutung seiner Person und seines Beitrags kann man dabei ausdrücklich hinweisen (8.9). Wenn man auf subjektive Störquellen anspielt, die möglicherweise ein Engagement verhindern (8.10), muss man damit rechnen, dass Konfliktthemen zur Sprache kommen (Mutter: „Mein Mann hat immer so eine absolute Meinung zu allem – da ist es ja zwecklos, mich zu äußern!"). Man kann die Interaktion zwischen den Eltern auf den Punkt bringen, um damit eine Reaktion zu provozieren (8.11). Manchmal ist es angeraten, ein Zweiergespräch dem gemeinsamen Elterngespräch zu dritt vorzuziehen (8.12), etwa wenn man erkennt, dass ein Partner seine Hemmung nicht ablegen kann.

Beziehungsknüpfende Fragen (8.13, 8.14) können spannungslindernd, manchmal erheiternd wirken. Allen Beteiligten ist nämlich klar, dass jetzt Stellung zu etwas bezogen werden muss, was man eigentlich lieber unter Verschluss halten wollte. Bei der zirkulären Frage 8.14 wird üblicherweise gleich der Mann antworten, ehe die angesprochene Frau den Mund öffnet. Trotzdem wird man bei der Mutter noch einmal nachhaken, weil ihr Eindruck eine für beide Partner wichtige Information enthält, die sich auch auf folgende Elterngespräche auswirken könnte.

Eltern streiten sich. Hier sind beide Parteien schon in ausreichendem – leider oft eher destruktiven – Kontakt. Interventionen werden daher darauf abzielen, die Fachperson hinein- und die Streithähne auseinanderzubringen.

8.15 „Stopp! Schluss jetzt! Man kann ja sein eigenes Wort nicht mehr hören!"

8.16 „Unsere ganze Zeit geht für Ihren Streit drauf. Nicht dass ich was gegen Streit hätte – aber wollen Sie das?"

8.17 „Worum geht es jetzt eigentlich?"

8.18 „Sie sind jetzt heftig aneinandergeraten – aber ich habe nicht verstanden, worum es geht. Können Sie, Herr X, mir noch mal Ihre Sicht erklären, und dann kommen Sie, Frau X, dran, ja?"

8.19 „Sie kommen ja schneller in Streit als – jetzt fällt mir kein passender Vergleich ein –, aber so geht es nicht weiter. Wir machen das jetzt so, dass Sie Ihre Meinung immer nacheinander sagen, sonst komme ich ja gar nicht mehr mit!"

8.20 „Gut – ich sehe, Sie können sich über dieses Thema nicht einigen. Das ist ja auch nicht weiter schlimm, wenn es verschiedene Ansichten gibt. Ich würde jetzt gerne noch …?"

8.21 „Wenn Sie so nach jedem Satz gleich aneinandergeraten und so viel Energie aufbringen, den anderen umzustimmen, denke ich, dass Sie ja wirklich viel füreinander übrighaben!"

8.22 „Was macht Sie so böse, wenn Ihre Frau … sagt?"

8.23 „Ich frage mich, was Sie einander mit diesem Streit eigentlich sagen wollen?"

8.24 „Ich frage mich, was Sie mir mit diesem Streit eigentlich sagen wollen?"

8.25 „Es kommt mir so vor, als soll ich der Schiedsrichter in dieser Auseinandersetzung sein. Soll ich das machen? Und wie wäre es für Sie, wenn ich entscheide, dass Ihr Mann recht hat?"

8.26 „Ich finde, in dem Fall muss ich wirklich Ihrer Frau recht geben, weil …"

8.27 „Ist das auch zu Hause so, dass Sie sich nur noch streiten und selten einigen?"

Die zur Einschätzung des Erziehungsmilieus wichtige Frage, inwiefern Eltern gut miteinander kooperieren können, wird sicherlich nicht durch ein einziges von Streit durchwachsenes Elterngespräch mit der Fachperson beantwortet. Ist der Streit jedoch allgegenwärtig, wird sich die Fachperson fragen, ob diese Eltern im Alltag überhaupt noch irgendwie zum Wohle des Kindes harmonieren können. Sie wird sich immer wieder am Beispiel häuslicher Situationen insbesondere unter Stress- und Konfliktbelastung beschreiben lassen, wie die Eltern mit sich und dem Kind umgehen. Abgesehen von der Beeinträchtigung der Lebensqualität des Kindes durch andauernde elterliche Diskrepanzen liegt bei hohem familiären Streitpotenzial auch immer die Gefahr von Gewalt und Misshandlung nahe.

In der Streitsituation selbst wird die Fachperson darauf abzielen, die Lage zu entschärfen und mit den Konfliktpartnern wieder in einen Dialog einzutreten, da sie mit beiden Eltern kooperieren möchte. Fällt es bei einem heftigen Streit mitunter schwer, sich Gehör zu verschaffen, darf die Fachperson hier durchaus die Stimme anheben und das Streitgespräch unterbrechen (8.15). Das mag autoritär sein, ist aber angesichts der Perspektive ergebnislos verschwendeter wertvoller Besprechungszeit vertretbar, worauf man hinweisen sollte (8.16). Im Anschluss daran kann die einfache Frage nach dem Streitanlass schon einmal zum Innehalten bewegen (8.17). Sobald die Fachperson die Gesprächslenkung wieder in der Hand hat, kann sie ihren Gesprächspartnern auftragen, ihre Ansichten alternierend darzustellen, um so dem Gespräch wieder Struktur zu geben (8.18, 8.19). Dabei kann sie durchaus eigene Verständnisschwierigkeiten (8.18) oder ihre Überforderung (8.19) anführen. Vorhaltungen an die Adresse der Streitenden („Sie verhalten sich unmöglich!"; „So kann man mit Ihnen nicht reden!"; „Sie müssen sich hier mal zusammenreißen!") führen nicht weiter.

Wächst einem die Situation allerdings über den Kopf und weiß man sich nicht anders zu helfen, sollte die Situation beendet werden. Ein vorzeitiges Besprechungsende ist sinnvoller als Eskalation oder Handgreiflichkeiten („Bei dieser Schreierei kann man ja sein eigenes Wort nicht mehr verstehen. Ich glaube, wir machen für heute Schluss! Wir sehen uns am …! Auf Wiedersehen!"). Dazu darf man dann aber nicht sitzen bleiben und abwarten, sondern wird aufstehen und die Tür öffnen. Will man einen Streit konstruktiv unterbrechen, kann man diesen auch positiv konnotieren (8.20) und den weiteren Verlauf wieder selbst strukturieren, indem man Themen vorgibt. Für die Eltern überraschend und sie vielleicht auch nachdenklich stimmend wird eine Interpretation sein, die ihren Streit im Hinblick auf ihre Beziehung positiv umdeutet (8.21). Gerade im stärksten Dissens hätte man dann eine Gemeinsamkeit im gegenseitigen Interesse gefunden.

Man verlagert den Fokus natürlich auch, wenn man vom eigentlichen Streitthema abrückt und zum Nachdenken über das gerade laufende Geschehen anregt (8.22 bis 8.25). So kann man versuchen, sich den Ursachen des Streits zu nähern (8.22) oder dessen Funktion für das konkrete Gespräch oder auch der Beziehung auf die Spur zu kommen (8.23). Auch die Rückbeziehung des Geschehens auf die eigene Person kann in Bezug auf das Bild, das Eltern von sich geben wollen, interessante Eindrücke zutage fördern (8.24). Ein Motiv der Eltern kann sein, die Fachperson zum Schiedsrichter machen zu wollen. Dies kann man direkt ansprechen (8.25) und anregen, Eventualitäten und Konsequenzen einer möglichen Parteinahme durchzuspielen. Wahrscheinlich wird man dem Paar damit zur Erkenntnis verhelfen, über ihre Familienangelegenheiten doch lieber selbst entscheiden zu wollen.

Position zu beziehen ist eine grundlegend andere Vorgehensweise, die im Einzelfall sehr wohl gerechtfertigt sein kann (8.26). Damit hat man sich allerdings eindeutig auf die Seite eines Kontrahenten gestellt, den anderen möglicherweise düpiert und weitere Elterngespräche erschwert. Diese Taktik ist deshalb gut zu überlegen. Auf alle Fälle sollte man sich mit dem unterlegenen Konfliktpartner und seiner Meinung ausführlich beschäftigen, um ihm das Gefühl zu geben, dass es hier um eine Positionierung gegen eine Ansicht und nicht den Meinungträger geht („Ich habe mich gegen Ihre Theorie ausgesprochen, aber ich will doch verstehen, wie Sie dazu kommen. Können Sie mir das noch mal erklären?"; „– Allerdings muss ich sagen, dass mir dieser Aspekt Ihrer Meinung auch nicht schlecht gefällt, aber in dem Ganzen …"; „Es ist wirklich nichts gegen Sie, wenn ich jetzt so krass … ich finde nur, mit dieser Einschätzung liegt Ihr Mann wirklich näher – das heißt ja nicht, dass Sie nicht mit anderen Dingen recht hätten").

Bei ständigen Kontroversen und auffälliger Disharmonie der Eltern wird man schließlich auch einmal wagen, einen Beratungsbedarf zu erfragen (8.27), und eventuell eine Empfehlung abgeben. Diese Frage berührt das Privatleben und will deshalb gut überlegt sein. Sie kann bei Personen gestellt werden, die man schon länger kennt, mit denen man gut zusammenarbeitet und zu denen eine vertrauensvolle Beziehung besteht. Sie darf natürlich auch bei Personen gestellt werden, die diese Bedingungen nicht erfüllen, dafür aber ihr Leid und ihr Bedürfnis nach Abhilfe klar zum Ausdruck bringen.

Eltern breiten Ehekonflikte aus. Sicherlich nicht von Anfang an, aber im Laufe eines intensiven Elterngespräches, insbesondere bei streitenden Elternpaaren, können Partnerschaftskonflikte zum Vorschein kommen. Manchmal werden sie sogar von den Eltern gezielt angesprochen („Wir können überhaupt nicht mehr miteinander sprechen"; „Wir schlafen schon in getrennten Zimmern, weil …"; „Mein Mann ist fremdgegangen und deshalb …"; „Wir stehen kurz vor der Scheidung, weil …"). Üblicherweise wird mit solchen Offenbarungen beabsichtigt, den außenstehenden Gesprächspartner in die Auseinandersetzung zu involvieren, ihm entweder eine Schiedsrichterrolle aufzudrängen, ihn als Publikum für Anklagen gegen den

Partner zu benutzen oder seine Loyalität zu gewinnen. Das bringt die Fachperson in eine schwierige Lage, da ihr Bemühen um Neutralität behindert wird. Lässt sie sich auf eine Seite ziehen, wird sie das Vertrauen der anderen verlieren. Deshalb ist es ratsam, keine Partei zu ergreifen, sondern Verständnis für die Krise zu signalisieren und auf fachliche Hilfe zu verweisen.

8.28 „Wenn ein Paar in die Sackgasse geraten ist, dann kann man sich von einer Eheberatungsstelle helfen lassen. Ich kann Ihnen die Adresse geben. Was meinen Sie dazu?"

8.29 „Ich höre, dass Sie es zurzeit ziemlich schwer miteinander haben. Ich persönlich kann Ihnen dabei nicht helfen. Wollen Sie sich denn von jemand anderem helfen lassen?"

8.30 „Sie bringen mich in eine schwierige Situation, weil ich Sie ja beide und vor allem als Familie unterstützen will. Ich sehe, wie Sie beide leiden. Solche Ehestreitigkeiten muss man mit einem Psychologen besprechen. Dazu würde ich Ihnen raten."

8.31 „Ich fühle mich wirklich geehrt, dass Sie so viel Offenheit aufbringen, mir von diesen intimen Problemen zu erzählen. Ich sehe das als großen Vertrauensbeweis. Es ist schon viel gewonnen, wenn man seine Probleme aussprechen kann, und deshalb bin ich für Sie optimistisch. Aber Sie brauchen eine Expertin, die …"

8.32 „Ich habe mir vorgenommen, mich in solchen Fällen strikt neutral zu verhalten und keine Partei zu ergreifen. Was sollen wir jetzt machen?"

8.33 „Ich möchte jetzt mal auf die Bremse treten. Ich schätze Ihre Ehrlichkeit, Sie haben mir zu einem klaren Bild von Ihrer schwierigen Situation verholfen, aber ich möchte mich nicht in Ihre Ehe einmischen. Das wäre auch verantwortungslos. Deshalb möchte ich gerne das Thema wechseln."

8.34 „Es tut mir sehr leid, Sie zurzeit so unglücklich miteinander zu sehen. Sind Sie sehr enttäuscht, wenn ich dazu nichts sage? Ich will einfach keinem von Ihnen zu nahe treten."

8.35 „Zu Ihrem Partnerschaftsproblem will ich nichts sagen, dazu bin ich nicht befugt. Aber welchen Einfluss, meinen Sie, hat das auf X? Wie geht es ihm zurzeit?"

Mit der Adressenvermittlung (8.28) grenzt sich die Fachperson deutlich ab und konfrontiert die Eltern mit einer konkreten Alternative. Möglicherweise fühlen sich Eltern hier abgeschoben. Zwischen den Zeilen ist herauszuhören, dass die Fachperson dieses Thema ganz schnell loswerden möchte. In 8.29 stellt sie demgegenüber klar, dass sie die Schwierigkeiten verstanden hat, aber keine Beratungsdienste leisten kann. Dezent fragt sie nach, ob die Eltern überhaupt schon bereit sind, einen Fachmann ins Vertrauen zu ziehen. Mit dieser Intervention ermöglicht sie den Eltern, etwaige Vorbehalte und Ängste zu nennen („Da wird doch nur der Schuldige gesucht!"; „Da muss man sein ganzes Intimleben enthüllen!"; „Da wird man als Mann sowieso immer in die Pfanne gehauen!"; „Ich wüsste da nicht, womit ich anfangen sollte!"), die sie dann zerstreuen kann. Um diesen Weg einschlagen zu können, sollte sie etwas über den Ablauf einer Eheberatung wissen. Man kann auf das Dilemma verweisen, in das man durch die Offenheit der Eltern gerutscht ist, oder den Leidensdruck betonen, den man nun bei den Eltern wahrnimmt, bevor man Alternativen aufzeigt (8.30). Die Tatsache, dass die Eltern ihre Probleme aufrichtig schildern, kann als ein positives Bemühen um Problemlösung anerkannt werden (8.31). Eine solche Äußerung wird die Eltern aufbauen und vielleicht etwas optimistischer stimmen.

Manchmal ist es allerdings notwendig, sich gar nicht weiter zum Thema zu äußern und nur klarzustellen, dass man keine Koalitionen eingehen will (8.32, 8.33). Der Vorschlag, zu einem anderen Thema überzugehen, prüft gleichzeitig, inwiefern die Eltern überhaupt in der Lage sind, sich zu kontrollieren und noch konstruktiv zusammenzuarbeiten (8.32, 8.33). Dafür kann man ihnen auch ausdrücklich die Verantwortung übergeben (8.32). Auch eigene Betroffenheit auszudrücken ist eine gute Möglichkeit (8.34) – Mitgefühl zu erleben kann auch die Kommunikation zwischen den Konfliktpartnern wieder in Gang bringen. Spielt die Fachperson auf die Situation des Kindes an, so unterstreicht sie zum einen, in welchem Bereich ihre Kompetenz liegt, und drückt zugleich ihre Sorge um das Kind aus (8.35). Dies kann eine entscheidende Konfrontation der Eltern mit den Konsequenzen ihrer Zwistigkeiten sein. Andererseits läuft sie Gefahr, die Eltern vor den Kopf zu stoßen, weil diese die Äußerung als Schuldzuweisung erleben. Dem könnte man allerdings vorbauen, indem man das Beschuldigungsthema direkt anspricht und relativiert („Das soll jetzt nicht heißen, dass ich Ihnen die Schuld geben will. Es ist nur logisch, dass Kinder immer irgendwie leiden, wenn sich die Eltern streiten. Was könnte man denn für X tun, um seine Situation zu erleichtern?").

Eltern versuchen, die Fachperson zu instrumentalisieren. Haben die Eltern unterschiedliche Ansichten zu einem Entwicklungs- oder Erziehungsthema, so werden sie im Elterngespräch natürlich versuchen, die Fachperson auf ihre Seite zu ziehen. Dem müssen nicht unbedingt Ehekonflikte oder partnerschaftliche Kommunikationsstörungen zugrunde liegen. Weitaus öfter handelt es sich um unvereinbare Überzeugungen oder abweichende Einstellungen, die aus ungleichem Tempo im Bewältigungsprozess entstehen. Auch hier wird die Fachperson versuchen, Verständnis für die Standpunkte aufzubringen, ohne sich von einer der konkurrierenden Parteien vereinnahmen zu lassen – oder wenigstens nicht ohne der unterlegenen Meinung positive Seiten abzugewinnen. Gerade wenn es um ihr Spezialgebiet der Erziehungs- oder Förderungsfragen geht, muss sich die Fachperson beherrschen, nicht lenkend einzugreifen und vorschnell Position zu beziehen.

Dialog 41: Instrumentalisierung der Fachperson

Vater (zur Fachperson): „Meinen Sie denn nicht, man könnte das auch so sehen …?"

Mutter (zum Mann): „Nein, man muss doch viel mehr auf das Kind eingehen."

Vater (zur Frau): „Man darf doch etwas fordern!"

Mutter (zum Mann): „Du musst verstehen, dass er noch nicht so weit ist. Er ist in seiner Entwicklung zurück! Wann begreifst du das endlich?!"

Vater (zur Frau): „Das weiß ich schon lange. Aber etwas fordern darf man doch wohl!"

Mutter (zur Fachperson): „Sagen Sie ihm doch, dass X noch nicht so weit ist. Sie sagen doch immer, man muss noch viel mehr mit ihm spielen!"

Vater (zur Fachperson): „Aber das mach ich doch auch."

8.36 „Nein, das werde ich nicht entscheiden! Sie müssen sich schon selbst einigen!"

8.37 „Es ist so ein wichtiges Thema, und Sie streiten gerade so schön! Ich höre Ihnen noch etwas zu. Vielleicht stellt sich ja einer von Ihnen als Sieger heraus!"

8.38 „Ich finde es toll, wie energisch Sie sich auseinandersetzen! Das zeigt mir, wie sehr Sie sich für Ihr Kind einsetzen. Die Frage ist auch aus meiner Sicht nicht eindeutig zu entscheiden. Sie diskutieren so gut miteinander – versuchen Sie doch mal selbst, einen Kompromiss zu finden!"

8.39 „Sie können ja wirklich prima streiten! Man merkt, wie engagiert Sie bei der Sache sind! Wie einigen Sie sich denn sonst, wenn Sie unterschiedlicher Meinung sind?"

8.40 „Okay – da prallen also zwei Meinungen aufeinander. Ich würde sagen: Beide haben recht!"

8.41 „Wenn ich entscheiden soll – werden Sie dann auch machen, was ich sage?"

8.42 „Stellen wir uns mal eine konkrete Situation vor. Also z. B. X will … und Sie sind gerade dabei … Was wäre denn jetzt das Beste für X, also was ihn in seiner Entwicklung am meisten fördern würde?"

8.43 „Es tut mir leid, aber da muss ich Ihrer Frau zustimmen. Auch nach meiner Einschätzung ist er tatsächlich noch nicht … Und deshalb wäre es für ihn am besten, wenn … Können Sie denn damit leben, wenn wir jetzt hier etwas beschließen, was Ihnen gegen den Strich geht?"

Fühlt man sich sehr in die Enge getrieben, wird man sich mitunter zu barsch abgrenzen (8.36). Dann war man zwar deutlich, hat den Dialog mit den Eltern aber nicht unbedingt gefördert. Die Situation könnte vielmehr dazu genutzt werden, an die elterliche Autonomie zu appellieren, ihnen also zu demonstrieren, selbst diejenigen zu sein, die die Verantwortung für ihr Kind übernehmen dürfen. Mit der Variante 8.37 wird inhaltlich nichts wesentlich anderes mitgeteilt – mit der Ausnahme, dass das Thema als bedeutsam, die Meinungsverschiedenheit positiv und die Zurückhaltung der Fachperson als definitiv bezeichnet wird. Der Vergleich mit einem Zweikampf wird leicht ironisierend eingebracht – vielleicht beginnen die Eltern schon zu schmunzeln und legen sich noch einmal ordentlich ins Zeug, um zu gewinnen. Auch mit 8.38 werden die Eltern zu weiterer Diskussion ermutigt, ihre Auseinandersetzung ausdrücklich gutgeheißen. Es wird ferner betont, dass die Lösung nur durch Einigung zu erzielen und das Problem zu vielschichtig für nur ein denkbares Resultat sei. Auch in dieser Situation kann man auf die Metaebene lenken (8.39) und sich die üblicherweise verfügbaren Konfliktregelungen anschauen. Mit 8.40 konfrontiert die Fachperson die Eltern mit ihrer Überparteilichkeit und unterstreicht damit nachdrücklich die Notwendigkeit einer Kompromissfindung.

Elterliche Autonomie ist auch das Thema in der Variante 8.41. Die Fachperson stellt hier die eigene Autorität zur Debatte und weist dabei auf den Mechanismus hin, dass Eltern hier gerade ihre Verantwortung abgeben wollen. Dadurch ermutigt sie diese zugleich, sie anzunehmen. Wenn dem Satz (8.41) zunächst zugestimmt wird, kann man nachfragend demonstrieren, wie weit Mitbestimmung damit delegiert wird („Also, Sie machen dann alles genauso, wie ich es sage?"; „Sie halten sich in jedem Fall daran und lassen nichts aus?"; „Und Sie können mir hundertprozentig garantieren, dass Sie sich immer daran halten werden?") – jedenfalls so lange, bis die Eltern einsehen, dass sie ihre Rechte in diesem Ausmaß gar nicht aufgeben wollen. Der Fokus kann ferner auch auf die Entwicklungsbedürfnisse des Kindes gelenkt werden, indem die zur Debatte stehende Erziehungssituation konkret beschrieben wird (8.42). Je detaillierter das Beispiel ausgestaltet wird, desto einleuchtender wird die Schlussfolgerung für beide Eltern. Mit dieser Strategie kann man einige Beispiele durchspielen und gelangt dann vielleicht zu situationsspezifischen Abwandlungen erzieherischer Strategien, die von beiden Eltern getragen werden.

Manchmal wird man nicht umhinkommen, Stellung zu beziehen (8.43). Die Fachperson wird aber gut daran tun, sich anschließend wertschätzend mit dem Überstimmten und seinen Argumenten zu befassen („In einer anderen Situation, z. B. … könnte ich mir gut vorstellen, dass es dann so besser wäre, wie Sie heute vorgeschlagen haben"; „Es ist nichts gegen Sie, dass ich mich jetzt der Meinung Ihrer Frau angeschlossen habe: Im Gegenteil, ich finde Ihre Ideen gut und sehe ja auch, wie sehr Sie Ihr Kind lieben. Aber in dieser speziellen Situation glaube ich doch, dass man …"). Dies gilt besonders dann, wenn der Unterlegene nun verärgert ist, sich eben nicht überzeugen lässt und stur bleibt. Hier wird man positive Aspekte seiner Meinung zu anderen Situationen, sein Engagement, seine Einstellungen betonen und Mitgefühl dafür verbalisieren, sich in der Diskussion nicht durchgesetzt zu haben („Ich glaube schon, zu verstehen, wie schwer es Ihnen fällt, von Ihrer Meinung abzugehen – vielleicht gerade gegenüber zwei Frauen!?").

Dialog 42: Zwei gegen einen. Im folgenden Beispiel versuchen beide Eltern, die Fachperson für eine Sache zu gewinnen, der jene eher skeptisch gegenübersteht. Das mehrfachbehinderte Kind braucht nach Meinung der Eltern eine kostspielige Kommunikationshilfe, die die Fachperson befürworten soll.

> **Mutter** (zur Fachperson): „Sie ist auf ihre Art hochbegabt! Sie kann sich nur nicht ihrer Umwelt mitteilen. Dafür muss sie diese Technik haben!"
> **Vater** (zur Fachperson): „Man darf ihr das doch nicht verweigern! Ich meine, man muss doch ein behindertes Kind unterstützen. Sie sollen ja nur eine Empfehlung schreiben, dass Sie das Gerät befürworten."
> **Mutter** (zur Fachperson): „Genau! Das können Sie unserer Tochter doch nicht abschlagen."
> **Vater** (zur Fachperson): „Sie braucht es. Sie haben ja selbst gesagt, dass wir den Schwerpunkt mehr auf die Kommunikation legen müssen!"
> **Fachperson:** „Ja – aber da habe ich gemeint, Sie müssten mehr mit ihr kommunizieren."
> **Mutter** (zur Fachperson): „Jetzt haben Sie es doch nicht so gemeint?"
> **Vater** (zur Fachperson): „Wir können doch den Versuch mit dem Gerät machen. Auch wenn ihr vieles noch schwerfällt, geben Sie ihr doch eine Chance! Die wollen Sie ihr doch nicht verbauen, oder?"

Die Fachperson fühlt sich dem argumentativen Trommelfeuer der Eltern zunächst hilflos ausgesetzt, insbesondere als diese versuchen, sie mit Schuldzuweisungen unter Druck zu setzen. Sie will vermeiden, die Eltern mit einer klaren Absage („Es tut mir leid, aber ich halte das Gerät für Y nicht für sinnvoll!") zu verärgern. Andererseits will sie ihren fachlichen Standpunkt behaupten.

8.44 „Ich würde Ihnen ja gerne helfen, aber nach meiner Einschätzung wird Y gar nichts mit dem Gerät anfangen können."

8.45 „Es tut mir leid, aber ich kann Ihren Wunsch nicht erfüllen. Meiner Meinung nach ..."

8.46 „Ich möchte etwas aufgreifen von dem, was Sie gesagt haben: Kommunikation halte ich für Y für ganz wichtig. Aber so, wie ich sie einschätze, wird sie mit dem Computer noch nicht viel anfangen können. Sie lernt viel mehr, wenn Sie selbst mit ihr kommunizieren. Wie Sie das genau machen können, das würde ich Ihnen gerne zeigen."

8.47 „Sie drängen mich ganz schön in die Ecke – ich komme ja gar nicht dazu, etwas zu sagen! Sie stürmen beide auf mich ein, so kann ich mich nicht entscheiden!"

8.48 „Sie wollen Y ja so gerne helfen – ich auch! Sie ist schwer behindert – ich würde mit Ihnen gerne noch einmal ausführlich über ihr Syndrom sprechen."

8.49 „Sie suchen schon die ganze Zeit so engagiert nach Methoden, Y zu helfen – aber es ist auch so viel Trauer in Ihnen über das Kind."

8.50 „Sie versprechen sich so viel von dem neuen Gerät – Sie setzen so große Hoffnung in diese Technik – es soll ein Wunder geschehen!"

Es gibt keine Formel für garantiert gelingende Abgrenzung, die das Thema erledigt und dabei das gute Einvernehmen erhält. Je nach Hartnäckigkeit und Motivation der Gesprächspartner wird man sich darauf einstellen müssen, eigene Positionen und Argumente zu wiederholen. Am deutlichsten wird in 8.45 die Absage ausgesprochen – aber auch hier muss das Thema nicht unbedingt abgeschlossen sein (Mutter: „Können Sie nicht einmal eine Ausnahme machen …?"). Man kann Verständnis signalisieren, sich aber trotzdem abgrenzen (8.44). Je entschiedener man die eigene Position zeigt (8.45), desto genauer sollte man diese auch begründen. Hilfreich ist eine ausführliche Darstellung von Alternativen (8.46). Die Fachperson kann auch auf andere Schwerpunkte als die eigene Abgrenzung fokussieren. Mit 8.47 beschreibt sie die aktuelle Beziehung in der Gesprächssituation, ihre eigene Lage und ihr Befinden. Mit solchen Interventionen lässt sich ein Aufschub erreichen, das Anliegen der Mutter aber nicht aus der Welt schaffen. Die Fachperson hat auf den Druck aufmerksam gemacht, unter dem sie steht, so dass die Vehemenz der Forderung vielleicht etwas nachlässt.

Alternativ kann man das Bewältigungsthema ansprechen, indem man sich dem Ausmaß oder speziellen Konsequenzen der Behinderung zuwendet (8.48). Die Diskussion führt dann möglicherweise zur Einsicht, dass bestimmte Hilfen unangemessen sind. Der Bewältigungsprozess wird auch thematisiert, wenn elterliche Gefühle und Hoffnungen verbalisiert werden (8.49, 8.50). Damit kann sich der Inhalt der Unterredung sofort ändern und das elterliche Erleben zum Mittelpunkt werden – mit der Folge, dass sich auch die Fachperson abrupt von ihrer Verteidigungshaltung auf ihre Fähigkeiten zur Akzeptanz und Einfühlung umstellen muss.

Beide Eltern kritisieren die Fachperson. Bei elterlicher Kritik an der Fachperson gelten für das Gespräch mit beiden Eltern die gleichen Hinweise wie für das Einzelgespräch (Kap. 2.6, 3.2). Neu ist die Doppelfront zweier Kritiker und die dahinterstehende Paardynamik. Zum einen erfordert es mehr Standhaftigkeit, sich gegenüber mehreren Gegnern zu behaupten. Die demonstrative Einigkeit gegenüber der Fachperson lässt vermuten, dass das zur Debatte stehende Thema (Förderungsziel, Behinderungsgrad, Verhaltensstörung, Wahl des Kindergartens, Einschulung) beide Elternteile intensiv beunruhigt und deshalb mobilisiert. Nicht auszuschließen ist ferner, dass der massierte elterliche Widerspruch auf Fehler oder Fehleinschätzungen der Fachperson hinweist. Schließlich ist immer zu bedenken, dass sich ein Paar dann so einträchtig gegen jemanden stellt, um eine Defensivhaltung gegen äußere Widersacher aufzubauen und innere Konflikte niederzuhalten.

8.51 „Ich freue mich riesig, dass Sie sich so einig sind – wenn es auch im Moment gegen mich geht!"

8.52 „Ich finde es gut, dass Sie als die Eltern von Y so stark und einig sind und für Ihre Meinung kämpfen. Aber ich kann keine weitere Fördereinheit geben. Da müssen Sie noch jemand anderes suchen."

8.53 „Sie kritisieren mich so heftig und sind sich so einig – daran merke ich, dass Sie beide ganz schwer beunruhigt sind. Was macht Ihnen denn so große Sorgen?"

8.54 „Wenn Sie so gemeinsam ärgerlich auf mich sind, vermute ich, dass Sie X auch ähnlich einschätzen. Wie sehen Sie denn Ihren Sohn zurzeit, Herr X?"

Auch im Fall der massiven Attacke durch beide Eltern müssen zunächst Inhalte und Ursachen der Kritik geklärt werden. Will man darüber hinaus die Paardynamik ansprechen, kann man die beobachtete Einmütigkeit der Eltern wertschätzend hervorheben – vielleicht mit einer humorvollen Ergänzung, um die entstandene Spannung zu lindern (8.51). Diese Bemerkung kann man sozusagen in der Luft hängen lassen und abwarten, wie der Kommentar von den Eltern aufgegriffen wird. Denkbar ist etwa, dass sie es der Fachperson hoch anrechnen, ihre Gemeinsamkeit trotz der kritischen Äußerungen positiv herauszustellen, so dass sie mehr von sich oder ihren Spannungen berichten (Mutter: „Im Grunde sind wir uns eher selten einig!"; „Ich finde es ja auch toll, dass mein Mann heute mitgekommen ist – er sollte viel häufiger dabei sein!") oder sich einfach gestärkt fühlen. Dieses Vorgehen schließt nicht aus, auch den eigenen Standpunkt deutlich zu machen (8.52).

So werden sich die Eltern in ihrem Bemühen anerkannt fühlen, auch wenn sie ihren Wunsch nicht durchsetzen können. Die gemeinsame Kritik kann auch als Folge einer gemeinsamen Beunruhigung verstanden und angesprochen werden (8.53), deren Ursachen man weiter nachgeht. Die Solidarität der Eltern kann man als Aufhänger nehmen, ein exploratives Gespräch zu wichtigen Themen anzufangen (8.54). Ähnlichkeiten und Differenzen im Hinblick auf zentrale Erziehungseinstellungen oder Entwicklungseinschätzungen lassen sich nun gegenüberstellen.

In einem Sonderfall mag nur ein Elternteil die Fachperson kritisieren, während der andere sie offen verteidigt. Die Eltern tragen ihren Konflikt sozusagen stellvertretend mit der Fachperson aus. Will man nicht darauf eingehen, kann man mit einer selbstironischen Bemerkung und der Wendung auf die eigene Person der Situation die Schärfe nehmen („Ich finde es wirklich erfrischend: Der eine ist für mich, der andere gegen mich! Was soll ich denn jetzt eigentlich von mir halten?"). Anschließend könnte man gemeinsam mit den Eltern eine Orientierung für das weitere Vorgehen suchen („Und wie soll ich mich jetzt verhalten? Ich glaube, wir müssen einen Kompromiss suchen!"). Will man die Meinungsverschiedenheit zwischen den Eltern aufgreifen, kann man die Frage stellen, in welchen weiteren Themen sich die Eltern noch unterscheiden und vielleicht sogar im Konkurrenzkampf liegen („Sie belastet das Thema offensichtlich nicht so wie ihre Frau?"; „Sie sind sich so uneins, was meine Person anbetrifft – sehen Sie denn noch andere Dinge, die X, seine Förderung und Erziehung angehen, so unterschiedlich?").

Ferner kann man denken, dass sich ein Elternteil mit der Fachperson verbünden will, um sich vielleicht in der Allianz mit ihr endlich einmal gegen den anderen durchzusetzen. Hier wird die Fachperson aufpassen, sich nicht instrumentalisieren zu lassen, um ihre Unparteilichkeit zu erhalten („Ich finde es nett, dass Sie mich so schön gegen Ihren Mann in Schutz nehmen, es tut mir gut, verteidigt zu werden – aber ich will die Vorwürfe Ihres Mannes auch ernst nehmen. Wie machen wir denn jetzt weiter?"). Eine unverhohlen zutage tretende Kontroverse kann schließlich auf eine Partnerschaftsstörung hinweisen, die die Fachperson thematisieren kann („Jetzt mal ganz unabhängig von mir – streiten Sie sich oft? Geraten Sie häufig in solche Konflikte? Wenn Sie wollen, gibt es dafür Hilfen!").

Ein Elternteil dekompensiert. Manchmal kann es im Elterngespräch vorkommen, dass ein Elternteil emotional besonders berührt reagiert und der Partner hilflos danebensitzt. Natürlich wird die Fachperson dann auf ersteren eingehen und versuchen, ihn zu stabilisieren. Mit Nebenbemerkungen wird sie außerdem versuchen, den Partner einzubeziehen (8.55). Nach Abklingen der Aufregung ergeben sich aus der anschließenden Reflexion des Vorfalls vielleicht neue Erkenntnisse für das Paar und Orientierungen für den Umgang mit ihrer Betroffenheit.

8.55 „Was glauben Sie, kann Ihrer Frau jetzt am meisten helfen?"; „Können Sie jetzt etwas für Ihren Mann tun?"; „Was braucht Ihre Frau jetzt am meisten?"

8.56 „Es ist schön zu sehen, wie Sie sich gegenseitig unterstützen!"

8.57 „Es ist schön anzusehen, wie Sie Ihrer Frau die Hand halten. Da braucht es nicht viele Worte, Sie versteht schon, dass Sie bei ihr sind!"

8.58 „Wie geht es Ihnen, wenn Ihr Partner zusammenbricht?"

8.59 „Was glauben Sie, löst Ihre Trauer bei Ihrem Mann aus?"

8.60 „Was mag Ihr Zorn für Ihre Frau bedeuten?"; „Wie versteht Ihr Mann Ihre Wut?"

8.61 „Wie unterstützen Sie sich gegenseitig, wenn es einem von Ihnen schlecht geht?"

8.62 „Was wünschen Sie sich vom Partner, wenn Ihre Trauer wieder hochkommt?"

Die Fachperson kann auf die aus ihrer Sicht positiven und aufbauenden Verhaltensweisen wertschätzend aufmerksam machen (8.56), auch wenn es nur kleine Gesten sind (8.57). Den Eltern macht sie damit Ressourcen bewusst, über die sie verfügen. Vielleicht verhilft sie damit auch dem betroffenen Partner, Wünsche für derartige Situationen noch klarer zu artikulieren, was im Paargespräch weiter ausgeführt werden kann (Mutter: „Eigentlich hätte ich lieber, dass er mehr mit mir redet"). In einer emotional aufwühlenden Situation das Gespräch mit dem weniger betroffenen Partner zu suchen erfordert Selbstsicherheit und Augenmaß (8.58) – schließlich soll der Leidende nicht das Gefühl bekommen, sein Kummer werde ignoriert. Manchmal helfen die Kommentare des Partners aber mehr als die ausschließliche Konzentration auf den Betroffenen.

Dem Zweck, ihn an der Situation zu beteiligen, dienen Fragen an den Betroffenen, was er meine, was seine Verfassung für den Partner bedeute (8.59, 8.60). Mit diesen Fragen wird der Beziehungsaspekt direkt angesprochen, die Aufmerksamkeit beider Beteiligten aufeinandergerichtet. Wenn sich schließlich die Situation beruhigt hat, kann man den für dieses Elternpaar typischen Umgang mit Gefühlen weiter explorieren (8.61, 8.62). Man könnte herausarbeiten, wie zufrieden oder belastet die Eltern sind, welche Bedürfnisse erfüllt werden oder zu kurz kommen, welche Wünsche an den Partner bestehen und vielleicht noch nicht ausgedrückt werden konnten.

4 Elterngespräch im Team

Elterngespräche mit zwei Fachleuten oder gar der ganzen Kollegenschar bieten sich immer dann an, wenn Meinungen aus unterschiedlicher fachlicher Sicht zusammengetragen, mit den Eltern diskutiert und das weitere Vorgehen abgestimmt werden soll. Mit zunehmendem Gruppenumfang werden dabei emotionale oder Beziehungsthemen weniger zur Sprache kommen als sachliche Aspekte. Generell sollte bedacht werden, dass sich Eltern in einer umfangreichen Expertenrunde unwohl oder gar bedroht fühlen können. Selbstverständlich ist, dass sie genügend Zeit bekommen, ihre Gedanken vorzutragen oder Stellung zu nehmen und nicht nur rezeptiv den fachlichen Erörterungen folgen dürfen.

Oft spielt es sich informell ein, aber es kann durchaus auch abgesprochen sein, dass eine Fachperson die Diskussionsleitung übernimmt, um Beiträge und Erwiderungen zu koordinieren. Eine solche zentrale Instanz sollte umso früher im Voraus bestimmt sein, je schwieriger das erwartete Elterngespräch eingeschätzt wird. Je größer die Konferenz, desto mehr Sorgfalt sollte darauf verwendet werden, Vorgehen und Ziele festzulegen. Manchmal muss man auch überdenken, warum ausgerechnet ein Elterngespräch mit dem Gesamtteam notwendig ist. Vielleicht stößt man dann schon vor Gesprächsbeginn auf das Motiv, diesen Eltern gemeinsam mit den Kollegen endlich einmal das beizubringen, was die Einzelnen nicht schaffen – und dann sollte die große Runde besser abgesagt werden.

Gesprächsergebnisse sollten in einem Schlusswort zusammengefasst werden. Dabei ist auch ein Dissens mit den Eltern ein Resultat, das in neutraler Weise als solches dargestellt werden kann („Wir haben unsere Beobachtungen zusammengetragen und festgestellt, dass wir mit unseren Meinungen noch weit auseinanderliegen. Das ist doch auch ein Ergebnis! Jetzt wissen wir, dass wir noch einen weiten Weg vor uns haben, unser Bild von X einheitlicher zu machen. Ich bin gespannt darauf, wie sich unser Bild von ihm entwickeln wird!").

Teamstörungen. Differenzen sind unvermeidlich, sobald mehrere Menschen an ein und derselben Sache arbeiten. Ob sie allerdings in einer rationalen und zielgerichteten Weise ausgetragen werden, hängt wiederum vom sozialen und emotionalen Bedingungsgefüge innerhalb des Teams ab. Animositäten zwischen Mitarbeitern entstehen durch Kränkungen, Bevorzugungen oder Benachteiligungen – auch und gerade im Verhältnis zur Leitung. Sie sammeln sich im Laufe der Zusammenarbeit an, resultieren aus von den anderen längst vergessenen Vorkommnissen, schwelen vor sich hin, addieren sich und brechen dann etwa in Form besonderer Uneinsichtigkeit beim Vorbringen oder Verteidigen der eigenen Meinung im Elterngespräch aus.

In einem integrativen Kindergarten lässt sich bereits bei der Vorbesprechung über ein Elterngespräch zum weiteren therapeutischen Vorgehen bei der Familie eines autistischen Jungen keine gemeinsame Linie finden. Es stellt sich heraus, dass sich die Sozialpädagogin über die Mutter ärgert, die von ihr auch in einer Müttergruppe betreut wird, weil diese in einer persönlichen Krisensituation lieber mit dem Psychologen sprechen wollte als mit ihr. Die Kollegin empfand diesen Wunsch als Nichtwürdigung ihrer bisherigen therapeutischen Anstrengungen und als Abwertung ihrer Qualifikation als approbierte Kinder- und Jugendpsychotherapeutin.

Ein Frühförderteam schiebt das Elterngespräch immer wieder hinaus, worüber sich bereits die Mitarbeiter selbst zu wundern beginnen. Hier fühlte sich die behandelnde Krankengymnastin in einem bislang unausgesprochenen Konflikt mit der Leiterin, weil sie sich von dieser gedrängt fühlte, den Eltern eines einjährigen Kindes nun endlich mitzuteilen, dass eine Behinderung vorliege, und klarzustellen, dass das Kind nicht geheilt werden könne.

Spannungen und Uneinigkeit im Team entstehen auch während des Elterngesprächs selbst, etwa wenn eine besondere Dynamik zwischen Eltern und Fachleuten entsteht. Die besprochenen Themen bringen bei allen Beteiligten Gefühle hervor – Ohnmachtsgefühle, Schutzimpulse, Ärgerreaktionen, Verweigerungs- oder Bestrafungsfantasien. Dies wird umso mehr der Fall sein, je emotionaler Eltern über ihr Leid mit dem Kind berichten oder wenn Erziehungseinstellungen zum Vorschein kommen, die denen der Fachleute eklatant widersprechen. Deshalb sollten alle beteiligten Fachpersonen nicht nur den Gesprächsinhalt, sondern auch die emotionalen Reaktionen der Kolleginnen und den Gesprächsverlauf beachten. Damit können sie sich bei sich abzeichnenden Störungen auf eine Weise verhalten, die die Eltern bestmöglich unterstützt, wertschätzt und ihre Fragen klärt.

Eltern auf der Anklagebank. Auf keinen Fall ist es für Eltern hilfreich, wenn sich das Team verbündet, um den Eltern einen Sachverhalt oder eine Verhaltensänderung aufzuzwingen. Je mehr sich Eltern in die Enge gedrängt fühlen, desto mehr wird ihr Widerstand herausgefordert. Auch dem geballten Team wird es kaum gegen elterliche Einsicht gelingen, Behinderungseinschätzungen oder erzieherische Haltungen zu verändern. Im Gegenteil, je weiter die Eltern davon entfernt sind zu erkennen, was für ihr

Kind das Angemessene ist, desto mehr werden sie sich angegriffen fühlen und sich widersetzen. Selbst wenn sie sich dann der Übermacht beugen, ist noch lange nicht gesagt, dass sie die Absprachen in den eigenen vier Wänden befolgen. Gerade bei den sogenannten „schwierigen" Eltern empfiehlt sich ein vorsichtiges, sensibles Vorgehen. So signalisiert man ihnen, dass man es nicht darauf anlegt, sie anzuklagen, sondern mit ihnen kooperieren, also gemeinsame Entscheidungen finden will.

Am ehesten erreicht man dieses Ziel vermutlich, wenn man Beobachtungsresultate sachlich und nicht als absolut hinstellt (also nicht: „Wir alle sind uns einig, dass …"; „Es besteht unter uns keinerlei Zweifel, dass …"), Bewertungen behutsam vornimmt („Es könnte sein, dass dies auf … hinweist"; „Ich für meine Person bin mir sicher, dass eine … vorliegt, und würde gern hören, was meine Kolleginnen und Sie dazu meinen") und die Eltern jeweils zu ausführlichen Stellungnahmen aus ihrer Sicht auffordert („Jetzt würde mich aber mal Ihre Meinung interessieren! Was meinen Sie denn zu meiner Einschätzung? Und Sie, Herr X?"). Einigungen sollten klar herausgestellt werden („Ich stelle also fest, dass wir alle durchaus meinen, dass X …"; „Eltern und Fachleute sind sich einig, dass …"), etwaige Uneinigkeiten ebenso. Sollen schließlich auch konkrete Verhaltensvorschläge aus dem Diskussionsergebnis abgeleitet werden, ist es notwendig, dass die Eltern nicht nur mitsprechen, sondern auch mitbestimmen. Je mehr man ihre Vorschläge aufgreift, desto mehr werden sie sich ihnen verpflichtet fühlen und entsprechend kooperieren.

Verschiedene Meinungen im Team. Nicht nur in Elterngesprächen mit dem Gesamtteam, sondern sobald mehrere Fachleute mit einer Familie arbeiten, taucht das Phänomen unterschiedlicher Einschätzung und damit der Uneinigkeit im Team auf. Dies ist nicht bedenklich, da verschiedene Perspektiven zu Erkenntnisfacetten führen, die das Bild abrunden – man muss ja nicht immer einig sein. Die Kunst würde vielmehr darin bestehen, scheinbar nicht deckungsgleiche Beurteilungen als Mosaikteile eines Ganzen zu sehen, das mit Hilfe von internem Meinungsaustausch, Debatte und Abwägung zusammengesetzt wird. Einem Elterngespräch im Großteam sollte deshalb eine ausführliche Erörterung der Einzeleinschätzungen aller Teammitglieder vorangehen. Hier muss dann auch geklärt werden, wie man vorgehen will, wenn im Laufe des Elterngespräches neue Fakten erscheinen oder neue, von der abgesprochenen Linie abweichende Einfälle generiert werden. Es mag zwar mitunter für Fachleute anregend sein, wenn Kolleginnen mit ihren Eingebungen vorpreschen – betroffene Eltern wird dies eher verwirren. Man muss als Eltern psychisch schon recht stabil sein, um einer Expertendebatte widersprüchlicher diagnostischer Meinungen oder Fördervorschlägen über das eigene Kind neutral folgen zu können.

Andererseits brauchen die Beiträge nicht minutiös festgelegt sein und unisono vorgetragen werden. Gerade rigides Festklammern am ausgelegten roten Faden wirkt auf Eltern befremdlich, weil diesen dann die Gesprächspartner zu Recht inflexibel und unsicher vorkommen. Die meisten Eltern schätzen Engagement und glaubhaftes Bemühen um die beste Intervention. Wie unterschiedliche Auffassungen der Fachpersonen auf Eltern wirken und wie man mit Uneinigkeit letztlich umgeht, hängt vom jeweiligen Team ebenso ab wie von den speziellen Eltern und dem besonderen Thema, um das es geht. Handelt es sich um ängstliche, um Akzeptanz einer Entwicklungsstörung ringende Eltern, wird man diese mit vielen unvereinbaren Ansichten eher verunsichern. Sind Eltern andererseits bereits mitten in der Auseinandersetzung mit der Behinderung ihres Kindes und aktiv auf der Suche nach Informationen und Alternativen, kommt ihnen Variationsbreite im Meinungsspektrum der Förderfachleute wahrscheinlich eher entgegen.

Das Elterngespräch im Team ist immer auch eine Bühne, auf der Mitarbeiterkonflikte ausgetragen werden – bietet sich dieses Forum doch an, Kompetenz, Beredsamkeit und argumentative Gewandtheit vor Publikum zu demonstrieren. Hintergrund sind dann oft Rivalitäten der Kolleginnen untereinander, die sich hinter scheinbar sachlich begründeten Standpunkten verbergen. Die Gründe hierfür sind meist aus anderen Situationen der Teamarbeit, insbesondere auch im Verhältnis zur Leitung entstanden. Daher ist eine Teamsupervision mit dem Ziel angezeigt, die Beziehungen der Mitarbeiter untereinander zu beleuchten und zu verbessern.

Das Team kann sich nicht einigen. Bestehen im Team zu entscheidenden Themen vollkommen kontroverse Ansichten, etwa zur Einschätzung der Behinderung, Bewertung der Verhaltensauffälligkeiten oder den Erwartungen an die Eltern, ist die Zeit für ein gemeinsames Elterngespräch noch nicht gekommen. Mehrheitsbeschlüsse herbeizuführen wäre eine Lösung, kann aber auch dazu führen, dass sich die Minorität überrumpelt und fachlich entwertet fühlt. Die gleiche Konsequenz stellt sich ein, wenn die Leitung die Marschrichtung von oben her anordnet. Stattdessen wird man erst nach einer Übereinkunft suchen müssen, weil das Team dann am besten zusammenarbeitet, wenn jeder Einzelne das Gefühl hat, mit seinen Ansichten und Erkenntnissen ernst genommen zu werden. Andererseits kann es manche Eltern jedoch entlasten mitzuverfolgen, dass es für Fachleute auch nicht so einfach ist, ein kompliziertes Kind oder eine schwierige Erziehungssituation zu verstehen.

Im Einzelfall ist deshalb abzuwägen, ob man Eltern einem widersprüchlichen Potpourri von Einschätzungen aussetzen kann, ohne sie zu überfordern. Entscheidet man sich, kontroverse Meinungen zu präsentieren, sollten die Eltern anschließend Stellung zu den Einzelmeinungen nehmen. Vielleicht verhelfen sie damit den Fachleuten, klarer zu sehen. Dieses Vorgehen erfordert eine neutrale Diskussionsleitung, die den teaminternen Dissens auch offen zugibt („Wir haben uns im Team lange besprochen, sind uns aber immer noch nicht ganz schlüssig. Deshalb wollen wir Ihnen gerne unsere Einschätzungen vortragen und Sie bitten, uns Ihre Meinung dazu zu sagen. Ich werde mich heraushalten und sozusagen die Diskussionsleitung übernehmen. Zum Schluss wollen wir versuchen, gemeinsam abzusprechen, wie wir weiter vorgehen, was die nächsten Schritte sein sollen. Einverstanden?").

Im Elterngespräch ändern sich plötzlich Meinungen. Die Auseinandersetzung im Elterngespräch kann zu plötzlichen Einsichten führen, die dann ebenso spontan und unüberlegt ausgesprochen werden. Unvermittelt steht dann eine vom Konsens der anderen Kolleginnen abweichende Meinung im Raum („Eine SPFH soll in die Familie"; „X könnte eine Wahrnehmungsstörung haben"; „Das Kind braucht Ergotherapie"), die Eltern sind irritiert, die Kolleginnen peinlich berührt.

Da einmal Ausgesprochenes nicht wieder rückgängig zu machen ist und Wirkung entfaltet, auch wenn es dementiert wird, muss der neue Gedanke aufgegriffen werden. Insofern wäre es also ungünstig, wenn die Kolleginnen diese Meinung kurzerhand einstimmig abschmetterten und zur Tagesordnung übergingen – abgesehen davon, dass auch die mit ihrer Idee vorpreschende Kollegin nun blamiert vor den Eltern sitzt. Die unabgesprochen vorgetragene Idee muss also einbezogen und diskutiert werden, auch wenn sie der bisherigen Diskussionslinie zuwiderläuft („Das ist ja ein Gedanke, der bislang noch gar nicht zur Sprache kam! Dazu müssen wir erst mal Meinungen sammeln. Was halten denn die Kolleginnen davon? Und Sie als Eltern?"). Vielleicht erweist sich die spontane Eingebung als bereichernd und führt zu einvernehmlichen Lösungen, die vorher nicht sichtbar waren.

Kolleginnen geraten in Streit. Ein Elterngespräch ist ganz bestimmt nicht der richtige Ort, Konflikte um Eindrücke oder Lehrmeinungen auszutragen. Die Eltern werden verunsichert und die Chancen auf Einigung sind gering, weil niemand vor Zuhörern sein Gesicht verlieren will. Ein derartiger Schlagabtausch sollte so schnell wie möglich unterbunden werden, der Vorfall gehört in die kollegiale Nachbesprechung bzw. Supervision. Er zeigt neben einer offensichtlichen Beziehungskrise der beteiligten Mitarbeiterinnen möglicherweise ein Teamproblem, da sich diese ausgerechnet das Team als Plattform für ihre Kontroverse aussuchen. Themen wie Rivalität, Konkurrenz und Anerkennung durch die Leitung liegen nahe. Am einfachsten lässt sich ein unerwünschtes Streitgespräch unter Mitarbeitern durch eine aufmerksame Moderatorin unterbrechen. Auch in einer leiterlosen kollegialen Runde kann eine der Kolleginnen beherzt eingreifen. Da die Standpunkte aber nun einmal in der Welt sind, sollten sie unbedingt weiter diskutiert und auf eventuellen Sinn und Nutzen untersucht werden. Selbstverständlich sollten sich die ursprünglichen Streithähne bei dieser Erörterung zurückhalten („Wir wollen jetzt mal ganz nüchtern untersuchen, was uns eigentlich die Vorschläge A und B nützen könnten. Was meinen Sie dazu?").

Eine Kollegin koaliert sich mit den Eltern gegen ihr Team. Die von den Eltern entfaltete Dynamik in ihrer Auseinandersetzung mit der Behinderung ihres Kindes beeinflusst die mit ihnen zusammenarbeitenden Fachpersonen unterschiedlich, so dass sich manche Helfer besonders eng mit ihnen verbünden. Eine Teamspaltung tritt ein, wenn sich eine Kollegin mit den Eltern solidarisiert und die anderen attackiert.

Im Abschlussgespräch teilt eine Pädagogin der bestürzten jungen Mutter mit, dass ihr Kind geistig behindert sei. Daraufhin fährt ihr die Krankengymnastin schroff in die Parade: Ob das denn wirklich sein könne? Das könne man doch wirklich jetzt noch nicht sagen?! Die Mutter verlässt weinend den Raum, die Krankengymnastin begleitet sie tröstend, die Frühförderin bleibt zurück und hat ein schlechtes Gewissen.

Die Betroffenheit der Mutter ist ganz überwältigend – und eine der beiden Fachfrauen kann dies nicht ohne zu intervenieren aushalten. Obwohl als Frageform formuliert, drückt der Beitrag dieser Kollegin offenkundiges Misstrauen gegenüber der Expertise der anderen aus. Das Leid der Frau hat sie so aus der Fassung gebracht, dass sie ihre professionelle Distanz verlassen, die Mutter in Schutz nehmen, ihre Kollegin angreifen und sie schließlich beschämen musste, indem sie die Mutter tröstend hinausbegleitete. Ihre Botschaft an die Mutter hieß: Wir nehmen die nicht ernst, die ist inkompetent! Diese Art der Koalition mit Eltern gegen Fachkollegen kann Teamarbeit sprengen und Elterngespräche schwer belasten – sie müssen unterbleiben.

Dabei hätte die verteidigende Kollegin ihren Impuls durchaus wahrnehmen dürfen, ihn – in andere Worte gekleidet – äußern können und hätte in der angespannten Situation sogar Sinnvolles für die Gesprächsfortsetzung erreicht („Es erschüttert mich auch zu sehen, wie fassungslos Sie sind. Ich hätte auch nicht gedacht, dass Y so schlimm dran ist. Gibt es an der Diagnose nichts zu rütteln?"). Die Mutter hätte sich getröstet gefühlt, das Mitgefühl hätte ihr gutgetan, und dennoch hätte sich die Solidarisierung nicht gegen die Kollegin gerichtet, da deren Mitteilung nicht rundweg in Frage gestellt worden wäre. So unterstützt hätte die Mutter deshalb das Gespräch nicht abrupt beendet, sondern sich mit Rückenstärkung der Krankengymnastin mehr mit der diagnostizierenden Kollegin auseinandergesetzt.

Aber auch die abgewertete Kollegin hätte die Situation vielleicht retten können, wenn sie auf die ihrer diagnostischen Eröffnung folgende emotionale Resonanz eingegangen wäre. Dabei hätte sie sich sowohl der Mutter als auch ihrer Kollegin zuwenden können („Ja, es macht einen wirklich fassungslos und traurig – und es fällt mir selbst schwer, das zu glauben – es tut mir leid, das sagen zu müssen – aber es spricht wirklich ganz vieles dafür, dass … Ich will es noch einmal auflisten, wie ich zu diesem Eindruck komme: …"). Natürlich wird sie nach dem Abgang der Mutter Kontakt aufnehmen und ihr ein weiteres Gesprächsangebot machen. Vor allem aber wird sie unbedingt mit der Kollegin sprechen, damit zukünftige Affronts unterbleiben.

Ein nicht minder irritierender Fall tritt ein, wenn eine Kollegin zuvor die Eltern informiert und gegen die Teammeinung aufgewiegelt hat. Damit versucht sie, eine Teamabsprache zu untergraben, und macht die Eltern konfus. Diese stehen nun vor einem gespaltenen Team und obendrein in dem Loyalitätskonflikt, einen Teil des Teams zu hintergehen oder den anderen zu verraten. Auch solche Aktionen deuten auf latente Teamkonflikte hin, die am besten mit externer Hilfe geklärt werden sollten.

Beeinflussungen geschehen ungewollt auch durch tägliches Zusammenarbeiten, wenn Eltern Nebenbemerkungen der Fachperson überbewerten oder sich ganz einfach ihren Teil denken. Hier liegen dann weniger Teamkonflikte als Missverständnisse vor, wenn Eltern annehmen, das von ihnen Erschlossene habe die Fachperson tatsächlich empfohlen. Deshalb kann sinnvoll sein, gleich zu Gesprächsbeginn zu fragen, wo die Eltern zum gegebenen Thema denn selbst stehen oder was sie meinen, wie die Fachleute eigentlich ihr Problem sehen („Nur mal so interessehalber: Was glauben Sie denn, wie wir Xs Entwicklungsstörung einschätzen? Wir kennen uns mittlerweile so gut – da haben Sie sich bestimmt schon über unsere Meinung Gedanken gemacht!"). Auf diese Weise werden Eltern wiedergeben, was sie als vermeintliche Ansichten der Fachleute aufgeschnappt haben, oder sprechen quasi in der Unterstellung Sachverhalte an, die sie selbst nicht in der Klarheit erwähnt hätten und mit denen man weiterarbeiten kann (Vater: „Also ich glaube manchmal, dass Sie unseren X für autistisch halten!").

Die Leiterin tritt gegen das Team an. Eine delikate Variante der Uneinigkeit im Team ist die Spaltung zwischen Leiterin und Mitarbeitern, wenn etwa die Leiterin im Elterngespräch eine Meinung gegen vorherige Verabredung mit dem Team durchsetzt. Dieses Vorgehen entspricht keinem kooperativen Führungsstil. Die Mitarbeiter werden in diesem Elterngespräch blockieren, da sie weder vor den Eltern die Ansicht der Chefin anfechten noch sich zu Marionetten machen lassen wollen. Vertrauensverlust gegenüber der Leitung und das Gefühl, ausgespielt worden zu sein, sind die Folgen. Die Mitarbeiter sollten deshalb nach dem Elterngespräch auf die Leitung zugehen und sich erkundigen, aus welchen Gründen gegen die Absprache verstoßen wurde. Es schadet nicht, darauf hinzuweisen, dass man die eigene Kompetenz durch derartiges Vorgehen missachtet sieht.

Optimal wäre es, wenn für künftige Fälle verbindliche Absprachen über das Verhalten in Elterngesprächen getroffen werden könnten. Diese können der Leitung sehr wohl das Recht einräumen, zu jedem Zeitpunkt des Elterngesprächs aufgrund ihrer besonderen Verantwortung die Strategie zu ändern und andere Richtungen einzuschlagen. Wenn dies klargestellt ist, dürfte es keine Irritation und keine Missachtungsgefühle geben, wenn sich die Leiterin auch so verhält. Ideal wäre sicherlich, wenn sie den Kurswechsel den Mitarbeitern gegenüber taktvoll formuliert („Wir hatten uns das zwar anders überlegt, aber jetzt kommt es mir doch so vor, wenn wir besser … machen sollten. Wie sehen Sie das denn?"). Wenn die Leiterin jetzt das Team zur Stellungnahme auffordert, wird sie zugleich auch im Auge behalten, dass sich daraus kein teaminternes Streitgespräch vor den Ohren der Eltern entwickelt. Wenn sich das Team nicht überzeugt genug erklärt, wird sie die von ihr als richtig angesehene Entscheidung treffen („Ich sehe, hier gehen die Meinungen doch noch etwas auseinander. Ich denke allerdings, dass wir etwas entscheiden müssen, und schlage deshalb vor … Wir machen das mal eine Weile so und treffen uns dann wieder, um zu besprechen, was es gebracht hat!").

Das Team ist schockiert. Es kommt wahrscheinlich gar nicht einmal selten vor, dass ein Team verstummt, überrascht von bislang unbekannten oder eindringlich vorgetragenen Details eines besonders schweren Schicksals oder extremer Verhaltens- oder Erziehungsschwierigkeiten. Alle sind dann fassungslos oder ratlos, man leidet mit den Eltern, hat für einen Moment den (fachlichen) Boden unter den Füßen verloren, ist wie vor den Kopf geschlagen oder schlichtweg zu aufgewühlt. In solchen Situationen ist man dem Schicksal der Eltern sehr nah, sieht die Welt aus ihren Augen, hat die Distanz zu ihnen verloren. Diese Phänomene treten auf, wenn man sich sehr intensiv in andere einfühlt – sie sind deshalb nichts Bedenkliches. Als Fachperson wird man sich dennoch mühen müssen, die verloren gegangene Distanz wiederzugewinnen, die einen erst zum professionellen Helfer macht.

Man erreicht sie, durchaus bei sich selbst bleibend, wenn man in Worte zu fassen versucht, was einen gerade beschäftigt. Mit dem Bemühen, Begriffe oder Bilder für ein inneres Geschehen zu finden, beginnt man sich vom rein emotionalen Mitgerissensein zu lösen. Sind einmal Worte gefunden, können Sie auch als Verbalisierung entweder des eigenen Befindens oder der vermuteten Gefühlslage des Gesprächspartners ausgesprochen werden („Wenn Sie das so erzählen – dann fällt eine Lähmung über mich, und ich kann mir gut vorstellen, dass es Ihnen genauso gegangen ist"; „Ich merke an mir selbst, wie alle Hoffnung verschwindet und ich mich nur noch hilflos fühle, wenn Sie dieses Erlebnis erzählen"; „Wir alle hier sind tief betroffen – niemand findet dazu Worte. Wir fühlen alle gerade sehr mit Ihnen.

Wir wünschen Ihnen, dass Sie diesen Schlag irgendwann einmal überwinden!"). Wenn eine aus dem Team anfängt, lockert sich auch die Blockierung der anderen Kolleginnen. Auch das Gespräch mit den Eltern kommt wieder besser in Gang, wenn man das vorherrschende Gefühl anspricht, als irritiert oder betroffen zu schweigen. Die Eltern fühlen sich verstanden, da sie sehen, dass andere ihre Gefühle teilen, und vielleicht werden sie wieder aktiver und nehmen Stellung (Vater: „Wenn man so hilflos ist – kann es überhaupt weitergehen?"; „Wie überwinden andere Eltern diesen Schlag?").

Kommt im Elterngespräch heraus, dass das Kind geschlagen wird, muss dies kommentiert werden. Eine derartige Mitteilung im Elterngespräch ändert die Tagesordnung, weil man direkt darauf eingehen und die Ursachen und Bedingungen elterlicher Gewalt explorieren muss (Dialog 11). Zunächst sollte man deutlich machen, es als Vertrauensbeweis zu erleben, wenn die Eltern solche Praktiken zugeben. Man wird anerkennen, dass sie damit offenlegen, in einer schwierigen Situation zu sein und Hilfe zu brauchen. Zum Bestrafungsverhalten selbst wird man Folgendes äußern: Man verstünde zwar, dass man sich als Eltern in einer Stresssituation nicht anders zu helfen wisse, bei allem Verständnis aber seien Prügel pädagogisch falsch („Was lernt ein geschlagenes Kind anderes, als sich mit Gewalt durchzusetzen?") und gesetzlich unrecht. Deshalb wird man, wiederum bei allem Verständnis für die elterliche emotionale Notsituation, auch den Begriff der Kindesmisshandlung einbringen müssen („Ich verstehe gut, dass Eltern manchmal nur noch rot sehen, wenn sie so vom Kind provoziert werden, aber unser Recht nennt das ‚Kindesmisshandlung‘, wenn man sein Kind schlägt. Das ist ein hartes Wort und zeigt, wie ernst das heute genommen wird!").

Dabei sollten die Eltern vom versammelten Team nicht auf die Anklagebank gesetzt werden. Die Fachleute sollten aber klarstellen, dass Konsens in der Ablehnung körperlicher Strafen besteht. Ziel wird sein, dass man den Eltern vermittelt, die zur Eskalation führenden Erziehungssituationen frühzeitig zu unterbrechen. Auch persönliche Rahmenbedingungen der Eltern wie psychische oder finanzielle Belastungen sollten angesprochen werden, um ggf. mit SPFH, Schuldnerberatung o. Ä. gegenzusteuern.

Das Team ist ratlos. Kein Team ist davor gefeit, angesichts besonders gravierender Probleme auch einmal nicht weiterzuwissen. Sich Unkenntnisse nicht zuzugeben ist ebenso unprofessionell wie Ratlosigkeit zur Routine werden zu lassen. Tritt Letztere häufiger auf, besteht ein dringender Nachholbedarf an Fort- und Weiterbildung – vielleicht nicht nur in der spezifischen Fachthematik, sondern auch im Hinblick auf den Umgang mit Eltern, Elterngespräch und Elternberatung. Ratlosigkeit kann sich als hektische Aktivität, komplizierte Ausdrucksweise, Misslaunigkeit und in der Neigung zeigen, schließlich dem anderen, in diesem Fall den Eltern, die Schuld zu geben, wenn einem die Ideen ausgehen. Geradezu unvereinbar mit ihrer

Rolle scheint es der Fachperson vorzukommen, indirekt oder gar direkt zuzugeben, dass sie mit ihrer Weisheit am Ende ist – und das auch noch im Elterngespräch und als ganzes Förderteam.

Prinzipiell geht es darum, mit der eigenen Überforderung so umzugehen, dass der Kontakt zu den Eltern dadurch nicht beendet, sondern ein neues Ziel formuliert wird. Um weitere Informationen zu bitten oder mit der Exploration fortzufahren stellt klar, dass die Lösung noch aussteht („Wir alle wissen noch zu wenig von X und Ihnen, seiner Familie. Wir müssen noch weitere Informationen sammeln. Wie verhält er sich denn, wenn Sie …"; „Trotz aller Mühe können wir uns immer noch nicht erklären, was er hat. Unser Bild von ihm ist immer noch so unvollständig. Erzählen Sie uns doch …"). Treten im Elterngespräch unvorhergesehene Aspekte zutage, die das Team verunsichern, so kann man durchaus um Aufschub bitten („Das ist ja etwas ganz Neues und Unerwartetes. Hat er das wirklich nicht …? Wir müssen gestehen, dass dieses Verhalten nun wirklich nicht in unser bisheriges Bild von ihm passt. Das müssen Sie uns noch mal genau erzählen! Kommt dies auch vor, wenn er z. B. …?").

Das direkte Zugeben von Ratlosigkeit ist eine Konfrontation, da die Eltern nun erfahren, dass therapeutische oder Förderungsmöglichkeiten begrenzt sind, dass Unterstützung in bisheriger Form ausläuft und sie sich wieder mehr selbst in den Prozess einbringen müssen („Wir sind mit unserem Latein am Ende. Einfach ratlos. Wir können uns sein Verhalten nicht erklären und haben auch keine Vorschläge mehr."). Um gerade Letzteres deutlich zu machen, ist es manchmal hilfreich, die Äußerung erst einmal in der Luft hängen zu lassen und ihre Bedeutung nicht sofort wieder herunterzuspielen („Uns fällt wirklich nichts mehr ein!"). Damit werden die Eltern eingeladen, ihre Vorstellungen zu äußern, wie sie sich das weitere Vorgehen wünschen. Daraus kann sich eine für alle sinnvolle Neuorientierung ergeben. Diese Intention kann man auch noch verbal unterstreichen („Wir wissen nicht mehr weiter – was machen wir nun miteinander?"; „Was sollen wir Ihrer Meinung nach weiter tun?").

Haben die Eltern viele Vorschläge nicht angenommen, gehen irgendwann tatsächlich die Ideen aus. Offensichtlich passte diesen Eltern nichts von dem, was die Fachperson hervorgebracht hat. Diesen Beziehungsstatus kann man formulieren und mit den Eltern besprechen, bevor man resigniert das Handtuch wirft („Wir sind jetzt wirklich am Ende. Wir können irgendwie nichts mehr für Sie tun"; „Wir haben in letzter Zeit viele Vorschläge gemacht, aber irgendwie immer das verfehlt, was Sie für richtig hielten. Jetzt fällt uns nichts mehr ein. Wir wissen nicht, womit wir Ihnen weiterhelfen können"). Auf diese Weise mit dem Behandlungsende konfrontiert, geben manche Eltern ihre ablehnende Haltung auf und beginnen zu kooperieren.

Das eigene Gefühl zu verbalisieren kann auch aus der Sackgasse herausführen, wenn es um schwierige Erziehungsthemen geht, denen man erst

einmal ratlos gegenübersteht. Man darf sich auch als Expertin ruhig eingestehen, nicht für alle pädagogischen oder therapeutischen Extremsituatio-
nen das passende Allheilmittel – und das auch noch sofort – zur Hand zu
haben. Abgesehen davon erhöht es die Glaubwürdigkeit des Spezialisten,
wenn dieser angesichts einer hochdramatischen Situation eben nicht sofort
die maßgeschneiderte Behandlungstechnik aus der Tasche zaubert – wo-
durch sich viele Eltern dann blamiert fühlen, da ihnen ja praktisch vermittelt wird, dass ihr Problem gar nicht so aussichtslos ist, wie sie annehmen.
Oft beginnt genau in diesem Moment der elterliche Widerstand gegen gut
gemeinte Vorschläge (Mutter: „Theoretisch klingt das ja gut – aber kommen
Sie erst mal zu uns nach Hause, da sieht alles ganz anders aus!").

Geschickt ist es, nach einer Verbalisierung der eigenen Ratlosigkeit die
Eltern ins Boot zu ziehen, sie mit Nachfragen zu bewegen, an der Problemlösung mitzuarbeiten („Also da weiß ich auch erst mal nicht weiter! Egal
was man tut – er bleibt aggressiv? Sie sehen ja: Wir sind alle wie geplättet
und müssen erst mal Luft holen! Da geht es uns genauso wie Ihnen! … Aber
schauen wir uns das mal gemeinsam an, was da passiert! Was tun Sie denn
genau? Was passiert denn vorher? Wie macht es Ihr Mann? Was sollte denn
Ihre Frau besser tun? Was glauben Sie, was X Ihnen mit seiner Aggression
sagen will?"). Diejenige der Teammitglieder, die sich als Erste fasst, kann die
Kolleginnen einbeziehen, indem sie sich an sie wendet und um ihre Meinung bittet („Könnte diese Idee ein Anfang sein? Was meint ihr dazu? Sollte
man mit einem noch kleineren Schritt anfangen?").

Ein Teammitglied wird kritisiert. In eine prekäre Situation gerät das Gesamtteam, wenn Eltern ein einzelnes Teammitglied angreifen. Sollen die
Fachleute jetzt solidarisch sein, die Kritisierte verteidigen und damit eine
Front gegen die Eltern bilden oder die Vorwürfe ernst nehmen und damit
die Kollegin im Stich lassen? Der Vorfall setzt die bisherige Tagesordnung
außer Kraft, er hat Vorrang und darf nicht übergangen werden. Bei heftigs-
ten, vielleicht auch persönlichen Beschuldigungen wird die Leiterin die
Kontrahenten beiseitenehmen und die Angelegenheit mit ihnen zu klären
suchen. Geht es mehr um fachliche Meinungsverschiedenheiten kann der
Fall mit den Eltern im Team verhandelt werden. Dafür sollte eine Diskussi-
onsleiterin benannt werden, die Streitgespräche mit Vorwürfen und Bloß-
stellungen verhindert, Fragen der Kolleginnen moderiert und darauf achtet,
dass den Eltern genügend Redezeit eingeräumt wird („Wir wollen erst einmal klären, worum es genau geht. Können Sie als betroffene Eltern noch
einmal sagen, wo genau Ihre Meinung von derjenigen der Kollegin ab-
weicht? Wo, meinen Sie, hat die Einigkeit aufgehört? Wer aus dem Kolle-
genkreis hat dazu eine Frage?").

Ziel der Gesprächsrunde soll sein, die Störung in der Arbeitsbeziehung
zu klären, indem man die unterschiedlichen Standpunkte erörtert und zu

einer Einigung gelangt, die die Kooperation wiederherstellt. Sollte sich herausstellen, dass das elterliche Vertrauen zu der kritisierten Kollegin unwiederbringlich verloren ist, muss sich diese aus der Familie verabschieden. Abschließend könnte sich das Gesamtteam Gedanken machen, warum die elterliche Kritik erst in der großen Runde zur Sprache kam, wie man schwelende Konflikte mit Eltern frühzeitig erkennt und mit ihnen umgeht und wie das aktuelle Krisenmanagement verbessert werden könnte.

Theorie 10: Teamdynamik und Teamkonflikte

Gruppendynamik. Nach psychoanalytischer Sicht entwickeln die einzelnen Mitglieder eine Fantasie über ihre Gruppe. Sie lehnt sich emotional eng an die Vorstruktur der Primärgruppe an, also der Familie und deren emotionalen Stil wie ihre soziale Qualität, und betrifft insbesondere die sozialen Angsterlebnisse, mit denen man sich in Gruppe bewegt (Brocher 1967). Unabhängig von den durch Berufsbezeichnung und Tätigkeitsbeschreibung festgelegten formalen Posten entsteht eine innere, also emotionale, latent unterliegende Dynamik aus informellen Leitern, unabhängigen „Fachleuten", „Mitläufern" und „Sündenböcken" (Pritz 1983). Dieses Gefüge führt zu Reibereien und Konflikten, die oft nicht ohne Supervision aufgelöst werden können.

Durch den Leitungsstil werden nicht nur bestimmte Arbeitsstrukturen hervorgebracht, sondern die Mitarbeiter auch in ihrer Beziehungsaufnahme zur hilfesuchenden Familie beeinflusst. So schafft eine unkooperative und kontrollierende Leiterin eine rigide, autoritäre Teamstruktur. Interessen und Wert der Mitarbeiter werden nicht beachtet, und Kritik dient als Repressionsinstrument (Conen 1997). Ohnmachts- oder Abhängigkeitsgefühle entstehen und können zu Unsicherheit und Unterwerfungshaltungen gegenüber den Klienten führen. Aus Angst vor Kritik und Blamage findet man weniger Mut, mit den Eltern schwierige Themen anzusprechen oder unpassende Rollenzuschreibungen in Frage zu stellen. Auch das Bündnis mit den Eltern ist denkbar. Je mehr man sich degradiert fühlt, desto mehr steigt das Bedürfnis nach Anerkennung und Annahme. Nicht ausgeschlossen ist dann, dass emotionale Nähe bei der betreuten Familie, den Eltern oder dem Kind gesucht wird. Oder man gewöhnt sich einen ebenso rigideaggressiven Stil der Durchsetzung gegenüber den Eltern an.

Während die Mitglieder des vorigen Teams quasi nicht erwachsen werden dürfen, sind sie in einer Teamdynamik mit wenig strukturierter und unklarer Leitung parentifizierte Kinder. Sie kümmern sich um alles selbst, übernehmen Verantwortung, qualifizieren sich weiter, sind kompetent und effizient. Oft am Rande des Burnouts, überstrapaziert, wird das Team entweder als Zuhause betrachtet oder es entwickelt sich ein Wildwuchs an Konkurrenz und Machtgerangel, da es keine Leiterin gibt, die lobt, kritisiert und entscheidet. Rivalität und Konkurrenzdruck schaffen ein leistungsbetontes Verhältnis zu Eltern und Kindern, weil sich alle beweisen wollen. Da Kontrolle und Aussprachen fehlen, werden manche Mitarbeiter versuchen, den Eltern ihre persönlichen Ideologien aufzudrängen – jede möchte besser sein als die Kollegin. Oder man resigniert, gibt irgendwann demotiviert auf, lässt Termine ausfallen. Schließlich kann es auch hier dazu kommen, dass die Beziehung zu Eltern und Kind enger, persönlicher und familiärer wird, als sie sein sollte – das überforderte Kind im Therapeuten sucht eine Familie mit Verständnis, die es lobt und liebt.

Kooperationsprobleme in Teams bestehen aber nicht nur aus Beziehungskonflikten. Sie lassen sich vielmehr auf sieben Ebenen darstellen, insbesondere wenn man die Einbettung des Teams in die dazugehörige Organisation hinzunimmt (Schlechtriemen 2008). Beschrieben werden Uneinigkeiten über Ziele und Strategien, Konflikte über die Verteilung von Ressourcen, Beziehungskonflikte, unangemessene und falsche Interpretation der Berufsrolle als Rollenkonflikt, Strukturkonflikte aufgrund widersprüchlicher und unklarer organisatorischer Vorgaben und Regelkonflikte aufgrund von Regelverletzungen. Dazu treten Belastungen durch schwierige Familien und schwierige Kinder. Sie lösen negative Gefühle aus, die ihrerseits schuldhaft erlebt werden (Dold et al. 1992), erhöhen den inneren Druck und wirken sich auf die kollegiale Zusammenarbeit aus, etwa indem mehr Zuspruch gesucht oder aber überkompensierend übertrieben autonom und kontaktfeindlich gearbeitet wird.

Qualitätssicherung und Organisationsentwicklung. Ursachen kollegialer Querelen reichen bis in die organisatorische Struktur des jeweiligen Teams und oft auch in die übergeordnete Institution hinein (Naggl/Thurmair 2007). Deshalb liegt hier die Lösung nicht darin, individuelle Konflikte aufzuarbeiten, sondern die Arbeitsorganisation zu optimieren. Qualitätssicherung und Organisationsentwicklung bieten Anregungen, die allerdings nur dann funktionieren, wenn alle Mitarbeiter sie mittragen. Dies wiederum lässt sich am ehesten erreichen, wenn möglichst alle Mitarbeiter an den Qualitätsmaßnahmen beteiligt werden (Pretis 2005). Um funktionsfähig zu sein, muss sich in jedem Team eine Kultur der Absprachen entwickeln. Es müssen klare Regeln darüber bestehen, was jeder einzelne Mitarbeiter darf und was seine Kompetenz überschreitet. Regelmäßige Team- oder Fallkonferenzen bieten ein Forum zu Informationsaustausch und -weitergabe. Schließlich müssen Untersuchungs- und Behandlungsabläufe in einem Team so aufeinander abgestimmt sein, dass sie logisch aufeinanderfolgen und ein sinnvolles Ganzes ergeben.

Perspektiven. Die von Ruth Cohn aufgestellten Regeln für Gesprächsgruppen wie die berühmt gewordenen Imperative „Sei deine eigene Chairperson" oder „Störungen haben Vorrang!" sind in Arbeitsgruppen wie den Teams in Kindergarten und Frühförderung sinnvoll anwendbar. Sie implizieren den Respekt vor der Person, seiner Verantwortlichkeit und seinen Entwicklungschancen (Löhmer/Standhardt 2006).

1. Vertritt dich selbst in deinen Aussagen; sprich per „Ich" und nicht per „Wir" oder per „Man".
2. Wenn du eine Frage stellst, sage, warum du fragst und was deine Frage für dich bedeutet.
3. Sei authentisch und selektiv in deinen Kommunikationen. Mache dir bewusst, was du denkst und fühlst, und wähle, was du sagst und tust.
4. Halte dich mit Interpretationen von anderen so lange wie möglich zurück.
5. Sei zurückhaltend mit Verallgemeinerungen.
6. Wenn du etwas über das Benehmen oder die Charakteristik eines anderen Teilnehmers aussagst, sage auch, was es dir bedeutet, dass er so ist, wie er ist, also wie du ihn siehst.
7. Seitengespräche haben Vorrang.
8. Nur einer zur gleichen Zeit bitte.
9. Wenn mehr als einer gleichzeitig sprechen will, verständigt euch in Stichworten, worüber ihr zu sprechen beabsichtigt.
10. Beachte eigene und fremde Körpersignale.

Die Schweizer Psychologin und Sonderpädagogin Ines Schlienger (2008) bringt Eltern mit dem vollständigen Betreuerstab des Kindes zusammen. Sie hat dafür ein Modell entwickelt, das sich an das Reflektierende Team von Andersen (1991) anlehnt und das sie K.R.E.I.S. – **K**ooperative **R**eflexion zwischen **E**ltern und **i**nterdisziplinären **S**ystemen – nennt (Schlienger / Hasemann 2001). Das Ziel eines K.R.E.I.S.-Gesprächs ist es, ein vertieftes Verständnis für die Situation des Kindes, für die Positionen der Angehörigen und für die Anliegen und Kompetenzen aller beteiligten Fachpersonen und ihre jeweiligen Handlungsansätze zu entwickeln. Zu diesem Gespräch werden alle Personen eingeladen, die Verantwortung für therapeutische oder rehabilitative Maßnahmen des Frühförderkindes tragen. Die Eltern werden nach der Begrüßung in der Gesamtrunde gebeten, sich außerhalb des Kreises der Fachpersonen zu setzen. Entweder beginnen sie zusammen mit der externen Moderatorin mit ihren Schilderungen der Erfahrungen, Veränderungen und Anliegen oder verfolgen von dieser Position her das Geschehen im Fachpersonenkreis. Die Moderatorin wechselt nach gegebener Zeit zur anderen Gruppe, um dieser Gelegenheit zu geben, das Gehörte zu reflektieren und eigene Anliegen darzustellen und auszutauschen (s. Abb. 4.1).

Abb. 4.1: K.R.E.I.S.-Gespräch

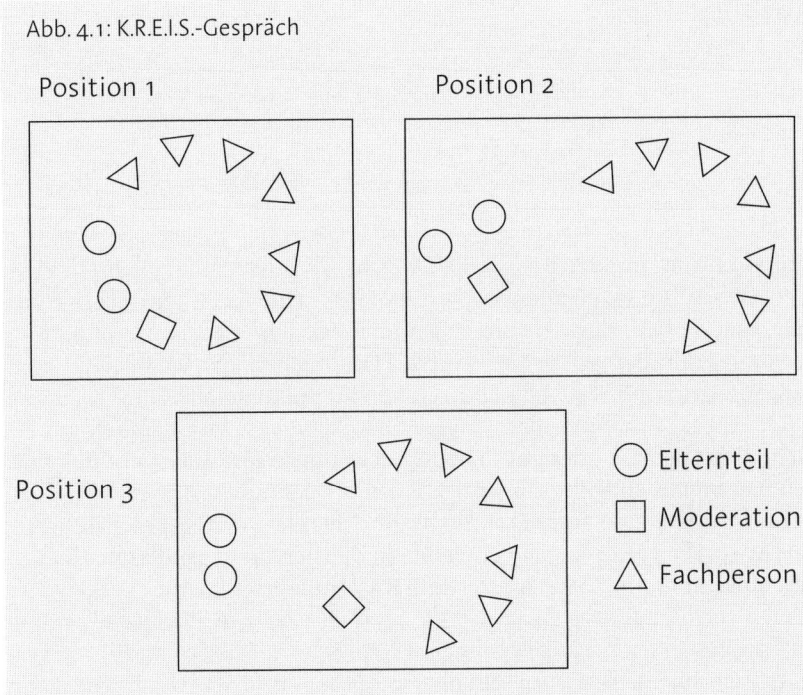

Der Wechsel des Gesprächsfokus kann innerhalb einer Sitzung von maximal eineinhalb Stunden Dauer bis zu drei Mal vollzogen werden. Zunächst werden die Aufgaben und Anliegen geklärt, anschließend die gemeinsam bestimmten Themen behandelt und wenn möglich in Abmachungen überführt. Das Gespräch wird wiederum im Plenum beendet, die Abmachungen bekräftigt und der nächste Termin vereinbart. Dieses Vorgehen hat den enormen Vorteil, dass alle Beteiligten zu Wort kommen und somit das gegenseitige Verständnis ausgebaut wird. Die Transparenz des Meinungsaustauschs verhilft dazu, negative und einengende Projektionen und Haltungen und damit versteckte Machtausübung zu reduzieren. Die Kompetenz der beteiligten Personen wird deutlich, akzeptabler und dadurch wirksamer.

Ausblick

Übung, Intuition oder Begabung – welche Voraussetzungen hat effektive Gesprächsführung, gerade wenn es um Gespräche mit Eltern geht? Kann man sie erlernen, fliegt sie einem zu oder entsteht sie aus der Situation? Wenn sie erlernbar ist – reichen Kurse, Handbücher oder Wochenendseminare aus, sie nachhaltig und praxisrelevant zu praktizieren?

Diese Fragen erinnern an vergleichbare Themen, wer nämlich gut erziehen, gut beraten oder gut therapieren könnte – und auch auf diese Fragen hat man noch keine eindeutige Antwort gefunden. Am ehesten noch wird eine Mischung von Faktoren für die Qualität von Gesprächsführung verantwortlich sein, wobei neben den in der Person liegenden Bedingungen auch noch die Aspekte der Situation hinzutreten. Ein Verkaufsgespräch verfolgt andere Ziele als eine Seelsorge oder die Streitschlichtung im Rahmen einer Erbangelegenheit. Gespräche mit Eltern zu führen verlangt, sich einerseits klar zu sein über das innere Bild, das wir als Kind von unseren Eltern oder besser noch über unsere persönliche Position gegenüber unseren Eltern haben. Im Elterngespräch begegnet ja sozusagen unser Kind-Ich den Eltern, gleich wie erwachsen wir heutzutage sind – umso mehr, als dass es ja auch noch um ein anderes Kind geht, nämlich das von uns betreute, geförderte, behandelte, als dessen Sprecher wir uns fühlen. Ängstlichkeit oder Groll, Übereifer oder Unterwürfigkeit mögen mitunter einen psychischen Nährboden für unsere Elterngespräche abgeben, der dann in die Irre leitet.

Wer also Elterngespräche führt, muss sich mit der Beziehung zu den eigenen Eltern auseinandersetzen. Dann wird die Gefahr geringer, persönliche Tendenzen, unbefriedigte Wünsche, Korrekturbedürfnisse, Abrechnungsneigungen in ein Gespräch mit Eltern zu transportieren. Man wird unbefangener auf die Menschen schauen können, die mit ihren Sorgen und Nöten, aber auch ihrem Misstrauen und manchmal auch ihrer Wut vor uns sitzen. Ohne diese Selbstreflexion wird der Grad an Unvoreingenommenheit nicht erreicht, mit dem ein ganz auf den anderen gerichtetes Verständnis erst möglich wird. Vielleicht stehen die für Gesprächsführung Begabten bereits auf dieser Stufe der Selbsterkenntnis. Für den Rest bedeutet das nicht, dieses Qualitätsniveau nie erreichen zu können, sondern nur, sich noch mehr zu bemühen, sich selbst und den eigenen Werdegang zu verstehen.

Wahrscheinlich hilft es auch der Intuition auf die Sprünge, wenn man sich frei fühlt und mit nur wenig biografischem Ballast in ein Elterngespräch hineingeht. Wenn man sich zudem dann noch offen und neugierig halten kann, gespannt auf das, was gleich passiert, was ja niemand so ganz vorhersehen und damit auch nicht planen kann, dazu auch noch empfänglich für die eigenen Wahrnehmungen, Ideen und Empfindungen – dann wird einem ohne Weiteres etwas einfallen, womit man sinnvoll agieren kann. So verstanden ist auch Intuition eine wesentliche Voraussetzung für ein gelingendes Elterngespräch, aber ihr momentanes Fehlen ist längst kein Hinweis auf ein grundsätzliches Manko. Eher wird es so sein, dass sich der Betroffene nicht frei genug gemacht hat, den eigenen Bildern zu trauen – vielleicht weil er sich zu sehr für den Zeitplan verantwortlich fühlt, sich an seinem Leitfaden festhält, nur die Zielsetzung vor Augen hat oder sich, mit den Gedanken noch im letzten Termin, gar nicht richtig auf das Gegenüber ausrichtet. Intuition wird also verfügbar, wenn man ihr Raum gibt zu entstehen. Dies scheint zumindest die einzige Maßnahme, sie – ohne Gewähr – herbeizurufen.

Ohne Bereitschaft zu Selbsterfahrung und Sensibilisierung für eigene Ideen bleibt Üben mechanisch und erfolglos. Damit würde man das Gebälk auf ein Fundament setzen, das nicht trägt. Ein Kontakt wäre dann eine Aneinanderreihung von Techniken, womit leicht der Bezug zur Person des Sprechers wie auch zum Anliegen der Gesprächspartner verloren geht, weil die Bereitschaft sich einzulassen aus persönlichen Gründen und Ängsten fehlt. Trotzdem ist es vorteilhaft, gegenüber Neuem aufgeschlossen zu sein und die eigenen Fertigkeiten lernend zu optimieren. Der Praxis kommt dabei die höchste Bedeutung zu, weil es anschaulicher ist und besser hilft, ein spezielles Vorgehen in einer sozialen Situation selbst auszuprobieren, als es sich nur für den angenommenen Fall vorzustellen. Übung im Rollenspiel ist nicht jedermanns Sache – wobei man allerdings fragen muss, warum von Eltern verlangt wird, etwas von sich zu zeigen, wenn man nicht selbst dazu bereit ist. Auf jeden Fall aber sollte kollegialer Austausch über schwierige Themen und problematische Gesprächspartner stattfinden. Auch hier bestehen Möglichkeiten, die Offenheit an den Tag zu legen, die man von Eltern im Gespräch erwartet.

Einfühlungsvermögen lässt sich lernen. Es gibt auch Techniken, die im Gesprächspartner den Eindruck entstehen lassen, sie würden verstanden und ernst genommen. Damit dies aber vom Gegenüber fühlbar authentisch erlebt werden kann, muss echtes Interesse an ihm vorhanden sein, an seiner Lebenswelt, seiner Sicht der Dinge, seiner Meinung. Ohne dieses Ernstnehmen wird jede noch so einfühlsam erscheinende Gesprächstechnik zur banalen Fassade. Jede Fachperson muss sich also immer wieder prüfen, wie sie zu ihren Gesprächspartnern steht. Sie sollte sich eigene Vorbehalte und Vorurteile eingestehen und daran arbeiten, die professionelle Beziehung davon nicht stören zu lassen. Sie sollte sich darüber mit Kolleginnen austauschen und dafür Teamgespräche oder Supervision in Anspruch nehmen. Über die Gesprächsführung hinausgehend wird sich beim Betroffenen das Gefühl des Verstandenwordenseins am aktiven und praktischen Engagement der Fachperson für seine Sache messen. Erst wenn er merkt, dass diese sich auch ernsthaft für ihn einsetzt, wird er sich vollständig aufgehoben fühlen.

Im Grunde wirkt also weniger die Gesprächstechnik als vielmehr die Art der Beziehung, die sich zwischen Fachperson und ihrem Gegenüber entwickelt. Zu ihr tragen die innere Einstellung der Fachperson, also Wertschätzung, Einfühlsamkeit, Interesse, Echtheit und Engagement, positiv bei. Vermittelt die Fachperson diese Eigenschaften in ungekünstelter Weise, wird sich Vertrauen entwickeln und damit eine dem Wohle des Kindes verpflichtete Kooperation. Ob man sich im Detail der Gesprächsäußerungen eher am systemischen, tiefenpsychologischen oder humanistischen Ideal orientiert, ist dann letztlich weniger wichtig. Aber auch hierbei sollte man das gewählte Modell nicht kritiklos adaptieren, sondern es sich zur Hauptaufgabe machen, den eigenen Stil zu finden. Dieser darf dann auch ruhig verschiedene Aspekte kombinieren, solange er zur Fachperson passt und sie als Gesprächspartner authentisch, eindeutig und zugewandt werden lässt.

Literatur

Abrams, E. Z. & Goodman, J. F. (1998). Diagnosing developmental problems in children: Parents and professionals negotiate bad news. *Journal of Pediatric Psychology*, 23, 87–98.

Ahnert, L. (2006). Entwicklungs- und Sozialisationsrisiken bei jungen Kindern. In L. Fried & S. Roux (Hrsg.), *Handbuch der Pädagogik der Frühen Kindheit* (S. 75–85). Weinheim: Beltz.

– & Gappa, M. (2008). Entwicklungsbegleitung in gemeinsamer Erziehungsverantwortung. In J. Maywald & B. Schön (Hrsg.), *Krippen: Wie frühe Betreuung gelingt* (S. 74–95). Weinheim: Beltz.

Allhoff, D. W. & Allhoff, W. (2006). *Rhetorik und Kommunikation*. München: Ernst Reinhardt.

Andersen, T. (1991). *Das reflektierende Team*. Dortmund: Modernes Leben.

Becker-Stoll, F. &. Textor, M. R. (Hrsg.) (2007). *Die Erzieherin-Kind-Beziehung*. Zentrum von Bildung und Erziehung. Berlin / Mannheim: Cornelsen Scriptor.

Bernheimer, L. P., Weisner, T. S. & Lowe, E. D. (2003). Impacts of Children With Troubles on Working Poor Families: Mixed-Method and Experimental Evidence. *Mental Retardation*, 41, 403–419.

Biermann-Ratjen, E. M., Eckert, J. & Schwartz, H. J. (2003). *Gesprächspsychotherapie* (9. Aufl.). Stuttgart: Kohlhammer.

Bode, H. (2002). Die Bedeutung der Eltern für eine erfolgreiche Frühförderung. *Frühförderung Interdisziplinär*, 21, 48–59.

Brem-Gräser, H. (1993). *Handbuch der Beratung für helfende Berufe*. München: Ernst Reinhardt.

Brocher, T. (1967). *Gruppendynamik und Erwachsenenbildung*. Braunschweig: Westermann.

Conen, M. L. (1997). Institutionelle Strukturen und sexueller Missbrauch durch Mitarbeiter in stationären Einrichtungen für Kinder und Jugendliche. In G. Amann & R. Wipplinger (Hrsg.), *Sexueller Missbrauch – Überblick zu Forschung, Beratung und Therapie* (S. 713–725). Tübingen: DGVT.

Cooley, W. C. & McAllister, J. W. (1999). Putting family-centered care into practice – A response to the Adaptive Practice Model. *Developmental and Behavioral Pediatrics*, 20, 120–122.

Dickson, D., Hargie, O., Brunger, K. & Stapleton, K. (2002). Health professionals' perceptions of breaking bad news. *International Journal of Health Care Quality assurance incorporating Leadership Health services*, 15, 324–336.

DIMDI (Deutsches Institut für Medizinische Dokumentation und Information) (Hrsg.). ICD-10-GM Version 2008. www.dimdi.de, 30.4.2009

Dold, S., Finger, G., Gehrke, D., Laukart, M. & Seidler, U. (1992). Das Team. In G. Finder & C. Steinhausen (Hrsg.), *Frühförderung zwischen passionierter Praxis und hilfloser*

Theorie (S. 32–41). Freiburg: Lambertus.

Dykens, E. M. (2005). Happiness, wellbeing, and character strengths: Outcomes for families and siblings of persons with mental retardation. *Mental Retardation*, 43, 360–364.

Fegert, J. M. (2007). Systeme im Wandel – Familie und Frühförderung. 9. Symposion Frühförderung Potsdam.

Feldman, H. M., Ploof, D. & Cohen, W. I. (1999). Physician-family partnerships: The Adaptive Practice Model. *Developmental and Behavioral Pediatrics*, 20, 111–116.

Finke, J. (1994). *Empathie und Interaktion*. Stuttgart: Thieme.

– (1999). *Beziehung und Intervention*. Stuttgart: Thieme.

Frindte, W. (2001). *Einführung in die Kommunikationspsychologie*. Weinheim: Beltz.

Gallagher, T. J., Hartung, P. J. & Gregory, S. W. (2001). Assessment of a measure of relational communication for doctor-patient interactions. *Patient Education and Counseling*, 45, 211–218.

Graf, J. & Walper, R. (2003). Unsere Familie – ein starkes Team. Das online Familienhandbuch. www.familienhandbuch.de, 30.4.2009

Green, V. A., Pituch, K. A., Itchon, J., Choi, A., O'Reilly, M. & Sigafoos, J. (2006). Internet survey of treatments used by parents of children with autism. *Research in Developmental Disabilities*, 27, 70–84.

Groddeck, N. (2002). *Carl Rogers – Wegbereiter der modernen Psychotherapie*. Darmstadt: Wissenschaftliche Buchgesellschaft.

Häcker, H. & Stapf, K.-H. (1998). *Dorsch – Psychologisches Wörterbuch*. Bern: Huber.

Hargens, J. (2004). *Aller Anfang ist ein Anfang*. Göttingen: Vandenhoek & Ruprecht.

Hauser-Cram, P., Warfield, M. E., Shonkoff, J. P. & Krauss, M. W. (2001). Children with disabilities: a longitudinal study of child development and parent well-being. *Monographs of the Society for Research in Child Development*, 66, No. 3.

Hedov, G., Wikblad, K. & Annerén, G. (2006). Sickness absence in Swedish parents of children with Down's syndrome: relation to self-perceived health, stress and sense of coherence. *Journal of Intellectual Disability Research*, 50, 546–552.

Hurrelmann, K. (2002). *Einführung in die Sozialisationstheorie*. Weinheim: Beltz.

Hurvitz, E. A., Leonard, C., Ayyangar, R. & Nelson, V. S. (2003). Complementary and alternative medicine use in families of children with cerebral palsy. *Developmental Medicine and Child Neurology*, 45, 364–370.

Kallenbach, K. (1992). Zur psychosozialen Situation von Vätern körperlich und oder geistig behinderter Kinder. *Behindertenpädagogik*, 31, 264–277.

Kissgen, R. & Suess, G. J. (2005). Bindungstheoretisch fundierte Intervention in Hoch-Risiko-Familien: Das STEEP™-Programm. *Frühförderung Interdisziplinär*, 24, 124–133.

Korsch, B., Gozzi, E. & Francis, V. (1968). Gaps in doctor-patient communication. I: Doctor-patient interaction and patient satisfaction. *Pediatrics*, 42, 855–871.

Krause, M. P. (2002). *Psychotherapie und Beratung mit Eltern behinderter Kinder*. München, Basel: Ernst Reinhardt.

– (2005). Psychologische Aspekte der Diagnosemitteilung bei einem Entwicklungsproblem. In B. Stahl & D. Irblich (Hrsg.), *Diagnostik bei Menschen mit geistiger Behinderung – Ein interdisziplinäres Handbuch* (S. 136–158). Göttingen: Hogrefe.

– (2008). Elterliche Bewältigung von Behinderung – Forschungsergebnisse aus den Jahren 2000 bis 2006. In C. Leyendecker (Hrsg.), *Gemeinsam handeln statt behandeln – Aufgaben und Perspektiven der Komplexleistung Frühförderung* (S. 337–343). Beiträge zur Frühförderung interdisziplinär 14. München, Basel: Ernst Reinhardt.

Krippendorf, K. (1994). Der verschwundene Bote. Metaphern und Modelle der Kommunikation. In K. Merten, S. J. Schmidt & S. Weischenberg (Hrsg.), *Die Wirklichkeit der Medien*, 79–113. Opladen: Westdeutscher Verlag.

Kühl, J. (2004). Kommunikation und Kooperation im System Frühförderung. *Vierteljahresschrift für Heilpädagogik und ihre Nachbargebiete*, 73, 70–82.

Langer, I., Schulz von Thun, F. & Tausch, R. (2006). *Sich verständlich ausdrücken*. München, Basel: Ernst Reinhardt.

Lenhard, W., Breitenbach, E., Ebert, H. Schindelhauer-Deutscher, H. J. & Henn, W. (2005). Psychological benefit of diagnostic certainty for mothers of children with disabilities: Lessons from Down syndrome. *American Journal of Medical Genetics*, 133A, 170–175.

Levold, T. (2003). Elternkompetenzen zwischen Anspruch und Überforderung. Manuskript, Wien.

Ley, P. &. Spelman, M. (1967). *Communicating with the patient*. London: Staples Press.

Leyendecker, C. (2008). Der Weg von der Behandlung zum gemeinsamen Handeln. In C. Leyendecker (Hrsg.), *Gemeinsam handeln statt behandeln – Aufgaben und Perspektiven der Komplexleistung Frühförderung* (S. 22–33). Beiträge zur Frühförderung interdisziplinär 14. München, Basel: Ernst Reinhardt.

Lindblad, B. M., Rasmussen, B. H. & Sandman, P. O. (2005). Being invigorated in parenthood: Parents' experiences of being supported by professionals when having a disabled child. *Journal of Pediatric Nursing*, 20, 288–297.

Löhmer, C. & Standhardt, R. (2006). *TZI – Die Kunst, sich selbst und eine Gruppe zu leiten. Einführung in die Themenzentrierte Interaktion*. Stuttgart: Klett-Cotta.

Magill-Evans, J., Darrah, J., Pain, K., Adkins, R. & Kratochvil, M. (2001). Are families with adolescents and young adults with cerebral palsy the same as other families? *Developmental Medicine and Child Neurology*, 43, 466–472.

Marotzki, W. (2003). Leitfadeninterview. In: R. Bohnsack, W. Marotzki & M. Meuser (Hrsg.). *Hauptbegriffe Qualitativer Sozialforschung. Ein Wörterbuch*, 144ff. Opladen: Leske+Budrich.

Naggl, M. & Thurmair, M. (2007). *Praxis der Frühförderung. Einführung in ein interdisziplinäres Arbeitsfeld*. München, Basel: Ernst Reinhardt.

Nußbeck, S. (2006). *Einführung in die Beratungspsychologie*. München, Basel: Ernst Reinhardt.

Omer, H. & von Schlippe, A. (2002). *Autorität ohne Gewalt. Coaching für Eltern von Kindern mit Verhaltensproblemen*. Göttingen: Vandenhoek & Ruprecht.

Orr, R. R., Cameron, S. J. & Day, D. M. (1991). Coping with stress in Families with children who have mental retardation: An evaluation of the Double ABCX Model. *American Journal on Mental Retardation*, 95, 444–450.

Pakenham, K. I., Sofronoff, K. & Samios, C. (2004). Finding meaning in parenting a child with Asperger syndrome: correlates of sense making and benefit finding. *Research in Developmental Disabilities*, 25, 245–264.

Pawlowski, K. (2005). *Konstruktiv Gespräche führen.* München, Basel: Ernst Reinhardt.

Poehlmann, J., Clements, M., Abbeduto, L. & Farsad, V. (2005). Family Experiences Associated With a Child's Diagnosis of Fragile X or Down Syndrome: Evidence for Disruption and Resilience. *Mental Retardation*, 43, 255–267.

Pretis, M. (2005). *Frühförderung planen, durchführen, evaluieren.* München, Basel: Ernst Reinhardt.

Pritz, A. (1983). Bemerkungen zu Raoul Schindlers wissenschaftlichem Werk. *Gruppenpsychotherapie und Gruppendynamik*, 19, 88–94.

Risdal, D. & Singer, G. H. S. (2004). Marital adjustment in parents of children with disabilities: A historical review and meta-analysis. *Research & Practice for Persons with Severe Disabilities*, 29, 95–103.

Roberts, C., Wass, V., Sarangi, S. & Gillett, A. (2003). A discourse study of „good" and „poor" communication in an OSCE: A proposed new framework for teaching students. *Medical Education*, 37, 192–201.

Roehr-Sendlmeier, U. (2007). Evaluation der Frühförderung. In U. Roehr-Sendlmeier (Hrsg.), *Frühförderung auf dem Prüfstand – Die Wirksamkeit von Lernangeboten in Familie, Kindergarten und Schule* (S. 1–17). Berlin: Logos.

Rogers, C. R. (1983). *Therapeut und Klient – Grundlagen der Gesprächspsychotherapie.* München: Kindler.

Rotthaus, W. (2004). Neue Herausforderungen an die elterliche Erziehungskompetenz. Berliner Forum Gewaltprävention Nr. 19, Vortrag vom 30.11.2004.

Sachse, R. (1996). *Praxis der Zielorientierten Gesprächspsychotherapie.* Göttingen: Hogrefe.

Sander, K. (1999). *Personzentrierte Beratung.* Köln: GwG & Beltz.

Scheurer-Englisch, H. (2007). Bindungssicherheit fördern – Eine wesentliche Aufgabe der Erziehungs- und Familienberatung. *Psychologie in Erziehung und Unterricht*, 54, 161–174.

Schindler, R. (1957 / 58). Grundprinzipien der Psychodynamik in der Gruppe. *Psyche*, 11, 308–314.

Schlechtriemen, M. (2008). Umgang mit beruflichen Konflikten im Coaching. *Gesprächspsychotherapie und Personzentrierte Beratung*, 39, 139–142.

Schlienger, I. (2008). Voneinander hören – Aufeinander eingehen – Miteinander Wege finden: Das K.R.E.I.S.-Verfahren. Überarbeitete Fassung eines Vortrags anlässlich des Symposiums „Sich verständigen: Perspektiven der Entwicklungsförderung für Kinder aus Familien mit Migrationshintergrund" vom 7. November 2008 in Wien.

–, Hasemann, K. (2001). K.R.E.I.S. – Kooperative Reflexion zwischen Eltern und interdisziplinären Systemen. *Ergotherapie*, 11, 22–25.

Schuchardt, E. (1989). *Warum gerade ich …? Pädagogische Schritte mit Betroffenen und Begleitenden* (1. Aufl. 1981). Offenbach: Burckhardthaus-Laetare.

Schulz von Thun, F. (1998). *Miteinander reden 1–3.* Hamburg: Rowohlt.

Scorgie, K. & Sobsey, D. (2000). Transformational Outcomes Associated With Parenting Children Who Have Disabilities. *Mental Retardation*, 38, 195–206.

Seltzer, M. M., Greenberg, J. S., Floyd,

F. J., Pettee, Y. & Hong, J. (2001). Life course impacts of parenting a child with a disability. *American Journal on Mental Retardation*, 106, 265–286.

–, –, – & Hong, J. (2004). Accommodative Coping and Well-Being of Midlife Parents of Children With Mental Health Problems or Developmental Disabilities. *American Journal of Orthopsychiatry*, 74(2), 187–195.

Singer, G. H. S. (2006). Meta-Analysis of Comparative Studies of Depression in Mothers of Children With and Without Developmental Disabilities. *American Journal on Mental Retardation*, 111, 155–169.

Solnit, A. J. & Stark, M. H. (1961). Mourning and the birth of a defective child. *Psychoanalytic Study of the Child*, 16, 523–527.

Stoneman, Z. & Gavidia-Payne, S. (2006). Marital Adjustment in Families of Young Children With Disabilities: Associations With Daily Hassles and Problem-Focused Coping. *American Journal on Mental Retardation*, 111, 1–14.

Strasser, H., Sievert, G. & Munk, K. (1968). *Das körperbehinderte Kind*. Bern: Huber.

Straumann, U. (Hrsg.) (1992). *Beratung und Krisenintervention*. Köln: GwG.

Tschöpe-Scheffler, S. (2003). *Fünf Säulen der Erziehung. Wege zu einem entwicklungsfördernden Miteinander von Erwachsenen und Kindern*. Mainz: Grunewald.

von Schmädel, D. (2000): Die Bedeutung nonverbaler Signale in der Arzt-Patient-Beziehung beim niedergelassenen Arzt – Eine Literaturübersicht. Internetveröffentlichung. Webseite Medizinische Soziologie. Universität Regensburg, http://www.uni-regensburg.de / Universitaet / Forschungsbericht / Bericht_8 / nat3 / prof44.htm, 30.4.2009.

Watzlawick, P., Beavin, J. H. & Jackson, D. D. (1967). *Menschliche Kommunikation*. Bern: Huber.

Weber, W. (2005). *Wege zum helfenden Gespräch*. München, Basel: Ernst Reinhardt.

Whittingham, K., Sofronoff, K. & Sheffield, J. K. (2006). Stepping Stones Triple P: A pilot study to evaluate acceptability of the program by parents of a child diagnosed with an Autism Spectrum Disorder. *Research in Developmental Disabilities*, 27, 364–380.

Wright, L. S. (1976). Chronic grief: The anguish of being an exceptional parent. *The Exceptional Child*, 3, 160–169.

Ziemen, K. (2003). Kompetenzen von Eltern behinderter Kinder. *Frühförderung Interdisziplinär*, 22, 28–37.

Anhang

Übersicht der Gesprächstechniken

(Feststehende Begriffe der Personzentrierten Gesprächsführung sind *kursiv* gedruckt.)

Verstehen
Zuhören, aktives Zuhören, empathisch sein, deuten, abstrahieren, *einfühlendes Verstehen*, fokussieren, *interpretieren*, konkretisieren, konstatieren, Metaphern verwenden, paraphrasieren, zusammenfassen / resümieren, simplifizieren, spiegeln, verallgemeinern (generalisieren), veranschaulichen / illustrieren, verbalisieren, verstehen.

Stärken
Akzeptieren, wertschätzen, ermutigen, *anerkennen*, *bestätigen*, motivieren, sich interessieren, sich sorgen, loben, respektieren, *solidarisieren*, unterstützen.

Klären
Konfrontieren, diskutieren, kritisieren, argumentieren, provozieren, *Beziehung klären*, beziehungsknüpfende Fragen, bezweifeln, in Frage stellen, hinterfragen, bestreiten, Feedback geben, moderieren, *selbsteinbringen*, zur Rede stellen.

Erklären
Informieren, hinweisen, analysieren, rationalisieren, belehren, überzeugen.

Anleiten
Ratschläge erteilen, anordnen, bitten, beenden, ein Gespräch einleiten, fordern, schweigen, steuern / lenken, Stopp sagen, strukturieren / ordnen, unterbrechen, Ultimatum stellen, wünschen.

Entspannen
Humor, scherzen, ablenken, beschwichtigen, bagatellisieren, beruhigen, trösten.

Erfragen
Explorieren, interviewen, abfragen.

Glossar der Gesprächstechniken

Ablenken: Auf ein anderes Thema ausweichen („Jetzt wollen wir mal über die Entwicklung sprechen!"; „Da fällt mir gerade ein: Ich habe Sie noch nie gefragt, ob ...").

Aktives Zuhören: Besteht aus Paraphrasierung und / oder Verbalisierung; wer aktiv zuhört, gibt die sachliche Aussage des anderen mit eigenen Worten wieder (= umschreibendes Zuhören), wiederholt die emotionale Aussage des anderen mit eigenen Worten, fasst in Worte, was gefühlsmäßig in den Äußerungen des anderen mitschwingt.

Akzeptieren: *Bedingungsfreies Akzeptieren* (auch: *unbedingte Wertschätzung*) ist eine der drei Therapieprinzipien (Basismerkmale) der Personzentrierten Psychotherapie, die sich in die Techniken *Anerkennen*, *Bestätigen* und *Solidarisieren* gliedert. Sie ist ein stützendes Prinzip und entspricht einer respektvollen Haltung gegenüber dem Gesprächspartner mit der Bereitschaft zu engagierter Anteilnahme, tiefer Bejahung und sich sorgendem Interesse am Schicksal des Gesprächspartners (Finke 1994).

Analysieren: Einen Sachverhalt in Einzelbestandteile zerlegen und von allen Seiten betrachten („Gehen wir mal der Reihe nach vor: Zuerst haben Sie ... und dann hat X geschrien und dann haben Sie ..."; „Dieser Vorfall enthält ja mehrere Aspekte: Da ist die Seite Ihres Mannes, der Wunsch Ihrer Tochter, das, was der Kindergarten will und schließlich noch Ihr Ziel").

Anerkennen (s. a. *Akzeptieren*): Positive, annehmende Reaktion auf Äußerungen; Respekt, Achtung und Interesse zeigen; herzlich, freundlich, liebevoll sein; Ermutigen, Vertrauen entgegenbringen („Ich finde es großartig, wie viel Sie mir von sich anvertrauen"; „Ich bewundere es sehr, welche Mühen Sie auf sich nehmen, um X gut zu versorgen").

Anknüpfen: Einen Gesichtspunkt, ein Thema aus dem bereits Gesagten aufgreifen („Jetzt haben Sie gerade vom Einschlafen gesprochen – wie schläft er denn zurzeit und wie gestaltet sich das Zubettgehen?").

Anordnen: Auftragen (z. B. Hausaufgaben, Übungen aufgeben).

Argumentieren: Zu überzeugen versuchen; um überzeugend zu wirken, muss man glaubwürdig sein, sich verständlich und logisch mitteilen, eventuell Fakten anführen, sich auf Abmachungen berufen, gemeinsame Erfahrungen geltend machen, Normen, Werte, Meinungen anderer ins Spiel bringen, Prognosen abgeben, an Gefühle appellieren (Pawlowski 2005) („Es wird nicht lange gut gehen, wenn Sie weiter ... weil ..."; „Wir haben jetzt schon mehrfach die Erfahrung gemacht, dass es funktioniert, wenn Sie ... deshalb würde ich Ihnen vorschlagen ...").

Beenden: Ein Gespräch abschließen, am besten mit einem Resümee, einer Liste zu erledigender Arbeiten und einem Ausblick auf die zukünftige Zusammenarbeit.

Beschönigen: Etwas angenehmer und positiver darstellen, als man es eigentlich empfindet; bagatellisieren (s. a. Umdeuten).

Beschwichtigen: Spannung und Aufregung herausnehmen, beruhigen, eine Aussage in ihrer Tragweite vermindern („Es ist ja ein heißes Thema, aber viele Menschen stecken in Ihrer Situation, Sie sind nicht die Einzige, die darunter leidet"; „Nach seinem jetzigen Entwicklungsstand kann er nicht auf die Regelschule – aber in zwei Jahren kann sich ja noch vieles ändern").

Bestätigen (s. a. *Akzeptieren*): Der Sichtweise des Gesprächspartners ermutigend zustimmen („Das war ganz in Ordnung, ihm die Meinung zu sagen"; „Sie machen es richtig, wenn Sie ihn in den Arm nehmen!"; „Genauso sollten Sie weitermachen!").

Beziehungsklären (s. a. *Echt sein*): Ansprechen der Beziehung zwischen Fachperson und Gesprächspartner („Mir ist schon häufiger aufgefallen, dass Sie so wenig reden – schüchtere ich Sie irgendwie ein?"; „In letzter Zeit kam es mir so vor, als gingen Sie mir aus dem Weg – sind Sie mir böse?").

Beziehungsknüpfende Fragen: Mit Bemerkungen oder Fragen werden andere Personen in das Gespräch miteinbezogen („Was würde Ihr Mann jetzt sagen, wenn er das hören würde?"; „Wie würde Ihre Tochter reagieren, wenn Sie ihr das sagen würden?"; „Was, glauben Sie, löst diese Meinung bei Ihrer Frau aus?").

Bezweifeln: In Frage stellen, hinterfragen, bestreiten.

Bitten: Jemanden in höflicher Weise zu etwas bewegen wollen („Sie würden mir einen großen Gefallen tun, wenn Sie bis zum nächsten Mal …"; „Ich möchte Ihnen nahelegen, sich jeden Tag zehn Minuten Zeit zu nehmen, um …").

Bloßstellen: Blamieren, lächerlich machen („Wenn Sie so weitermachen, nimmt Sie ja keiner mehr ernst!"; „Das lernt man ja schon im Kindergarten, dass es nichts nützt, wenn man …").

Deuten: Interpretieren, mögliche Ursache oder Sinn eines Sachverhaltes darlegen („Ich glaube, das liegt daran, dass Sie es einfach nicht übers Herz bringen, ihn allein bei der Oma zu lassen"; „Sie hatten nie Gelegenheit zu lernen, sich zur Wehr zu setzen"; „Ihr Mann hat es Ihnen immer abgenommen, und jetzt stehen Sie hilflos davor").

Echt sein (*Echtheit*, auch: *Kongruenz*): Basismerkmal der Personzentrierten Psychotherapie, unterteilt in die Techniken *Konfrontieren*, *Selbsteinbringen* oder *Beziehungsklären*. Die Fachperson bringt ihre Gefühle und ihr Erleben in die Beziehung zum Gesprächspartner ein, sofern es dem Entwicklungsprozess des Klienten angemessen ist. Damit kommt es zu einer annähernd realen interpersonalen Begegnung und der Auseinandersetzung mit einem echten, transpa-

renten Gegenüber. Zugleich macht sie sich zum Modell für emotionalrisikobereit ehrliches und offenes Verhalten im Dialog.

Einfühlen: Sich das Erleben des anderen vorstellen, sich ein Bild von dessen innerer Situation machen.

Einfühlendes Verstehen (auch *Empathie*): Basismerkmal der Personzentrierten Psychotherapie, das *Einfühlendes Wiederholen*, *Konkretisierendes Verstehen*, *Selbstkonzeptbezogenes Verstehen*, *Organismusbezogenes Verstehen* und *Interpretieren* umfasst (Finke 1994). Die Fachperson fühlt sich in das Erleben des anderen genau ein, nimmt es dadurch wahr, als ob es das Eigene wäre, und teilt ihm das Wahrgenommene mit. *Empathie* zielt vor allem auf die gefühlsmäßigen Bewertungen ab, die der Klient an seinen Erfahrungen vornimmt (Biermann-Ratjen et al. 2003). Somit wird das unmittelbar Gemeinte, aber nicht Ausgedrückte verbalisiert. Gefühle werden benannt, die zwar naheliegen, aber nicht ausgesprochen werden, bzw. andere Gefühle „hinter" den beschriebenen (z. B. die Wut hinter der Unzufriedenheit).

Einfühlendes Wiederholen (s. a. *Einfühlendes Verstehen*): Zentrale, für das Erleben bedeutungsvolle Worte, Wortbilder, Analogien werden wiederholt, oder das emotionale Erleben wird mit eigenen Worten ausgedrückt („Da standen Sie wie mit dem Rücken zur Wand"; „Es war wie ein Schlag ins Gesicht!"; „Sie wissen sich da nicht mehr zu helfen, wenn er so schreit").

Einleiten: Ein Gespräch eröffnen, zu einem Thema überleiten, ein Thema umreißen und zur Diskussion stellen („Wir sitzen heute zusammen, um …"; „Wenn wir gerade bei der Zeitnot sind: Mich würde interessieren, wie viel Zeit Sie haben, um mit X ganz friedlich zu spielen?").

Erklären: Aufbau, Funktion und Sinn eines Sachverhaltes darstellen; belehren, verständlich machen.

Ermutigen: Den anderen in die Lage versetzen, initiativ und aktiv zu werden, Scheu und Zurückhaltung aufzugeben, ihm gut zureden („Das war schon sehr gut, wie Sie versucht haben, Ihre Grenzen zu zeigen!"; „Weiter so! Sie machen gute Fortschritte!"; „Versuchen Sie ruhig einmal, auch ein ernstes Gesicht zu machen, wenn Sie ihm etwas verbieten!").

Explorieren: Einer Sache auf den Grund gehen, viele Facetten einer Sache untersuchen, erforschen („Und wie geht es Ihnen dann, wenn X sich gar nicht beruhigt? Und was würden Sie machen, wenn er …?"; „Was passiert denn genau, wenn Sie nur abwarten und ihn machen lassen? Und wie geht es Ihnen dann?").

Feedback geben: Rückmelden, was etwas Gesagtes oder Beobachtetes bei einem selbst ausgelöst hat („Das hat mir sehr gut gefallen, wie Sie diese Anregung ins Spiel eingebaut haben!"; „Sie kommen mir in letzter Zeit so nervös vor, ich fang schon an, mir Sorgen zu machen!?").

Fokussieren: Einen Gesichtspunkt oder Einzelaspekt eines komplexeren Sachverhalts herausgreifen und zum Thema machen („Nehmen wir nur mal den Aspekt heraus, wie es Ihnen geht, wie Sie sich fühlen, wenn X nicht macht, was Sie wollen – was passiert da?"; „Lassen Sie uns doch mal überlegen, was Sie alles tun können, wenn Y auf dem Boden liegt, schreit und nicht weitergehen will. Was fällt Ihnen ein?").

Fordern: In unumwundener Form etwas verlangen; Druck ausüben, einen Auftrag zu erledigen oder sich mit einem Sachverhalt auseinanderzusetzen („Es ist für unsere Zusammenarbeit absolut wichtig, dass Sie sich an die Zeiten halten!"; „Sie müssen das zu Hause ausprobieren, was wir besprochen haben, sonst kann ich Ihnen nicht weiterhelfen!").

Fragen: Mit Fragen wird ein aktiver Bezug zum Gegenüber hergestellt, die Interaktion gesteuert und der Gesprächspartner angeregt, sich mit sich selbst auseinanderzusetzen; unterschieden werden Informations-, Verständnis-, konkretisierende und vertiefende Fragen (Sachse 1996) („Wann ist Ihnen das zum ersten Mal bewusst geworden?"; „Haben Sie noch nie etwas anderes ausprobiert?"; „Wie war Ihnen zumute, als Sie …?").

Humorvoll sein: Mit Witz und Komik Sachverhalten oder Wünschen eine überraschende positive oder amüsante Wende geben und ihnen so die Schärfe nehmen („Man kommt sich vor wie ein Hampelmann – eine Hampelfrau – wenn man so von einem zum anderen rennen muss!"; „Am liebsten würden Sie dann Ihren Mann vorschicken und selbst den Kopf in den Sand stecken!"; „Es ist nicht so schlimm, wenn Sie das Zubettgehritual ausfallen lassen – da kann er wenigstens mal ungestört einschlafen!").

Interpretieren (s. a. *Einfühlendes Verstehen*): Verbalisieren des Zusammenhangs zwischen erlebter Situation und biografischer Erfahrung; Gefühle, frühere Entscheidungen und Beziehungsmuster werden in einem bestimmten Lebenszusammenhang verstanden („Wenn Sie selbst schon so streng erzogen wurden – dann ist es oft schwer, als Erwachsener etwas großzügiger zu sein"; „Als Kind war das schon schrecklich mit dem tobenden Vater, und jetzt stehen Sie wieder vor einem tobenden Menschen!"; „Wenn man immer sich selbst überlassen wurde, fällt es einem auch ganz besonders schwer, die eigenen Ideen überhaupt gut zu finden").

Konfrontieren (s. a. *Echtheit*): Ansprechen von Widersprüchen, etwa zwischen verbaler und nonverbaler Botschaft, Selbstbild und Fremdbild, Einsicht und Verhalten („Sie lachen zwar drüber, aber an Ihren Augen sieht man, wie traurig Sie sind"; „Eigentlich sind Sie ja doch stolz auf sich, auch wenn Sie sich immer so runtermachen!"; „Manchmal denke ich über Sie, dass Sie doch ein bisschen mehr von Ihren tollen Einfällen umsetzen könnten – irgendwie kommt es dann nicht dazu!").

Konkretisieren: Spezifizieren, nachhaken, nachfragen, um einen Sachverhalt so klar wie möglich darzustellen („Was passierte da genau? Was haben Sie gemacht? Wie verhält sich eigentlich der Vater? Was war vorher? Passiert das immer vormittags?").

Konkretisierendes Verstehen (s. a. *Einfühlendes Verstehen*): Verbalisieren des Zusammenhangs zwischen Gefühl, Verhalten und spezifischer Situation; der Situationsbezug wird erarbeitet, was wichtig ist bei Gesprächspartnern, die vage und allgemein bleiben; die Beschreibungen sollen anschaulich, lebendig und plastisch sein („Erst als er die Hand gegen Sie erhob – da war für Sie das Maß voll!"; „Sie können alles ertragen, solange Ihr Mann Ihnen beisteht. Ohne ihn würden Sie zusammenbrechen"; „Sie fühlen sich schuldig, weil Sie in der Schwangerschaft geraucht haben").

Konstatieren: Einen Sachverhalt feststellen, benennen und damit zur Diskussion stellen („Es ist also so, dass X

überhaupt nie reagiert, wenn Sie ihm etwas verbieten?").

Loben: Gedanken, Absichten oder Handlungen des Gesprächspartners anerkennen („Sie spielen prima mit Ihrem Sohn! Der kann froh sein, so eine Mutter zu haben!"; „Sie haben da großes Durchhaltevermögen bewiesen!"; „Es ist richtig, dass Sie mir sagen, dass Sie sich nicht von mir verstanden fühlen!").

Moderieren: Vermitteln, als neutraler Dritter das Gespräch in einer Gesprächsrunde oder einem Zweiergespräch lenken.

Organismusbezogenes Verstehen (s. a. *Einfühlendes Verstehen*): Einen Zusammenhang zwischen dem gegenwärtigen und vorausliegenden Erleben herstellen („Dann fühlen Sie sich wieder so hilflos, wie Sie es schon immer von sich kennen"; „Schon lange kommt alles zu kurz, und Sie würden so gerne ausbrechen"; „Sie spüren da eine Kraft, die schon immer da war, aber erst jetzt wieder hervorkommt!").

Paraphrasieren: Wiedergabe der sachlichen Aussage des anderen mit eigenen Worten („Sie meinen, dass …"; „Verstehe ich Sie richtig, dass …?"; „Ich verstehe, dass …?"; „Ich höre, dass …"; „Es ist so, dass …"; „Es ist immer so, dass …"; „Immer wenn …"); Verwenden von Metaphern und Gleichnissen („Das ist ja so, wie wenn Sie immerzu wie der Hund hinter der Wurst her rennen und sie nie erreichen!")

Provozieren: Reaktionen, Antworten, Handlungen hervorlocken („Ich glaube nicht, dass Sie es schaffen, ihm das konsequent zu verbieten!"; „Sie schweigen so ganz zu diesem Thema – damit können Sie gar nichts anfangen?"; „Wenn jetzt Ihr Mann dabei wäre – was würde der sagen?";

„Wenn Ihr Kind reden könnte, was würde es zu seiner Mama sagen?").

Rationalisieren: Das Gespräch auf die sachliche, verstandesmäßige Ebene lenken und dort halten („Bleiben wir doch ganz ruhig und beschreiben einfach nur genau, was eigentlich passiert, wenn X seine Tasse umwirft").

Ratschläge geben: Einen Handlungsvorschlag machen („An Ihrer Stelle würde ich …"; „Legen Sie ihn doch einfach ein bisschen früher ins Bett!"; „Denken Sie doch mehr an sich!"; „Tun Sie sich auch mal etwas Gutes!").

Relativieren: Eine Aussage abschwächen („Jetzt kann man noch gar nichts Genaues sagen"; „Das ist jetzt zwar ungünstig gelaufen, aber wer weiß, ob sich das irgendwie auswirkt").

Respektieren des Widerstands: Die Weigerung, sich zu öffnen, zu beteiligen oder sich auseinanderzusetzen, wird akzeptiert („Es fällt Ihnen im Augenblick noch schwer, darüber zu sprechen. Dann brauchen wir das jetzt auch nicht zu tun"; „Ich kann gut verstehen, dass Sie diese Gedanken noch weit von sich wegschieben").

Resümieren: Das Gesagte zusammenfassen, auf den Punkt bringen, damit eine gemeinsame Basis schaffen und das weitere Vorgehen festlegen („Wer macht was wann und wie?").

Rückmelden: s. Feedback geben.

Schweigen: Sich sprachlich nicht äußern, etwa um sich einer Meinung zu enthalten oder den Gesprächspartner herauszufordern, noch mehr zu sagen.

Selbsteinbringen (s. a. *Echtheit*): Wahrnehmen und Verbalisieren eigener Gefühle, die die Fachperson in der Beziehung zum Gesprächspartner erlebt, wobei die Mitteilungen der weiteren Entwicklung ihres Gesprächspartners nützen sollen („Wenn Sie mir davon berichten, kommen mir fast die Tränen und ich frage mich, ob Sie dann auch so trauern?"; „Ich fühle dann auch die ohnmächtige Wut, die einem hochsteigt, wenn man so provoziert wird. Jetzt kann ich es gut verstehen, dass man nur noch zuschlagen möchte"; „Einerseits kann ich verstehen, dass Sie so viel über Ihren Mann schimpfen müssen, aber andererseits wird es jetzt zu viel, weil ich denke, er sollte auch eine Möglichkeit bekommen, etwas zu sagen. Wie wär's mit einem gemeinsamen Termin?").

Selbstkonzeptbezogenes Verstehen: Der Zusammenhang zwischen aktuellem Erleben und dessen Bewertung wird hergestellt („Immer wenn Sie dann so mutlos sind, fühlen Sie sich so unfähig, so nichtsnutzig!"; „Sie können sich dann gar nicht mehr leiden, wenn Ihnen die Hand ausgerutscht ist!"; „Sie sind völlig mit sich einverstanden, wenn Sie so mit ihm umgehen?"; „Sie ärgern sich über sich, wenn …"; „Sie schämen sich, wenn …").

Sich interessieren: Äußern, dass man für wissenswert und bedeutungsvoll findet, was der andere erzählt („Erzählen Sie mir noch mehr davon!"; „Wie haben Sie das Problem denn gelöst?"; „Ich hätte gerne gewusst, wie Sie dann …?").

Sich sorgen: Am Schicksal des Gesprächspartners Anteil nehmen („Es liegt mir viel daran, dass Sie sich verstanden fühlen, und ich hoffe sehr, dass es Ihnen gelingt, einen besseren Zugang zu Y zu bekommen"; „Ich versuche, mich in Sie hineinzuversetzen, und will wirklich verstehen, was Sie so beunruhigt"; „Ich wünschte, Sie könnten sich weniger hilflos fühlen!"; „Es bekümmert mich, dass Sie so ganz ohne Hoffnung sind").

Simplifizieren: Einen komplexen Sachverhalt vereinfachen, etwa indem man immer nur einen Aspekt herausgreift („Beschäftigen wir uns nur mal damit, was alles passiert, wenn X seine Schwester haut!").

Solidarisieren (s. a. *Bedingungsfreies Akzeptieren*): Bekunden von Interesse und Sorge sowie das Angebot gemeinsamer Problemlösung („Ich verstehe sehr Ihren Wunsch, das Schlafproblem zu lösen, und möchte mit Ihnen einen Weg suchen"; „Es wäre mir wichtig, dass Sie sich von mir verstanden fühlen"; „Ich kann mir gut vorstellen, dass Ihnen nur noch nach Weglaufen zumute ist"; „Wir werden gemeinsam daran arbeiten und bestimmt eine Lösung finden!").

Spiegeln: Der sachliche Inhalt wird mit den gleichen Worten wiederholt. Angebracht in Situationen, in denen die Fachperson Zeit gewinnen will, manchmal auch bei Gesprächspartnern, die sehr erregt sind, deren Tempo man bremsen und die man beruhigen will. Oder wenn man durch das Wiederholen der Äußerung den anderen anregen will, über seine eigenen Worte noch einmal nachzudenken, sie zu überprüfen (s. dagegen Wiederholen).

Stärken: Mitteilen, was man an Kompetenzen, Fähigkeiten, Eigenschaften und Ressourcen positiv schätzt, um das Selbstwertgefühl des Gesprächspartners zu steigern („Sie haben einen guten Blick dafür, was Ihr Kind braucht!"; „Ich schätze sehr Ihre Offenheit – auch wenn mir oft erst mal die Luft wegbleibt! So kann man sich viel besser arrangieren"; „Sie haben eine Geduld, die ist wirklich sagenhaft!").

Strukturieren: Einen Sachverhalt in Einzelaspekte gliedern und damit eine Vorgehensweise vorgeben, Ziele festlegen; das Gespräch steuern, lenken („Zuerst sollten wir … besprechen und danach uns Gedanken machen, wie wir …").

Trösten: Sich jemandem zuwenden, der leidet oder trauert, ihm Mut zusprechen, aufrichten („Ich fühle so stark mit Ihnen, Sie dürfen sich ruhig bei mir ausheulen"; „Das war jetzt eine schlechte Nachricht, aber es gibt auch vieles Positive über ihn zu erzählen!"; „Jetzt ist es ganz schlimm – aber irgendwann wird es Ihnen wieder besser gehen"; „Es tut mir so weh, Sie leiden zu sehen – der ganze Kummer darf jetzt wirklich raus!").

Überspitzen: Einen Sachverhalt übertreiben, bestimmte Aspekte pointiert überhöhen („Das ist ja fast so, als würde einem ein Elefant laufend auf dem Kopf herumtrampeln"; „Wenn sich alle so gegen mich verschwören würden, dann wäre ich ja schon längst abgehauen!"; „Vor lauter Freude haben Sie wohl nur noch Purzelbäume geschlagen!?").

Ultimatum stellen: Eine Forderung terminieren, mit einer Bedingung verknüpfen; jemanden mit Hilfe einer eventuellen Konsequenz zwingen („Bis … müssen Sie, sonst …"; „Wenn Sie nicht … dann …!"; „Wenn Sie sich bis … nicht beim Jugendamt um Hilfe bemühen, werde ich es tun").

Unterbrechen: Dem Sprecher ins Wort fallen, das Wort an sich reißen; den Redefluss anhalten („Stopp! Jetzt möchte ich etwas sagen! Wir müssen unbedingt noch …").

Unterstützen: s. *Anerkennen* und *Ermutigen*.

Umdeuten: Einem Sachverhalt einen anderen, meist positiven Sinn geben („Dass Sie sich so viel streiten, zeigt ja eindeutig, dass Sie sich doch sehr füreinander interessieren!"; „Wenn Sie jetzt so ausgepowert sind, hat das doch das Gute, dass Sie nicht anders können, als sich auszuruhen!"; „Wenn sich Ihr Mann so wenig kümmert, können Sie wenigstens alles selbst entscheiden!").

Verallgemeinern (generalisieren): Einzelaspekte auf eine breitere Basis stellen, zu einer umfassenden Regel erheben („Wenn es Ihnen so schwerfällt, ihm einen Wunsch abzuschlagen oder ihn einmal zur Ordnung zu rufen – dann haben Sie wirklich ein großes Herz, Sie wollen ihm nichts zuleide tun!"; „Sie wollen ihn nicht fordern: Sie wollen ihn am liebsten rundum verwöhnen!"; „Wenn X noch nie richtig … dann bedeutet das ja, dass er …").

Veranschaulichen: Einen Sachverhalt mit Beispielen, Vergleichen, Wortbildern ausschmücken, illustrieren, ihn dadurch erläutern und verständlicher machen („Das ist ja dann wie ein Mobile – sobald einer zuckt, bewegen sich alle anderen auch!"; „Manchmal muss man erst mit dem Kopf durch die Wand, um zu merken, dass es so nicht geht"; „Das Gras wächst nicht schneller, wenn man daran zieht").

Verbalisieren (s. a. *Einfühlendes Verstehen*): Die emotionale Aussage einer Mitteilung mit eigenen Worten wiedergeben („Das hat Sie so getroffen, da können Sie nur noch heulen"; „Das ist so verwirrend, wenn jeder was anderes empfiehlt"; „Alle zerren an Ihnen herum, und Sie wollen es allen recht machen").

Verstehen: Bemühen, Sinn und Tragweite von Äußerungen zu erfassen und das Erkannte wiederzugeben (s. *Einfühlendes Verstehen*, s. Aktives Zuhören).

Wiederholen: Einen Sachverhalt mehrfach äußern, etwa um seine Wichtigkeit zu betonen oder ihn besser einzuprägen („Und ich möchte noch einmal darauf hinweisen … und vergessen Sie auf keinen Fall … Denken Sie immer daran, dass …!") (s. dagegen *Einfühlendes Wiederholen* und Spiegeln).

Wünschen: Etwas höflich verlangen („Ich wünschte mir, Sie könnten eine halbe Stunde für eine gemeinsame Spielzeit mit X erübrigen"; „Ich wünsche mir von Ihnen, dass Sie sich sofort melden, wenn es Ihnen wieder schlecht geht").

Zuhören: Während Zuhören das passive Aufnehmen von Mitteilungen meint, besteht Aktives Zuhören (s. o.) aus Paraphrasierung und / oder Verbalisierung. Wer aktiv zuhört, gibt die sachliche Aussage des anderen mit eigenen Worten wieder, wiederholt die emotionale Aussage des anderen mit eigenen Worten, fasst in Worte, was gefühlsmäßig in den Äußerungen des anderen mitschwingt. Passives Zuhören allein reicht nicht, um dem Gesprächspartner das Gefühl zu geben, verstanden worden zu sein.

Verzeichnis der Theorieblöcke

Verzeichnis der Dialoge

Sachregister

Matthias Paul Krause

Gesprächspsychotherapie und Beratung mit Eltern behinderter Kinder

Matthias Paul Krause
Gesprächspsychotherapie und Beratung mit Eltern behinderter Kinder

Mit einem Vorwort von Jörg Fengler
2002. 193 Seiten.
(978-3-497-01600-6) kt

Wenn Eltern erfahren, dass ihr Kind an einer Behinderung leidet, können sie in tiefe seelische Krisen geraten. Angst, Abwehr, Ambivalenz, Trauer, dazu materielle und zeitliche Belastungen führen oft zu schweren Konflikten. Wie können Berater und Therapeuten diesen Eltern dabei helfen, neuen Mut zu kreativen Lösungen zu finden? Eine wichtige Voraussetzung für erfolgreiche Beratung oder Therapie ist das Einfühlungsvermögen der Helfer.

Das Buch folgt dem Personzentrierten Ansatz. Differenziert schildert der Autor, wie vielfältig Eltern auf die Krisensituation reagieren können. Praxisorientiert wird gezeigt, wie man mit immer wiederkehrenden Konfliktthemen umgeht. Anschauliche Fallbeispiele machen deutlich, wie Berater und Therapeuten in der Gesprächsführung einfühlsam auf die Bedürfnisse der Eltern reagieren können.

ℝⅤ reinhardt

www.reinhardt-verlag.de

Klaus Pawlowski
Konstruktiv Gespräche führen

Fähigkeiten aktivieren, Ziele verfolgen, Lösungen finden
Mit Cartoons von Ralf Kresin
4., aktual. Aufl. 2005. 347 Seiten. 12 Abb. 7 Tab. (978-3-497-01780-5) kt

Erfolg im Beruf hängt häufig davon ab, wie man miteinander kommuniziert. Auch privat lebt es sich weitaus leichter, wenn man sich mit seinen Mitmenschen gut „versteht". Wie kann man ein Gespräch steuern? Wie erkennt man, welche Botschaften sich hinter einem Satz verbergen? Wie geht man angemessen auf den Gesprächspartner ein?
Dieser Ratgeber liefert das richtige Handwerkszeug, mit dem man Gespräche vorbereiten und gestalten, das Gesprächsverhalten anderer analysieren und deuten, Gesprächsstrategien situationsgemäß anpassen kann.
Ein hilfreiches Lesevergnügen mit spannenden Ausflügen in Theorie und Wissenschaft und zahlreichen Beispieldialogen aus dem Alltag.

ⵌ/ reinhardt

www.reinhardt-verlag.de

Klaus Fröhlich-Gildhoff / Maike Rönnau /
Tina Dörner
Eltern stärken mit Kursen in Kitas

Handreichung für ErzieherInnen
2008. 106 Seiten. Mit CD-ROM. Mit Kopiervorlagen und Handouts für
Eltern. (978-3-497-01983-0) kt

In Erziehungsfragen wenden sich Eltern auch an die ErzieherIn ihres Kindes. Die Autoren bauen auf diesem Austausch
auf und haben einen Elternkurs für Kindertageseinrichtungen entwickelt. Der Kurs hat das Ziel, die Kompetenzen
von Eltern zu stärken und ihre Sicherheit im Umgang mit
den Kindern zu verbessern. Neben Informationen zu Erzie-
hungspartnerschaft erklären die Autoren, wie sich eine Ein-
richtung vorbereiten muss, damit der Kurs gelingt: Was
benötigt die Erzieherin für den Abend? Welche Unterlagen
sollen die Eltern erhalten? Wie plant man den Abend richtig?
Der Elternkurs wurde über mehrere Jahre entwickelt, evalu-
iert und erfolgreich in Kindertageseinrichtungen erprobt.

EV reinhardt
www.reinhardt-verlag.de

Anne Boller
Mein Kind kommt in den Kindergarten

(»Kinder sind Kinder«; 33)
2008. 108 Seiten. Innenteil zweifarbig.
(978-3-497-02041-6) kt

Wenn ein Kind in den Kindergarten kommt, stellen sich die Eltern viele Fragen: „Wird mein Kind dort gut betreut?", „Wird es sich wohlfühlen?", „Wie kann ich mein Kind unterstützen?" Beinahe alle Kinder kommen mit der neuen Gruppe besser zurecht, wenn eine vertraute Person sie in den ersten Tagen begleitet: Während Carla nur ab und an einen Blick mit der Mutter austauscht, setzt sich Miriam immer wieder auf den Schoß des Vaters. Sebastian hingegen schließt sich gleich einer Kindergruppe an, die Verstecken spielt. So unterschiedlich die Kinder auch sind, allen dient die vertraute Person als sichere Basis. Anne Boller zeigt an Beispielen aus ihrer langjährigen Praxis, wie man ein Kind unterstützen kann, damit es gut im Kindergarten ankommt.

℞ reinhardt
www.reinhardt-verlag.de